관계 점성학 1

관계 점성학 1

발행일	2023년 9월 15일		
지은이	브라이언 클락		
옮긴이	박은경		
감수자	이종혁		
펴낸이	손형국		
펴낸곳	(주)북랩		
편집인	선일영	편집	윤용민, 배진용, 김부경, 김다빈
디자인	이현수, 김민하, 김영주, 안유경, 한수희	제작	박기성, 구성우, 배상진
마케팅	김회란, 박진관		
출판등록	2004. 12. 1(제2012-000051호)		
주소	서울특별시 금천구 가산디지털 1로 168, 우림라이온스밸리 B동 B113~114호, C동 B101호		
홈페이지	www.book.co.kr		
전화번호	(02)2026-5777	팩스	(02)3159-9637

ISBN   979-11-93304-28-0 04180 (종이책)   979-11-93304-29-7 05180 (전자책)
        979-11-93304-27-3 04180 (세트)

작가 연락처 문의 ▸ ask.book.co.kr

작가 연락처는 개인정보이므로 북랩에서 알려드릴 수 없습니다.

카이런 센터 시리즈 3

브라이언 클락 지음
박은경 옮김
이종혁 감수

지금 만나고 있는 사람과의
관계와 문제를 명료하게 설명해 주는
네이탈 차트 해석 가이드

별들이 알려 주는 당신의 연애와 결혼

관계 점성학 1

북랩

추천사

브라이언 클락(Brian Clark) 선생님은 세계적으로 유명한 현대 점성학자이자 저의 스승님입니다. 브라이언 선생님은 〈Astro＊Synthesis〉 점성학 교육 기관을 설립하시고 40여 년간 호주뿐만 아니라 전 세계적으로 점성학 상담과 교육을 진행하셨습니다. 브라이언 선생님의 저서는 다양한 언어로 번역되어 출간되었고, 그가 점성학에 기여한 공로들은 많은 동료 점성학자들로부터 인정받고 계십니다. 브라이언 선생님의 저서 『From the moment we met』을 저의 제자이자 동료인 박은경 선생님께서 편저를 하시고 제가 감수를 맡았습니다. 브라이언 선생님의 저서를 한국어로 발간되게 되어 매우 기쁘고 영광스럽게 생각합니다.

이 책은 관계에 대한 브라이언 선생님의 40여 년간의 지식과 경험이 농축되어 있습니다. 성인 관계에 대한 이해를 돕기에 완벽한 서적이라고 자부합니다. 개인의 네이탈 차트에서 보이는 관계의 이슈뿐만 아니라 두 사람의 관계의 이슈(Synastry)도 구체적으로 기술되어 있습니다. 현대 점성학에 관심이 있으신 분들이라면 꼭 읽어 봐야 할 필독서라고 감히 말씀드릴 수 있습니다.

이종혁

두 영혼이 관계를 맺을 때 그들의 천궁도 또한 관계를 맺는다.

관계의 핵심과 혼을 이해하고자 하는 노력은 내가 이 책을 쓰는 데 큰 영감을 주었다. 내담자들의 이야기와 경험을 통해 나는 관계라는 이 복잡한 주제를 내 나름대로 이해하고자 깊이 몰두하게 되었다.『관계 점성학 1』은 성인 관계를 더욱 명료하게 이해하고 수용하기 위해 점성학적 상징과 이미지의 미로를 탐험하는 점성학 지침서다.

관계 점성학은 단순히 궁합과 관계 가능성을 탐구하는 학문 영역이 아니다. 우리는 관계 점성학을 통해 애착의 혼과 신비에 경의를 느끼게 된다. 우리가 원하는 어떤 형태가 아닌 진실한 애착 그대로에 말이다. 본질적으로 관계는 필연적이다. 인간에게는 반응하고 애착을 형성하려는 본능이 있기 때문이다. 우리는 모두 연결을 갈망한다. 관계는 인간의 삶에 필요 불가결한 패턴으로서, 우리의 가족과 조상 및 동시대의 문화적 분위기에 의해 형성되며 우리의 미래 모습에도 영향을 미친다. 그러므로 관계는 개인의 천궁도를 구성하는 중요한 주제라 할 수 있다.

관계는 하나의 원형 역동으로서 인종과 문화적 기준을 초월한다. 점성학은 이러한 역동적인 관계 패턴을 바라볼 수 있도록 우리에게 도움을 준다.

브라이언 클락

감사의 말

◦━━┄┄┄┄┄┄┄┄┄┄┄┄┄┄┄┄┄┄┄┄┄┄┄┄◦

　필자가 성인이 된 후부터 쭉 점성학 상담가와 교육자로서 직업적 과정을 걸어올 수 있었던 것은 평생에 감사할 일이다. 그 여정에서 나는 훌륭하고 개성 넘치는 수많은 이들을 만났다. 바로 필자가 그동안 만난 내담자, 동료, 학생들이다. 그들과 함께 일할 수 있어 무척 영광이었다. 필자의 관계 점성학 강의에 참여했던 모든 학생들, 자신의 관계 이야기와 기쁨, 상처, 신념과 욕망을 기꺼이 공유해 준 내담자들에게 깊은 감사의 마음을 전한다. 그들과의 상호 작용은 필자가 관계 점성학을 이해하는 데 귀중한 도움을 주었다.

　그동안 여러 동료와 함께 일할 수 있어 큰 영광이었다. 수업과 세미나, 투어를 같이 기획하는 과정에서 우리는 소중한 동료가 되었다. 베레나 바흐만, 데메트라 조지, 피터 오코너, 트레이시 포터, 멜라니 라인하트, 앤 쇼터, 메리 심스. 우리의 인연에 깊은 감사의 마음을 전한다. 그리고 여러 차례 훌륭한 교육 프로그램을 홍보하고 주관해 준 동료들이 있다. 오랜 세월 그들이 보낸 격려와 후원은 필자에게 크나큰 축복이었다. 필자를 특별한 사람으로 느끼게 해 준 바바라 브래클리, 너렐 맥네머라, 클레어 마틴, 이블린 로버츠에게 감사드린다. 수년간 성원과 격려를 보내 준 호주 점성가 연합회(FAA)의 동료들에게도 진심으로 감사드린다.

원고를 꼼꼼히 읽고 교정과 조언을 해 준 친구와 동료들 덕분에 이 책이 세상에 나올 수 있었다. 도움의 손길을 주신 모든 분, 특히 매리 사임즈와 바브 소프에게 감사의 말씀을 전한다. 필자의 저술과 출판을 응원해 준 프랭크 클리포드, 그것을 실현하게 해 준 릴리앤 리우에게도 감사드린다.

마지막으로 충만한 관계를 누리게 해 준 나의 파트너 글레니즈에게 깊은 감사를 표한다.

브라이언 클락

태즈메이니아, 스탠리에서

1972년부터 점성학자로서 길을 걷기 시작한 브라이언 클락은 연구자, 교육자, 작가, 점성가 연합회의 리더로서 점성학계 발전에 대한 혁혁한 공로를 인정받고 있다. 『관계 점성학』은 저자가 1986년에 설립한 점성학 교육 기관 'Astro*Synthesis'를 통해 출간한 세 번째 서적이다.

내가 이 책을 만난 것은 나의 스승이자 이 책의 감수를 맡아 주신 이종혁 선생님의 번역 제안 덕분이었다. 이 책의 저자인 브라이언 클락은 이 선생님의 스승이기도 하다. 여러 저서가 있었지만 나는 가장 두꺼운 이 책에 유독 마음이 끌렸다. 이 선생님이 제일 먼저 추천한 책이기도 했지만, 성인 관계의 시너스트리를 좀 더 깊이 연구하고 싶은 마음이 컸기 때문이다. 신기한 우연의 일치랄까. 브라이언 선생님은 천칭자리에 태양, 달, 수성이 있고, 이종혁 선생님과 나의 차트에는 관계를 상징하는 7, 8 하우스 영역에 5개의 행성이 들어 있다. 셋 다 일대일 관계 이슈가 유독 강조된 차트다.

본격적으로 번역 작업에 매진했던 시기, 나는 결혼과 임신, 출산을 경험하면서 가족을 꾸리는 과정에 있었다. 이 책은 배우자와 나의 서로 다른 기질과 관계 성향을 이해하고 과거 상처로 인해 고착된 나의 관계 패턴을 알아차림으로써 변화를 시도하는 데 큰 도움을 주었다.

저자는 행성과 별자리에 따른 성격 묘사나 점성학 테크닉 소개에 그치지 않고 심리학과 신화를 통해 인간관계의 본질을 설명하고자 하였다. 특히 점성학적 요소에 고대 그리스 신화 속 캐릭터와 원형적 상징 및 심리학적 개념을 결합한 그의 해석은 깊은 통찰을 준다. 실제로 고전 고고학 학사 및 석사를 수료한 그는 과거 20년간 고대 그리스 유적지 투어를 진행하기도 했다.

원서가 많은 쪽수에 방대한 내용을 다룬 탓에 책을 두 권으로 나누어 1권을 우선 출판하기로 했다. 1권에는 원서의 1부인 '네이탈 차트: 관계의 가능성과 잠재성'을 실었다. 추후 발간될 2권에서는 관계 점성학의 기법을 다룬 '시너스트리: 차트 비교와 조합'을 다룰 예정이다.

박인경

목차

추천사 4

저자의 책 소개 5

감사의 말 6

옮긴이의 말 8

서문: 영혼과 관계 12

서론: 관계에 대한 점성학적 개관 17

1장. 원형과 애착: 파트너십에서의 행성 21

2장. 사랑의 신, 성과 관계: 에로스, 비너스, 마르스 49

3장. 친밀한 관계의 원형: 금성과 화성의 별자리 77

4장. 사랑의 모습: 금성과 화성의 어스펙트 119

5장. 관계의 집: 만남의 장소 153

6장. 지는 곳: 다른 반쪽의 지평선 171

7장. 거울 들여다보기: 디센던트의 특징 191

8장. 타인과의 조우: 7 하우스 안의 행성 205

9장. 친밀감: 8 하우스   223

10장. 행운과 우정: 11 하우스   253

11장. 우정의 스펙트럼   279

12장. 카르마의 인연: 우리가 만난 순간부터   297

13장. 기질과 관계: 원소 궁합   329

14장. 부재의 존재: 천궁도의 보이드   361

부록

부록 1. 금성 및 화성에 대한 어스펙트(4장)   386

부록 2. 기질과 관련된 요소(13장)   388

부록 3. 기질 워크시트(13장)   390

부록 4. 기질 예시(13장)   391

부록 5. 시너스트리 워크시트: 네이탈 차트 평가표–

       점성학적 결핍과 자원(14장)   396

부록 6. 본서에서 사용한 생일 정보   397

색인   399

서문

영혼과 관계

관계는 존재의 핵심인 영혼에 필수적이며, 그 미로의 길은 우리를 삶의 신비로 인도한다. 관계는 본질적으로 우리의 삶에 불가피한 부분이다. 그것은 인생의 모든 단계에서 우리를 지지하고 포용하는 한편, 때로는 우리를 외면하고 우리의 성장을 가로막기도 한다. 모든 인간 안에는 반응과 애착에 대한 본능이 있다. 여기에는 관계에 대한 충동과 욕망 및 기대가 포함된다. 관계는 인간의 삶에 필요 불가결한 패턴으로서, 우리의 가족과 조상 및 동시대의 문화적 분위기에 의해 형성되며 우리의 미래 모습에도 영향을 미친다.

관계는 출생 전 어머니의 자궁에서부터 시작된다. 어머니와 공생 관계를 맺으며 감정적으로 깊이 연결된 흐릿한 기억의 여정이다. 임신이란 친밀감과 관계의 근본적인 이미지다. 태중에서 우리는 필연적으로 의존성과 유대감, 애착이라는 과정을 경험한다. 그리고 태어나 첫 숨을 들이마실 때 개별화를 통해 피할 수 없는 첫 이별 경험을 하게 되는데, 그것은 인간관계의 또 다른 중요한 측면이기도 하다. 독립적으로 생존할 수 없는 연약한 신생아가 만나는 양육자는 그의 생애 첫 관계일 뿐만 아니라 첫사랑이자 첫 파트너와 같다.

이 첫 번째 독립의 순간은 관계 패턴 형성에 매우 중요한 역할을 하며, 점성학적으로는 출생 이미지인 어센던트와 반대 극의 디센던트로 각인된다. 아주 옛날부터 사람들은 영혼을 생명의 숨결과 연관 지었다. 그들은 아기가 태어나 처음 숨을 들이쉴 때 영혼이 몸에 들어간다고 믿었다. 그 생명의 숨결처럼 영혼은 네이탈 차트에 생명을 불어넣는다. 네이탈 차트는 영혼과 관계에 대해서는 물론 애착과 이별, 친밀함과 개인성의 주제를 고찰할 수 있는 이상적인 도구다.

이 경험으로부터 우리는 다양한 가족 관계와 가족 외 관계로 뻗어 나가게 된다. 우리는 태어난 시점부터 유년기, 청소년기에 걸쳐 부모, 형제, 또래와 관계를 맺는다. 그리고 이 경험들이 모여 성인 관계로 이어지는 길이 형성된다. 필자는 이전 저서 『가족 유산(The Family Legacy)』에서 점성학적인 관점으로 우리의 유기적 관계와 그것이 성인 애착 및 파트너십에 미치는 영향을 다룬 바 있다. 『가족 유산』은 성인 관계에 초점을 맞춘 이 책의 서곡이라 할 수 있다.

이 책은 글레니즈 로튼과 저자가 공동 개발한 〈아스트로 신서시스, Astro*Synthesis〉 4년 교육 프로그램을 통해 자연스럽게 탄생한 책이다. 관계 패턴은 이 프로그램의 1-2년 차 과정은 물론 점성학 고급반 '시너스트리'에서 다루는 주제이기도 하다. 세 개의 모듈로 구성된 수업 소책자 '친밀한 타인: 7, 8 하우스 점성학', '소울메이트: 관계의 하우스', '시너스트리: 관계의 점성학적 해부도'가 이 책의 시발점이라 할 수 있다. 그리고 금성과 화성의 별자리 특징을 비롯한 일부 내용은 필자의 이전 보고서인 「영혼의 친구(Kindred Spirits)」에서 발췌된 것이다.

비록 이 책은 서양인의 예시와 경험을 담고 있지만, 그 바탕에는 관계의 원형적 본질이 자리 잡고 있다. 그것은 모든 사회에서 모든 언어로 연구될 수 있다. 점성학적 이미지는 세계 공통어로서 모든 문화에 통용된다. 그러므로 점성학적 상징으로 개인과 가족과 사회의 패턴을 이해하고자 할 때, 그 이미지는 모든 문화에 반향을 일으킬 수 있다.

관계는 그 자체가 원형이다. 즉, 관계 경험은 인간의 공통 조건이다. 여기에 신화 속 남신과 여신 캐릭터로 원형적 역할이 더해진다. 그 신들의 이름과 이야기는 전통과 문명에 따라 달라지긴 하지만, 각 신에 깃든 정신은 비슷하다. '왕', '여왕', '남편', '아내', '연인' 등을 예로 들 수 있다. 그들의 옷이나 특성, 관심사는 문화에 따라 달라질지라도 본질은 같은 원형이다. 그 본질은 점성학적 관점에서 행성 원형들로 표현될 수 있으며, 천궁도(horoscope)의 별자리와 하우스, 어스펙트를 통해 개성을 갖게 된다.

모든 행성 원형은 사랑 및 관계와 어느 정도 연관이 있지만, 그중에서도 특히 사랑과 강한 연관이 있는 세 행성이 있다. 바로 달, 금성, 해왕성이다. 달은 첫사랑인 어머니의 사랑으로서 초기 애착을 나타낸다. 한편 해왕성은 우주적이고 보편적인 사랑을 상징한다. 금성은 성인의 사랑과 관계와 동일시되는 행성이다. 금성이 지배하는 천칭자리는 결합과 파트너십에 대한 상징으로서 영원히 자리매김했다.

관계에 대한 견해와 가치, 태도 및 경험은 세대에 따라 달라진다. 필자는 천칭자리 해왕성(1942-57) 세대에 태어났다. 전시 및 전후 시대로서 사랑과 관계에 대한 이상주의의 씨앗이 집단 무의식에 심어진 때이기도 했다. 필자와 같은 세대에 태어난 이들은 일생에 걸쳐 관계와 결혼, 성에 대한 태도에 커다란 변화를 경험했다. 1968년에는 천칭자리에 천왕성이,

1971년에는 명왕성이 연이어 들어왔다. '관계 혁명'이 시작되었을 때 우리 세대 사람들은 아직 청소년이거나 20대였다. 기존의 관계 제도와 전통, 경계가 허물어지기 시작했다. 예를 들어 미국에서는 무과실 이혼법(no-fault divorce)이 발표되면서 이혼율이 치솟았다. 관계에 대한 태도와 관습의 변화는 여성 해방, 동성애 권리 및 개방혼(open marriage) 등으로 사회 전반에 걸쳐 일어났다.

천왕성이 천칭자리에 들어올 무렵, 우리 세대가 더 이상 결혼을 의무로 여기지 않고 전통적인 결혼 생활을 거부하면서 동거나 비혼주의를 선호하는 것에 우리 부모님은 큰 충격을 받았었다. 그런데 1975년, 천왕성이 천칭자리를 떠나갈 무렵에는 부모님의 친구들 중에서도 이혼을 하고 새로운 파트너와 동거를 하는 사람들이 있었다. 20세기 후반, 천칭자리에 들어온 세 외행성은 관계에 대한 문화적 접근 방식을 완전히 뒤바꿔 놓았고 새로운 패턴과 가능성의 출현에 박차를 가했다. 그래서 요즘 젊은 세대는 20세기 중반 이전에 존재했던 전통적인 방식을 상상조차 어려워하기도 한다.

그렇지만 애착과 이별, 친밀감, 개성, 의존성, 독립 등과 같은 관계의 원형적 과정은 여전히 그대로 남아 있다. 본질은 변하지 않은 채 시대의 흐름에 맞게 성장해 왔을 뿐이다. 남신과 여신들의 원형적인 역할 또한 변함이 없다. 그들은 계속해서 관계를 맺고 있으며, 단지 역할만이 현대 버전으로 업데이트되었다.

관계 점성학의 다양한 측면을 묘사하기 위해 필자는 본서 전반에 걸쳐 여러 사례를 공유했다. 그럼으로써 단순히 테크닉에 대한 설명에 그치기보다는 무수한 원형적 가능성을 보여 주고자 했다. 몇몇 사례 연구는 필자가 지난 몇 년 동안 강의용 예시로 사용해 왔던 것이며, 필자가 흥미와 관심을 느낀 몇 사례를 더 추가했다. 필자가 사례 연구를 사용하는 것은 점성학 테크닉의 가용성을 증명하기 위해서가 아니다. 각 이야기를 통해 점성학을 보여 주기 위해서이다. 관계 패턴이 꼭 천궁도에 곧이곧대로 펼쳐지는 것은 아니다. 그러나 우리가 점성학적 상징들에 열린 마음으로 참여할 때, 점성학은 우리에게 통찰과 계시를 보여 줄 것이다.

영혼의 목소리에 귀를 기울이기 위해 점성학에서는 독특한 관점을 제안한다. 천궁도는 한 사람의 영혼이 태어나 '생명의 숨결'을 처음 들이쉰 순간일 뿐만 아니라 그가 경험한 첫 애착-분리 역동을 나타낸다. 관계 패턴은 인간의 영혼에 내재된 것으로서, 그 관계 경향과 틀은 출생 순간 우리의 정신에 새겨지고 천궁도에도 반영된다.

우리는 인생 여정 동안 영혼의 관계를 경험하게 되며, 영혼의 짝을 찾을 때 축복을 느낀다. 그 관계가 항상 문제없이 평탄한 것만은 아니다. 오히려 반대인 경우도 많다. 그렇지만 우리의 영혼은 영혼의 짝과 함께 있는 그 순간, 마치 고향에 온 듯한 영원한 찰나 속에서 연결된 느낌을 받게 된다. 우리 조상들의 믿음처럼 영혼에는 각각의 의미가 있다. 그리고 점성학은 우리가 그 의미를 헤아리는 데 도움을 줄 것이다.

서론

관계에 대한 점성학적 개관

두 영혼이 서로 관계를 맺을 때 그들의 천궁도 또한 관계를 맺는다.

두 개인의 탄생 별들을 비교하는 궁합(compatibility)은 일상생활에서 떼려야 뗄 수 없는, 거의 모든 사람에게 친숙한 개념이다. 어떻게 보면 점성학은 인류의 가장 오래된 관계 유형 이론이라 할 수 있다. 사람들은 관계에 대한 불만을 이야기할 때 서로 별자리 궁합이 맞지 않아서라는 말을 흔히 한다. 예를 들어 황소자리에 태양이 있는 사람은 양자리 친구의 걸음걸이가 너무 빠르다 느끼고, 물병자리는 게자리 동료의 예민한 감수성을 이해하기 어려워한다. 사수자리 파트너는 자신의 물고기자리 파트너가 아침 일찍 일어나 조깅을 가는 대신 침대에서 뭉그적거리는 이유를 도무지 알 수 없어 한다.

그런데 이런 태양 별자리보다 궁합을 더 잘 나타내는 지표는 훨씬 많다. 두 파트너의 천궁도를 가지고 작업을 할 때, 두 사람의 행성들이 주고받는 상호 교환에 따라 점성학 정보의 양은 기하급수적으로 증가한다. 따라서 필자는 가능한 모든 정보에 대한 접근을 순차적으로 깊이 있게 제시하려 노력했다. 실무자는 관계 분석에 대한 자신만의 접근법을 갖게 될 것이며 독자적으로 특정 테크닉을 강조할 수도 있다. 모든 작업과 절차에는 개인에 따라 다르게 이해하고 실행할 수 있는 변형과 차이가 있기 때문이다.

필자는 본서에서 성인 관계를 집중적으로 다루었다. 그러나 본서의 점성학 개념을 무수한 유형의 파트너십에 맞게 수정할 수도 있다. 부모·자식, 형제자매, 연인, 친구, 결혼 또는 사업 파트너 등등 관계 종류에 따라 천궁도의 다른 측면이 강조된다. 관계마다 요구되는 관습, 전통, 행동 규범은 다 다르다. 그래서 관계 유형에 따라 분석 방법을 조정해야 한다. 그러나 모든 관계는 본질적으로 저마다의 고유성을 가지고 있다는 사실을 명심해야 한다.

다음 개요에서는 책의 전반적인 내용을 살펴볼 것이다. 『관계 점성학』의 1부를 다룬 이 책에서는 네이탈 차트 내 관계 주제와 고려 사항에 초점을 맞추고 있다.

네이탈 차트 내 관계 주제

이 책에서는 관계 점성학의 첫 번째 단계로서 각 개인의 네이탈 차트 연구를 통해 상호 연결된 패턴과 가능성에 집중할 것이다. 가족 관계와 부모의 결혼 생활, 가족 내 분위기, 형제자매 관계 등등 천궁도를 통해 알 수 있는 내용들이 여기에 포함된다. 일단 관계 시각에서 행성들을 보기 시작하면 관계 영역에서 행성들이 기능하는 방식에 점점 익숙해질 것이다. 그런 다음에는 신화적 시각으로 천궁도 내에 존재하는 관계의 신들과 그들의 상징성에 초점을 맞출 것이다. 이 책은 성인 관계를 중점적으로 다루고 있기 때문에 금성과 화성의 행성 원형 및 7-8 하우스 영역을 집중적으로 조명할 것이다. 한편 우정 또한 중요한 성인 유대 관계의 하나이므로 친구 관계 영역인 11 하우스를 이어서 살펴보기로 한다.

어떤 관계든 두 사람이 처음 만나는 순간은 매우 중요한 순간이다. 두 사람이 어떻게 같은 시간과 장소에 있게 되었을까? 이 질문은 관계 점성학의 앵글과 축에 대한 고찰을 유도한다. 앵글과 축이란 천체 궤도와 황도가 교차하는 곳에 서로 다른 두 개의 힘이 같은 시간과 차원에서 선형으로 만나는 지점을 일컫는다. 따라서 이러한 교차 경로라는 맥락에서 노드 축(Nodal axis)과 버텍스-안티버텍스(Vertex-AntiVertex) 앵글을 살펴볼 것이다.

기질은 관계에서 중요한 역할을 한다. 그래서 각 파트너의 기질은 물론 해당 기질이 파트너십에서 어떻게 기능하는지 분석하는 방법을 숙고해 보기로 한다. 천궁도는 개인이 관계에서 타인에게 이끌리는 부분을 생생하게 알려 준다. 따라서 천궁도의 개발 영역뿐 아니라 결핍 영역을 함께 인식하는 것이 중요하다.

네이탈 차트

관계의 가능성과 잠재성

관계 점성학은 단지 궁합이나 관계의 가능성을 알아보는 작업이 아니다.

우리는 관계 점성학을 통해 애착의 신비에 경의를 느끼게 된다.

우리가 원하는 어떤 형태가 아닌 진실한 애착 그대로에 말이다.

브라이언 클락

1장

원형과 애착:
파트너십에서의 행성

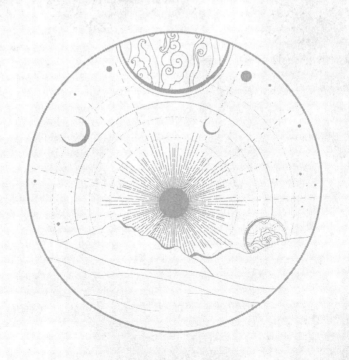

행성들이 상징하는 원형을 성인기 애착과 관계 맥락에 따라 고찰함으로써 관계에 대한 탐구를 본격적으로 시작해 보자. 이 책의 서곡인 『가족 유산』은 본서가 중점적으로 다루는 성인 관계의 토대인 가족 관계 점성학을 주제로 한다. 사실 네이탈 차트 내 패턴은 유년기와 성인기에 상관없이 항상 같다. 트랜짓과 프로그레션에 따라 조금씩 조정되기는 하지만 말이다. 나이가 들수록 차트의 패턴과 특징을 적용하는 우리의 의식에 변화가 일어난다. 그러면서 자아는 점점 발달하고 성숙해진다.

　각각의 행성 원형에는 저마다의 일정한 상징이 있으며, 행성의 의미는 다양하게 적용될 수 있다. 행성 원형은 점성학의 신이다. 그 신들이 인간 세계의 관계 영역으로 들어오면 우리는 그 신들의 대리자가 된다. 신성의 힘이 인생 이야기 속에 얽히고설킨다. 점성학의 신들은 고대 그리스 신화 속에서 살아 숨 쉬던 존재들이었다. 그 신들의 성격과 기질이 상당 부분 행성 원형으로 이어졌다.

내행성

　천궁도의 행성 중에서 5개 내행성은 개인의 성격을 특징짓는 욕구, 덕목, 지성, 가치 및 욕망 등을 나타낸다. 내행성은 가족을 상징하기도 한다. 예를 들어 태양은 아버지, 달은 어머니, 금성은 자매, 화성은 형제를 상징한다. 이 행성들이 관계 하우스에 있거나 강한 어스펙트를 맺을 때, 해당 가족원과의 유대감과 그것의 원형적 이미지가 강조될 수 있다. 내행성은 가족 구성원 역할의 원형적인 측면을 보여 주기도 한다. 예를 들어 태양은 관계 맥락에서 아버지의 패턴, 달은 어머니의 패턴을 시사한다. 행성과 관련된 패턴은 유년기와 청소년기에 가족 관계에서 처음으로 눈에 띄게 드러나며 이후 성인 관계에 재등장한다.

내행성은 사회행성과 외행성의 역동적인 어스펙트 및 트랜짓에 강한 영향을 받아 형성된다. 내행성은 또한 타인의 천궁도에 반응하면서 영향을 주고받기도 한다. 애착이 생기고 친밀한 관계로 발전하면 개인의 행성 원형은 파트너의 행성 기질을 더 수용적으로 받아들이고 자신의 취약한 면을 드러내기 시작한다. 각 행성의 충동이 관계를 통해 충족되는 방식에는 개인차가 있기는 하나, 원형의 성향을 상징하는 각 행성은 저마다의 관심사와 매력을 가지고 있다. 그 영역을 자세히 심사숙고함으로써 우리는 관계 패턴과 호불호에 대한 통찰력을 키울 수 있다.

수성을 제외한 내행성에는 젠더 특성이 있다. 태양과 화성은 부계 조상과 남성 주도적인 과거의 문화적 패턴을 나타내며, 달과 금성은 일반적으로 여성과 가족 내 여성 구성원의 패턴을 나타낸다. 심리적 차원에서 내행성은 남성성과 여성성으로 구분되고 특징 지어진다. 남녀 할 것 없이 인간의 정신에는 남성성과 여성성이 둘 다 존재한다. 흔히 남자에게는 남성성이, 여자에게는 여성성이 장려되기는 하지만, 개인은 두 젠더 특성이 혼합된 자신만의 기질을 가진다.

관계 점성학에서 여성의 태양과 화성은 내면의 남성성 또는 아니무스(animus)를 상징한다. 그러므로 여성의 차트에서 두 행성의 상태는 남성 파트너를 강력하게 시사할 것이다. 태양은 아버지와의 초기 관계를 묘사하는 한편, 화성은 파트너나 동료 남자에게 바라는 기대를 상징한다. 마찬가지로 남자의 달과 금성은 내면의 여성성 또는 아니마(anima)로서 관계를 통해 활성화된다. 남자의 달은 첫사랑 어머니를 나타내며, 금성은 자신이 끌리는 여성을 통해 인식할 수 있는 내면의 이상적인 여성성을 말해 준다.

위의 개념이 가족적, 문화적 전통에 근거해 관계를 분석하는 데는 어느 정도 도움이 되지만, 기본적으로 네 행성은 모두 원형적이며 젠더를 초월한다. 그러므로 젠더에 따라 행성의 특성을 너무 규정하지 않는 편이 합리적이다. 그런데도 관계를 통해 여자는 태양과 화성, 남자는 달과 금성 에너지에 더욱 쉽게 접근하고 의식할 수 있다는 점을 알아 두는 것이 좋다.

태양-달, 금성-화성은 서로 자연스럽게 쌍을 이룬다. 이들은 남성성-여성성뿐만 아니라 빛과 어둠, 능동성과 수동성, 대립과 타협, 드러냄과 은밀함 등의 양극성을 나타낸다. 둘은 서로 반대되는 것처럼 보이지만 자연스럽게 짝을 이루기 때문에 젠더 구분을 넘어 서로의 매력에 이끌린다. 이 원형들은 서로 너무나 밀접하게 연결되어 있기 때문에 동성애 관계라 할지라도 그 역동이 작동한다.

생애 초기 관계에서 달과 태양은 부모 및 가족원과의 관계를 나타내는 중요한 역할을 한다. 그러다 성인기에는 금성과 화성이 관계의 행성으로 부상한다. 금성은 가치를 인정받고 사랑받고 욕망의 대상이 되고 싶은 충동이다. 화성의 충동은 원하는 것을 갈망하고 쫓는 데 있다. 금성과 화성은 관계 점성학에서 성인기 애착과 친밀한 관계를 분석할 때 특히 두드러지게 나타난다. 네이탈 차트 내 두 행성의 별자리, 하우스 위치와 어스펙트는 물론 파트너 차트와의 상호 작용 또한 꼼꼼히 살펴봐야 한다. 금성과 화성에 대해서는 따로 한 장을 할애해 검토할 것이다. 그에 앞서 지금은 관계를 주제로 각 행성의 특징을 살펴보도록 하겠다.

☉ 태양

심장은 정서적 느낌과 애정, 사랑의 아이콘이다. 심장은 때때로 다정함을 나타내기도 하지만 무엇보다도 사랑의 상징으로서 오랫동안 전해져 내려왔다. 심장을 지배하는 태양은 성인기 관계를 진정성 있는 관계로 성장시키는 근간이다. 자신을 사랑하고 인정하는 데 핵심적인 역할을 하는 태양은 건강하고 동등한 성인 관계를 위한 필수 전제 조건이다. 자존감은 가족 관계와 초기 관계에서 충분히 사랑받고 소중히 대우받는 느낌을 통해 발전하며 개인에게 건강한 자기 존중감을 심어 준다. 그런데 태양 원형이 개발되지 않으면 그 에너지가 이기주의와 자기중심성으로 흘러 자칫 성인 관계에 분열을 일으킬 수 있다. 이 경우 태양은 파트너에게 칭찬과 감사를 표현하기보다도 오로지 상대방으로부터 인정과 감사를 받기만을 바란다. 관계에서 태양의 중심적인 역할 중 하나는 타인의 재능을 인정하고 격려와 응원으로 태양의 밝은 빛을 비춰 주는 것이다. 이는 결과적으로 본인에게 더 큰 성취감과 개인적인 만족감을 안겨 준다.

자기표현과 창의성을 추구하는 태양은 개인의 열망과 야망을 지지해 주고 성장에 도움을 주는 관계를 중요시한다. 관계에서 태양은 자신이 진정으로 원하는 것을 격려받고 싶어 한다. 그것이 얼마나 힘든지, 불가능해 보이는지는 중요하지 않다. 또한 파트너십에서 용기와 창의성을 추구한다. 태양은 독특한 창의성과 개성, 표현을 나타내기에 파트너가 자신을 알아주고 중요하게 여겨 주기를 원한다. 커플의 상호적인 창의성은 네이탈 차트와 관계의 특성에 따라 공동 프로젝트와 작업을 통해 활용될 수 있다. 태양의 신화적 이미지는 영웅이다. 황도 12 별자리를 통과하는 태양의 궤도는 영웅의 여정을 닮았다. 관계에서 태양은 그 영웅의 본성을 격려하고 지지하고자 하는 욕구를 나타낸다.

　태양은 또한 활력을 상징하는데, 개인의 이러한 원형적 측면을 파트너가 응원해 줄 때 힘이 나고 살아 있음을 느낀다. 인정과 찬사, 박수를 바라는 태양은 관계에서 그것이 충족될 때 빛을 발하며 개인과 관계를 따뜻하게 비춘다. 관계 점성학에서 태양이 자기중심주의와 인정 욕구, 리더나 책임자가 되려는 욕망을 내려놓고 타인의 세계에 중심이 된다는 것은 쉬운 일이 아니다. 적극적이고 따뜻한 관계에는 두 개의 태양이 공존한다.

　전통적으로 태양은 항상 아버지를 의미해 왔다. 그러므로 태양이 관계 점성학에서 강조되면 아버지의 관계 방식은 물론 원가족의 패턴과 이미지를 고려하는 것이 좋다. 자신감 넘치고 설득력 있고 카리스마와 영향력을 발휘하는 사람들에게는 빛나는 태양이 자리 잡고 있다.

달의 원형이 강조되면 돌봄과 의존, 안전 및 소속 등의 주제가 관계 전체에 영향을 미친다. 네이탈 차트의 달은 개인적인 욕구(need)를 나타낸다. 태어나서 유아기까지 우리는 욕구를 충족하기 위해 타인에게 의존해야만 한다. 성숙해 가면서 우리는 욕구의 일정 부분을 스스로 채울 수 있게 되지만, 교류와 지지, 학습 및 사랑에 대한 특정 욕구는 여전히 타인에 의존한다. 달은 자기와 상대방의 욕구를 충족하는 것이 얼마나 편안한지 알려 주는 지표이기도 하다. 예를 들어 양자리 달과 게자리 달은 관계에서 서로 다른 욕구를 표현할 것이다.

의존이란 타인에게 의지하는 것을 의미한다. 그래서 의존은 종종 개인의 취약성과 동일시되기도 한다. 그런데 취약성이 꼭 나약함을 뜻하는 것은 아니다. 그것은 어떤 대상 앞에서 마음이 약해진다는 의미가 될 수도 있다. 의존성은 두 사람의 경계를 부드럽게 녹이며 상호 이익을 위해 둘을 협력하게끔 만든다. 유아기의 의존적 관계는 동등한 관계가 아니기 때문에 아이에게는 타인이 자신의 욕구를 채워 줄 것이라는 믿음이 필요하다. 이 신뢰가 깨지거나 남용되면 성인기에 달이 상징하는 유대감에 손상이 올 수 있다. 달은 본질적으로 습관적인 측면이 있기 때문에 똑같은 패턴의 실수가 반복될 수도 있다. 성인 관계에서 우리는 자기 내면 아이(inner child)의 부모이기도 하다. 내면 아이의 취약한 부분을 보호해 주고 관계에서도 내면 아이의 안전한 공간을 확보해 줄 필요가 있다. 달의 어스펙트는 개인의 욕구는 물론 그의 정서적 신뢰 패턴을 탐색하는 데 중요한 정보를 제공해 준다.

달은 소속 욕구가 강하다. 관계에서 달은 타인과 관계에 애착과 유대감을 느끼고자 한다. 따라서 깊은 관계에 있는 두 사람은 각 파트너의 애착 스타일과 친밀감 능력에 직면하게 된다. 달은 또한 습관과 생활 양식, 감정과 기분을 암시하는데, 관계가 친밀해지거나 커플이 서로 많은 시간을 보낼수록 이러한 달의 측면은 더욱 분명해진다. 달은 개인의 컴포트 존, 생활 방식, 섭식, 수면 및 휴식과 같은 습관적인 패턴을 나타낸다. 사수자리 달은 매콤한 카레를 좋아하고 아침 일찍 침대에서 벌떡 일어나 정글로 배낭여행을 떠날 수 있겠지만, 파트너의 달이 황소자리라면 서로의 욕구가 부딪힐 가능성이 있다.

전통적으로 달은 어머니를 상징한다. 관계 분석에서 달이 강조되면 어머니로부터 물려받은 관계 양식, 조상 대대로 내려온 관계 패턴, 어머니의 애착 유형과 정서적 친밀감 수준 등을 다루는 것이 필요하다. 달은 주기적이라서 종종 비일관적이고 감정 기복이 심한 사람을 상징하기도 한다. 다시 말해, 달은 감정적이고 변덕스럽다. 관계 맥락에서는 감정을 판단하지 않고 수용함으로써 달의 기분과 주기를 인식하는 것이 중요하다. 달은 오만가지 감정을 관계 맥락으로 가져온다. 따라서 달의 특성을 아는 것은 개인 및 관계의 감정 스펙트럼을 다루는 데 도움이 된다.

☿ 수성

관계 내 의사소통 부족은 커플들이 토로하는 흔한 불만 중 하나다. 상대가 자기 말에 귀 기울여 주지 않는 느낌이나 억울하게 오해받는 느낌도 여기에 포함된다. 커플 사이에서는 단순한 권유가 격렬한 논쟁으로

번지거나 의견이 비판이 되는 일이 흔하게 일어난다. 점성학의 신전에서 수성의 위치는 통신부 장관에 비유할 수 있다. 수성의 영향권에는 언어, 아이디어의 교환, 프로젝트에 대한 자문, 의사소통, 경청 등이 포함되는데, 이는 친밀한 관계에서 강조되는 수성의 핵심 측면이기도 하다.

수성은 일반적으로 말하거나 글로 쓰는 의사소통과 관련이 있다. 하지만 수성은 또한 사기꾼의 원형이기도 하다. 그의 말과 글은 어쩌면 진실이 아닐 수도 있다. 관계에서 의사소통은 무의식의 영향을 받아 더욱 복잡해진다. 표현되지 않은 감정이나 분노, 의혹 등은 주로 신체 언어로 변환된다. 그것은 행동의 변화나 분리 또는 거리 두기 등으로 나타남으로써 직접적인 대화의 기회를 가로막기도 한다. 네이탈 차트는 개인의 타고난 의사소통 방식을 확인하는 데 도움을 주는 한편, 차트 비교는 그것이 관계에서 어떻게 활성화되는지 자세히 보여 준다. 원 가족의 의사소통 패턴은 성인 관계로 이어진다.

수성이 선호하는 이동성과 표현의 자유를 관계에서도 존중할 필요가 있다. 이러한 성향을 인정받고 충분히 발현할 기회가 주어진다면 수성은 의사소통에서 교감으로 한 발짝 나아갈 것이다. 우리는 연습을 통해 수성의 양면 기능을 개발할 수 있다. 수성의 한쪽이 말을 할 때 다른 쪽은 경청을 한다거나, 한쪽이 표현을 하면 다른 쪽에선 분석을 하는 식으로 말이다. 수성의 이러한 긴밀한 연합은 공감 능력과 이해심을 키워 준다. 그것은 커플의 대화 언어를 통해 드러나기도 한다. 시간이 흐를수록 커플은 자신들만의 언어를 개발한다. 유머와 재치, 터무니없는 넌센스도 그러한 대화에 속한다. 인생에 조소를 날리고 심각하게 받아들이지 않는 수성의 능력은 관계에 밝은 분위기와 활기를 불어넣는 사기꾼의 긍정적 측면이다.

신화에서 머큐리는 낮과 밤의 세계를 잇는 가교이자 천상과 지하 세계를 자유롭게 넘나드는 사자였다. 이러한 이중성을 가진 수성은 관계에서 매우 중요한 기능을 수행한다. 친밀한 관계에서 수성은 우리를 지하 세계로 인도하는 안내자로서 그 역할을 분명하게 드러낸다. 우리 안에 에로스가 깨어 있을 때, 수성은 일기나 연애편지, 빈정거리는 말투, 논쟁, 환상, 달콤한 말 등등 수많은 표현 통로를 찾는다. 친밀감은 수성을 관계에 더욱 충실하게 만들며, 개인의 말과 생각을 관계라는 신성한 영역에 담기게 한다.

전통적으로 수성은 학습 유형, 교사나 학생 또는 재치 있는 타인과 연관이 있으며, 관계는 이러한 수성의 호기심이 펼쳐지는 장이 된다. 수성은 배움과 교육에 대한 욕구를 상징한다. 따라서 애착이 형성되면 관계는 마치 수성의 캠퍼스와도 같아진다. 또한 수성의 형제 원형은 관계에 동반자, 친구, 여행 동료의 이미지를 불러일으킨다.

♀ 금성

금성은 성인 관계를 검토할 때 가장 중요한 행성이다. 사랑과 결합, 연결, 관계에 대한 충동을 암시하는 원형이기 때문이다. 달에도 유대 관계를 맺고자 하는 본능이 있기는 하지만, 그것은 다소 의존적이고 가족적인 애착 관계를 나타낸다. 그러나 금성은 가족의 컴포트 존 밖으로 나가 독립적이고 동등한 관계를 맺고자 한다. 금성은 개인의 가치와 취향, 호불호, 즐겁고 아름다운 것을 암시한다. 따라서 우리가 느끼는 열정과 매력, 연결감은 근원적으로 개인적인 취향과 쾌락, 가치관에서 비롯된다고 할 수 있다. 금성은 연애 관계를 향한 욕구뿐 아니라 자기애(self-love)와 자기 가치(self-worth) 경험을 의미하기도 한다.

금성은 매력의 힘을 상징한다. 그리스 신화에서 여신 비너스는 마법의 허리띠를 차고 자신이 선택한 연인을 매혹했다. 일리아드에는 여신 헤라가 남편 제우스와의 부부 관계가 소원해지자 그를 유혹하기 위해 비너스의 마법 허리띠를 빌렸다는 짧은 이야기가 나온다. 금성은 비너스의 저항할 수 없는 매력을 상징한다. 패션, 스타일, 장식품 및 취향 등은 대중의 유행을 따르지만, 사실 금성은 개인적이다. 개인의 취향과 쾌락, 열정은 매우 주관적이어서 누구에게는 아름답고 매혹적인 것이 다른 사람에겐 그렇지 않을 수도 있다. 금성은 개인적인 이상과 자기 존중의 핵심 원형이다.

여신의 마법에 걸리는 것은 비단 연인들만이 아니다. 예술가, 가수, 패션 및 엔터테인먼트 종사자, 박물관 큐레이터, 바 매니저, 축제, 게임, 기타 여흥을 즐기는 사람들도 비너스의 마법에 빠질 수 있다. 다시 말해 금성 영역의 사람들은 아름다움과 창의성, 예술, 관능, 쾌락에 끌린다. 그 영역에는 사랑과 성욕, 관계도 포함되어 있다. 금성 영역은 종종 사랑과 관계의 다른 측면인 허영과 열정, 질투, 삼각관계로 점철되기도 한다.

각 천궁도의 금성은 개인적인 취향을 드러낸다. 또한 성적으로 친밀한 관계나 정서적으로 가까운 관계, 친구 및 동료 관계 등등 일대일 관계에 대한 우리의 태도를 나타내기도 한다. 금성의 영향으로 우리는 다른 이들을 따뜻하게 대하고 누군가에게 매혹되기도 한다. 애정 표현 방식과 사랑을 받는 방식 또한 금성과 관련이 있다. 결국 금성은 자신을 소중히 여기는 자질이라 할 수 있는데, 이러한 우리의 자존감은 타인의 자존감과 공명한다. 금성은 우리를 성인 관계의 중심으로 연결해 주는 아니마이자 세상의 아름다움으로 우리를 이끌어 주는 뮤즈라 할 수 있다. 그리고 그 아름다움은 타인에게서만이 아니라 바로 우리 자신 안에서도 찾을 수 있다.

♂ 화성

화성은 생명력 넘치는 남성 에너지다. 고대 바빌로니아인들이 전쟁의 신 네르갈과 붉은 화성을 최초로 연관 지은 이래 화성은 전사 원형과 자주 동일시되었다. 화성의 전사 원형 주제가 관계 점성학 안으로 들어오면 인간 상호 작용에서의 갈등, 경쟁, 라이벌, 대립 등이 부각된다. 화성 원형은 용감하고 대담하다. 사랑하는 이들을 위해 기꺼이 싸움에 나서고 좋아하는 사람을 쟁취하기 위해 모든 확률에 맞서 고군분투하는 영웅의 이미지를 떠오르게 한다. 화성 원형은 동기 부여, 육체적·감정적 욕망과 흥분을 상징하며, 우리의 열정에 불을 지핀다. 화성은 실제로 우리의 체온을 상승시키기도 한다. 육체적으로 누군가에게 끌릴 때 몸에 발진이나 홍조가 일어나는 현상이 그 예다. 화성에 홀리면 본능적으로 뜨거운 열에 휩싸여 저항조차 할 수 없게 된다. 전사의 혼이 들릴 때는 두려움 없이 전투에 나갈 수도 있다. 그러나 화성 욕구가 지나치게 과해지면 오히려 적에게 무기를 빼앗기고 포로가 될지도 모른다. 화성의 불같은 에너지는 사랑을 통해 길들여진다. 화성 원형은 생존에 대한 본능적인 충동에서 아름다움과 쾌락이 가미된 에로틱한 충동에 이르기까지 광범위한 감정을 다룬다. 가히 금성의 이상적인 짝이라 할 수 있다.

네이탈 차트에서 화성은 욕망과 갈망에 대한 지표일 뿐 아니라 목표를 향해 나아가고 원하는 것을 추구하는 방식을 알려 주기도 한다. 관계에 서는 사랑하는 사람을 향한 추구, 갈망을 표현하는 방식, 자신의 욕망과 열정, 분노를 통제하는 방식 등을 상징한다. 화성은 정서적 반응을 통해 우리의 욕망이 원활하게 흐르고 있는지, 막히거나 방해받고 있는지 알려 준다. 화성이 차단되면 자칫 그 에너지가 내면으로 향하여 자책이나 자학으로 되돌아올 수 있다. 관계에서 차단된 화성 에너지는 분노 폭발 이나 갈등 회피, 연결을 끊어 버리는 행동 등으로 발현될 수도 있다. 관 계 분석에서 화성은 열정과 욕망의 지표로서는 물론 갈등과 불화 상황 에 대한 건강한 표현의 척도로서도 중요하게 고려해야 한다.

화성은 전통적으로 군인이나 운동선수와 관련이 있다. 외과의, 정육점, 의사처럼 칼을 사용하는 직업인, 상인, 경찰, 용감무쌍한 사람을 상징하 기도 한다. 화성이 강한 사람은 남성적인 힘이 넘친다. 태양과 화성은 둘 다 관계의 아니무스이지만, 태양과 달리 화성에는 훨씬 더 본능적이고 원 시적이고 성적인 특징이 두드러진다. 점성학적으로 화성의 본성은 힘의 표현이다. 관계 점성학에서는 욕망과 열정의 표현으로 볼 수 있다.

사회행성- 목성과 토성

목성과 토성은 우리가 사는 사회 계층, 즉 가족 문화 밖의 더 큰 사회 시스템과 관련된 주제를 다룬다. 두 행성이 함께 하는 주기는 20년인데,

이는 사회 관습과 의례 및 인생 주기 등을 통해 우리의 인생 경로를 채점하는 시간이기도 하다. 관계 측면에서 사회행성은 결혼과 이혼, 성, 기타 등등에 대한 사회적 신념 및 전통과 관련이 있다. 목성은 우리가 믿는 도덕적 원칙과 윤리를 시사하는 한편, 토성은 이러한 신념을 집행하는 확립된 전통과 법을 나타낸다. 두 행성은 상반된 견해를 가진 것처럼 보이지만 사실은 서로 자연스럽게 짝을 이루면서 20년 주기 동안 '정의'로 여겨지는 것을 제도와 법으로 이행한다.

목성과 토성이 7-8 하우스처럼 친밀감과 관련된 하우스 안에 있거나 내행성, 특히 금성이나 화성과 어스펙트를 이루면 성인 관계에서 해당 행성 원형이 두드러지게 된다. 예를 들어 목성이 금성이나 화성과 메이저 어스펙트를 맺는 경우, 개인은 관계에서 느끼는 불안을 보강하는 철학적, 도덕적 태도를 찾을 것이다. 또한 이러한 태도는 관계를 자유롭게 하거나 반대로 제약하는 방식에도 영향을 줄 것이다. 한편 토성이 금성이나 화성과 어스펙트를 이룬다면, 개인은 관계를 억제하거나 가로막는 규칙과 규율 등을 고려하게 될 것이다.

따라서 목성과 토성은 관계에 대한 집단적, 개인적 사고방식이라 할 수 있다. 따라서 네이탈 목성이나 토성이 관계의 별자리인 천칭자리, 전갈자리에 자리하면 관계 패턴에 대한 사회적 풍토를 더 신경 쓰고 경계하게 된다. 그러면서도 개인적으로 관계 패턴을 분석 및 수정해 표현할 것이다. 관계 별자리인 천칭자리에서 토성이 항진하는(exalted) 것은 흥미로운 사실이다. 관계는 과연 시험인가, 보상인가?

4 목성

목성은 관계 하우스 안에 있거나 내행성, 그중에서도 금성이나 화성과 어스펙트를 맺을 때 개인적인 관계에 영향을 미친다. 위와 같은 상황에서 목성 원형은 여러 방식으로 관계에 영향을 준다. 목성은 다문화적인 관계를 암시하며, 목성의 중심 주제는 파트너의 신념과 철학이다. 목성은 외국인과의 관계 또는 사회적, 가족적 배경을 뛰어넘는 관계에 이끌린다. 목성은 사회적, 인종적, 문화적, 경제적, 교육적, 종교적 경계를 가로지른다. 목성의 관계는 혼합된 관계를 의미한다. 그 혼합은 신념이나 사회적 지위 또는 국적의 혼합일 수도 있다. 이러한 목성의 기저 동기는 외국에 대한 끌림일 수도 있고 일상과 전통의 경계를 뛰어넘어 배우고 성장하려는 충동일 수도 있다. 그러나 그 다문화적 관계는 예를 들어 교사-학생 사이처럼 부적절한 경계를 넘는 등 도덕적, 윤리적인 딜레마에 빠질 수도 있다.

목성 원형이 관계를 통해 추구하는 것은 바로 자유와 모험이다. 네이탈 차트에 강하게 배치된 목성은 여행자, 탐험가, 자유 투사 내지는 관계에서 지지받고자 하는 성격 측면으로 묘사될 수 있다. 친밀감과 관련해서 목성은 개방적이고 낙관적인 경향을 보인다. 개인이 가진 긍정성은 매력적인 자산이긴 하지만, 그 때문에 관계에 난관과 시련이 닥칠 때 더 힘들어하기도 한다. 배움과 자기 인식에 대한 강한 욕구를 가진 목성은 관계에서도 상호 작용을 통한 자기 성장을 추구한다. 너그러운 태도는 목성의 훌륭한 점이지만, 관계에서 항상 베풀며 주도권을 가지려는 태도는 사실 친밀감에 대한 방어 기제일 수도 있다. 그렇게 하면 마음의 빚도 없고 상대방 앞에서 약한 모습을 보일 필요도 없기 때문이다.

목성의 과정에는 신성에 대한 추구가 포함된다. 그것이 관계로 옮겨지면 이상적인 사람에 대한 추구가 될 수 있다. 확실히 이들은 이상주의와 기대, 영적 가치 및 철학적 신념 등의 이슈를 관계의 최전선으로 가져온다. 관계에서 목성 원형이 강조되면 관계의 에로틱하고 창조적인 속성이 철학과 영성을 나누는 방식에 집중될 수 있다.

♄ 토성

토성은 흔히 통제와 권위, 장애 및 어려움 등을 나타내지만, 관계에서는 커플을 단단히 묶어 주는 '관계의 접착제'로 비유될 수도 있다. 토성은 전념과 성숙을 의미한다. 여기에는 관계에서 노력하고 책임을 지려는 중요한 마음가짐이 포함된다. 토성은 또한 나이 들어 가는 과정과 수명을 관장한다. 이러한 특징들이 접착제와 같은 작용을 하면서, 커플은 관계를 지속하기 위해 어려움과 장애를 극복하려는 노력을 하게 된다. 긍정적인 토성 원형은 충실함과 한결같음, 전통을 아우르며 관계에 믿음과 든든함을 준다. 그러나 한편으로는 가부장적이고 가르치려는 태도와 매사에 부정적이고 지배적인 모습을 보일 수도 있다. 그러면 관계는 두려움과 통제, 교묘한 조종으로 혹독한 시련을 겪게 된다. 네이탈 차트에서 토성은 자제심과 책임감을 나타낸다. 자신에게 힘과 통제력이 없다고 느끼는 사람일수록 타인을 휘두르고 힘을 발휘하고 싶어 한다. 그러면서 관계를 권위적이고 억압적인 분위기로 만들 수 있다.

한편으로 토성은 권위와 경계를 세우는 데 도움을 줌으로써 우리가 책임감을 느끼고 진지하게 목표를 성취할 수 있도록 힘을 실어 준다. 토성은 관계를 통해 발전하고 성숙한다. 그러나 한편으로는 관계에 대한 공포심을 불러일으키기도 한다. 토성은 주로 기대에 못 미치거나 탐탁지 않은 부분에만 우리를 집중하게 만드는 경향이 있다. 관계에서 그것은 거부당하고 버려지는 것에 대한 두려움으로 번진다. 어린 시절에 경험한 방치와 애정 결핍은 성인기 상호 작용에서 흔히 되풀이된다. 따라서 이를 적절하게 다루지 않는다면 관계가 손상될 수 있다. 토성은 성인 관계에서의 자존감과 자율성 및 개인의 가치 문제를 우리에게 직면시키면서 재정비하도록 이끈다. 관계에 의존하거나 과거의 상처를 반복하지 않는 방법 중 하나는 바로 자립성을 키우는 것이다. 상처받을 기회를 아예 차단해 버리거나 자신을 바쁘게 만드는 것 또한 토성의 방어 기제다.

토성은 일과 성취와 밀접한 관련이 있다. 이런 특성이 관계 영역으로 들어오면 야망이나 돈 관련 이슈, 또는 직장에서 오랜 시간을 보내느라 관계를 소홀히 하는 문제 등이 생기기도 한다. 토성은 염소자리에서 룰러십을 얻고 천칭자리에서 항진한다. 따라서 해당 별자리에 토성이 있으면 앞서 묘사한 성향이 더욱 강조된다. 토성은 위계와 평등을 나란히 아우르기 때문에, 관계에서 그 경계를 구별하는 것은 매우 중요하다. 각자에게 주어진 책임에 동의하고 서로의 기대와 역할을 알아차려야 한다. '일대처관계' 패턴은 토성 원형의 단골 주제다. 관계 점성학에서 토성에 초점이 강하게 맞춰져 있으면 특히 그 주제를 중요하게 다뤄야 한다.

토성은 좀처럼 사랑과 애정을 드러내지 않는데, 공적인 자리에서는 더욱 그러하다. 애정 표현을 사적인 영역으로 간주하기 때문이다. 사랑과 애정을 표현하는 규범과 수칙은 초기 가족 환경에서부터 형성되며 성인 관계를 통해 다시 부상한다. 그러면서 개인은 점점 자신의 부드러운 면을 드러내는 진실한 방법을 찾게 된다. 성인 관계에서 우리가 가진 완벽함에 대한 기준과 존재 방식은 끊임없는 도전을 받는다. 시간이 지날수록 관계의 규칙과 기준 및 루틴은 개인과 관계 속에서 점점 더 성숙하게 다듬어질 것이다.

관계의 치유 능력- 카이런

1977년 11월 1일에 발견된 카이런은 행성으로 분류되지는 않지만 점성학의 신전에서는 매우 중요한 위치를 차지하고 있다. 카이런은 발견된 이후 소행성과 혜성으로 재차 분류되었다가 소행성체인 센터우루스군(Centaurus)의 일부로서 자기 자리를 찾았다. 태양계에 일시적으로 궤도를 형성한 센타우르스군은 일반적으로 목성과 해왕성 사이에 위치한 소행성체를 가리킨다. 경계를 넘나드는 이 소행성체군은 큰 행성들의 궤도를 통과한다. 마치 신화 속 켄타우로스족처럼 아웃사이더, 이탈자 내지는 무질서한 집단으로 보인다.

아레스의 자손이자 켄타우루스(Centaurus)의 자녀인 난폭한 켄타우르스(Centaurs) 종족 중에서도 카이런은 남달랐다. 필리라와 크로노스 사이에서 태어난 카이런은 사실 제우스와 포세이돈, 하데스 등 현대 점성학에서 행성의 이름이 된 올림푸스 신들의 배다른 형제였다. 카이런은 켄타우르스족과 달리 지혜롭고 공정하고 친절한 성품을 가지고 있었다. 그렇지만 또 켄타우르족처럼 사회적인 한계 탓에 주류에는 속하지 못하는 처지이기도 했다. 신성한 존재이면서 동시에 반인 반마이기도 했던 그는 육체를 가지고 태어난 아픔과 인간으로서의 고통, 유한의 불안과 같은 물리적 본성을 껴안을 수밖에 없었다. 변함없는 영원불멸의 존재들과 달리 그의 신성을 해방하려면 육신의 죽음이 필연적으로 선행되어야 한다. 그래서 카이런은 인간으로서의 경험은 물론 인간관계에서 오는 실존적 고통과 아픔을 피할 수 없다는 사실을 너무나 잘 알고 있었다. 각 관계 속에서 카이런의 신성은 사랑의 힘과 성적 쾌락, 친밀함의 성스러운 경험 등을 통해 살아 움직인다. 그러나 아픔과 고통은 모든 인간에게 불가피한 것이다. 카이런은 관계에서 일어나는 그 심오하고 복잡한 경험을 다룬다. 관계 점성학 분석에서 카이런 주제가 두드러지면 고통과 아픔이라는 가장 인간적이면서 영혼을 울리는 경험에 초대받게 된다. 종종 우리의 인간적인 부분은 그것을 두려운 대상으로 여기며 거부하려 하지만 말이다.

⚷ 카이런

상처 입은 치유자 원형으로 널리 알려진 카이런은 상처와 치유의 역설적인 결합을 상징한다. 상처는 그 자체로 치유의 원천으로서 천연 연고의 성분을 가지고 있다. 심리학적으로도 우리가 마음의 상처를 인정하고 받아들였을 때 치유 과정은 더 빨라진다. 관계 점성학에서 카이런은 관계와 친밀감의 과정에서 재현된 옛 상처를 암시한다.

사실 카이런 자체는 관계와 직접 관련된 행성 원형이 아니다. 카이런이 관계의 하우스에 위치하거나 내행성, 특히 금성이나 화성과 어스펙트를 맺을 때 그 영향력은 더욱 분명하게 느껴진다. 이 경우, 점성가는 여러 방식으로 발현될 수 있는 관계 이슈를 빈틈없이 살펴보아야 한다. 먼저 카이런의 궤도와 관련해 몇 가지 주제를 살펴보자. 카이런은 관계 별자리인 천칭자리와 전갈자리에서 가장 짧게 머문다. 천칭자리에서는 1~2년, 전갈 자리에서는 1.5~3년가량 머문다. 따라서 카이런의 주기는 외행성이 상징하는 대대적인 변화보다는 개인적이거나 문화적인 차원의 관계 변화로 이해하는 것이 좋다.

앞서 논의한 바와 같이 제도권의 가장자리나 바깥, 권리 박탈 등은 카이런의 공통 주제다. 관계 점성학에서는 비전통적 관계, 즉 사회 규범이나 가족 또는 문화 체제에서 벗어난 비전형적인 관계를 의미할 수 있다. 이 유형의 사람들은 흔치 않은 상처와 고통을 지닌 상대에게 사랑을 느끼곤 한다. 카이런이 시사하는 상처와 치유의 기묘한 혼합은 우리가 관계와 파트너를 통해 옛 상처를 수용하고 이해함으로써 심리적 건강을 되찾을 수 있다는 사실을 알려준다.

자신의 가치를 인정받지 못하는 카이런의 상처는 관계에서 상대방에게 받은 무시와 소외감을 통해 우리 안에서 다시 깨어날 수 있다. 아이러니하게도 우리의 파트너는 우발적인 상처와 함께 치유를 주는 천사 같은 존재일지도 모른다. 파트너를 통해 우리의 자각적인 인식과 함께 고통스러운 상처가 부활하고 해방되기 때문이다. 아니면 우리 자신이 뜻하지 않게 상처 주는 역할을 하고 있을지도 모른다. 알아차림을 통해 우리의 관계는 더 믿음직스럽고 의식적인 관계로 발돋움할 수 있다. 자기의 상처와 상대방의 상처를 알아차리고 존중하고 수용함으로써 우리는 영혼 깊이 연결된 친밀한 관계를 맺을 수 있다. 카이런은 서로의 취약성과 한계를 온화하게 안내할 수 있도록 우리를 이끈다. 그리고 이런 인식의 변화가 있을 때 비로소 우리는 카이런의 힘과 영적인 가치를 깨달을 수 있다.

카이런의 철학은 우리가 자신의 아픔을 온전히 받아들일 때 타인을 치유하는 능력을 함양할 수 있음을 알려 준다. 우리는 상처를 치유하면서 배운 지혜로 사람들의 아픔과 곤경을 알아차리고 그들이 겪는 고통을 자비심으로 이해할 수 있게 된다. 우리는 자기의 상처를 존중하고 수용하는 것은 어려워하지만 아이러니하게도 타인을 위해서는 그렇게 해 줄 수 있다. 자기에게 못 해 주는 일을 사랑하는 사람을 위해서는 기꺼이 할 수 있다는 점이 바로 관계의 역설이다.

관계의 세대 차이 및 시대적 흐름- 천왕성, 해왕성, 명왕성

근대에 발견된 천왕성, 해왕성, 명왕성 등 외행성 그룹은 고대 점성학 역사에 속하지 않는 부분이다. 세 행성이 상징하는 속성은 인간세계의 개념과 법, 한계 또는 윤리 도덕으로 제한될 수 없다. 외행성은 인간의 경험을 넘어선다. 초인적이고 집단적이며 신성하고 초자연적이다. 인간의 지각으로는 이해하기 힘든 영역이라서 칼 융이 말한 '집단 무의식' 개념처럼 흔히 개인을 초월하는 영적 차원에 비유하기도 한다. 본질적으로 외행성은 개념과 계획, 경험, 상상을 뛰어넘는 것, 또는 이전까지 깊이 느껴 본 적 없는 무언가를 인간 경험으로 가져온다. 그래서 외행성은 각성과 해방, 상상력, 새로운 출발, 그리고 변화를 상징한다고 볼 수 있다.

변화를 상징하는 외행성이 관계 행성과 어스펙트를 맺으면 무슨 일이 생길까? 외행성이 관계에 영향을 미치면 비전통적이고 비범한 일, 그러니까 통계적으로 종형 곡선의 가장 바깥쪽에서나 일어날 법한 일을 암시한다. 외행성이 금성이나 화성 등 내행성에 어스펙트하거나 일대일 관계 하우스나 친밀한 관계 하우스에 위치하면 개인적인 관계에 큰 영향력을 미치게 된다. 외행성이 천칭자리나 전갈자리를 통과할 때는 성인 관계와 친밀한 관계 및 성에 대한 사회적 태도와 통념에 파동을 일으킨다. 세 외행성은 모두 1942~1995년 사이에 두 별자리를 가로지르면서 일대일 성인 관계에 피할 수 없는 대변화를 가져왔다. 다음은 관계에 시대적 변화를 가져온 점성학적 시기를 표준시(GMT)로 분류한 표다.

외행성	각 별자리에 머무는 평균 기간	천칭자리 트랜짓	전갈자리 트랜짓
천왕성	천왕성은 84년 주기이며, 황도의 각 별자리를 트랜짓하는 기간은 6.5~7.5년이다. 천칭자리와 전갈자리에서는 각각 6.5년 동안 머문다.	1968년 9월 28일 ~1969년 5월 20일 1969년 6월 24일 ~1974년 11월 21일 1975년 5월 1일 ~1975년 9월 8일	1974년 11월 21일 ~1975년 5월 1일 1975년 9월 8일 ~1981년 2월 17일 1981년 3월 20일 ~1981년 11월 16일
해왕성	해왕성은 165년 주기이며, 궤도가 구체 모양이기 때문에 각 별자리를 지나는 데 평균 약 14년이 걸린다. (주로 13.5~14년 소요)	1942년 10월 3일 ~1943년 4월 17일 1943년 8월 2일 ~1955년 12월 24일 1956년 3월 12일 ~1956년 10월 19일 1957년 6월 15일 ~1957년 8월 6일	1955년 12월 24일 ~1956년 3월 12일 1956년 10월 19일 ~1957년 6월 15일 1957년 8월 6일 ~1970년 1월 4일 1970년 5월 3일 ~1970년 11월 6일

		1971년 10월 5일 ~1972년 4월 17일	1983년 11월 5일 ~1984년 5월 18일
명왕성	카이런과 비슷하게 명왕성의 궤도는 타원형이다. 주기는 248년이지만 황도 별자리에 고르게 분배되지 않는다. 양자리와 황소자리에서는 각각 29~30년, 31~32년 동안 머무는 반면, 천칭자리에서 12~13년, 전갈자리에서는 11~12년을 머문다.	1972년 7월 30일 ~1983년 11월 5일 1984년 5월 18일 ~1984년 8월 28일 트랜짓 명왕성은 천칭자리 해왕성 시대에 태어난 사람들이 20대 후반이 되었을 때 그들의 네이탈 해왕성에 컨정선한다.	1984년 8월 28일 ~1995년 1월 17일 1995년 4월 21일 ~1995년 11월 10일 트랜짓 명왕성은 전갈자리 해왕성 시대에 태어난 사람들이 20대 중후반이 되었을 때 그들의 네이탈 해왕성에 컨정선한다.

외행성들은 각 별자리를 매우 천천히 지나가기 때문에 비슷한 나이의 동시대 사람들은 서로 가까운 거리에 네이탈 외행성을 가지게 된다.

♅ 천왕성

천왕성의 원형은 예측할 수 없는 의외성이다. 천왕성이 관계 영역에 어떤 변화와 급진적 이탈을 가져올 지 우리는 예측할 수 없다. 천왕성은 전류를 연결하고 차단하는 회로 차단기에 비유될 수 있다. 천왕성 트랜짓은 마치 플러그가 콘센트에 있으면 빼내고, 연결되어 있지 않으면 갖다 끼우는 것과 같다. 익숙하고 분명한 상태를 휘저어 동요를 일으키는 천왕성은 관계에서도 흥분과 높은 불안을 초래한다. 앞서가는 천왕성의 본성은 짜릿함과 섬뜩함 둘 다를 준다. 이는 자칫 불안과 걱정으로 이어질 수도 있다.

관계 점성학에서 천왕성 주제는 자율성과 친밀감 사이를 들쭉날쭉한다. 천왕성의 테마에는 자유 대(對) 친밀감 또는 접근 대 회피의 딜레마가 수반된다. 특히 천왕성이 달이나 금성에 어스펙트할 때 더욱 분명히 드러난다. 애착(attachment)의 행성이 분리(detachment)의 원형과 정렬되기 때문이다. 이 딜레마의 중심에는 자신만의 공간과 거리를 유지하고 싶어 하는 천왕성의 욕구가 자리 잡고 있다. 천왕성 사람들은 친밀한 관계에서도 파트너와 적당한 거리를 유지하면서 숨 돌릴 공간을 갖고 싶어 한다. 천왕성 원형은 관계에서 버려지고 혼자 남겨지는 것에 대한 두려움을 일으키기도 한다. 표면적으로는 책임감 이슈가 두드러질지라도 사실 그 밑바탕에는 자유와 자율성에 대한 욕구가 깔려 있을 수 있다. 관계 맥락 내에서 자유가 허용되기만 한다면 천왕성의 사람은 그 관계에 머무를 가능성이 크다.

그래서 개인성 대 공생의 주제가 강조된다. 관계에서의 적절한 공간, 자신만의 방, 각자 떨어져서 함께하기 등은 천왕성 관계의 공통 정서다. 파트너 간에 상호 이해와 동의가 이루어진다면 경계가 없거나 폐쇄적이지 않은 열린 관계로 이어지기도 한다. 친밀감보다는 우정과 동지애가 더 중요한 경우가 많아서 때때로 "우리 친구로 남아 있자."라는 전형적인 이별 선언을 말하기도 한다. 천왕성이 친밀감의 행성과 어스펙트하거나 관련 하우스에 위치할 때 이러한 패턴은 더욱 강하게 드러날 수 있다.

천왕성의 특성처럼 관계가 갑자기 진행되거나 해체되는 일도 종종 일어난다. 설령 일사천리로 약혼이 진행되거나 벼락처럼 갑자기 이혼을 하는 것처럼 보일지라도 사실은 전부터 이미 징조와 조짐이 있었을 것이다. 이러한 패턴과 함께 천왕성은 관계에 대한 폭넓은 통찰력과 직관력을 가져다준다. 천왕성 원형이 관계에 개입되면 흥분 가득한 종횡무진의 질주가 일어나기 때문에 안전벨트를 꼭 매고 있어야 한다. 천왕성의 관계는 절대 지루할 새가 없다.

Ψ 해왕성

관계 점성학에서 해왕성은 종종 마법 같은 이야기나 비극으로 여겨진다. 사랑에 빠졌을 때의 지극한 행복이나 짝사랑의 고통처럼 해왕성은 경계의 흐려짐과 용해를 상징한다. 관계 점성학에서 해왕성 원형은 공생과 합일을 고취한다. 그 영향력은 매혹에서 속임수, 영감에서 혼란에 이르기까지 아주 다양하게 나타난다. 연인 사이에 부어진 해왕성 에너지는 마치 환각제처럼 자기와 타인에 대한 그들의 인식을 바꿔 놓는다. 눈에 콩깍지가 씌듯 커플은 마술에 사로잡힌다. 해왕성 원형의 강력한 최면에 사로잡히는 것이다. 해왕성은 사랑에 빠진 신성한 광기와 같다. 플라톤은 사랑이 신성을 불러온다고 역설했다. 해왕성은 우리 영혼의 영원한 측면을 어루만진다.

사랑에 빠지는 것은 지하 세계나 무의식으로의 하강을 암시한다. 해왕성은 바로 그 지하 세계의 지배자 중 하나이다. 해왕성이 관계 하우스 안에 있거나 관계 행성과 어스펙트를 맺으면 관계에 해왕성의 원형적인 특색이 덧입혀진다. 해왕성은 관계에 희생과 내맡김(surrender)을 고취하는 경향이 있으며, 구원자-희생자 패턴으로 나타날 수도 있다. 이러한 희생 패턴은 보통 주기적으로 반복된다. 다시는 잘못을 저지르지 않겠다고 약속하는 파트너를 용서하고, 그것이 반복될 때 또다시 용서와 구원을 베푸는 식이다. 기대와 희망으로 정점에 이르렀다가 이내 실망과 절망으로 무너져 내리는 끝없는 순환이 이어진다. 해왕성의 이러한 '경계 없음' 때문에 두 파트너는 서로의 삶에 너무 얽히고설킨 나머지 개인적인 욕구와 욕망을 잊어버리는 지경까지 이르게 된다. 그렇게 되면 개인은 독립하고 분리하거나 이별할 수 없게 된다.

관계에서 자신을 놓아 버리는 해왕성의 이상은 마치 중독과 비슷하다. 따라서 해왕성은 흔히 상호 의존적인 관계나 중독에 얽힌 관계와 동일시되기도 한다. 만일 커플 중 한 사람에게 중독 문제가 있어서 파트너의 도움을 계속 받는 상황이라면 관계가 중독 패턴에 묶일 수도 있다. 해왕성은 또한 관계로 인한 고통을 미화시켜서 상처와 사랑을 동일시하게 한다. 해왕성 원형의 다른 측면은 영성과 창의성을 나누고자 하는 충동이다. 관계에서 해왕성이 두드러지면 영적이고 창의적인 파트너십으로 나타나기도 한다.

타인에 대한 이상화는 해왕성 관계의 단골 주제다. 이상화는 파트너를 상실하거나 그 대상과 이어질 수 없을 때의 고통을 차단하도록 돕는 방어 기제이기도 하다. 때때로 그 대상은 환상 속의 인물이거나 아예 닿을 수 없는 사람일 수도 있다. 해왕성은 관계에 비현실적인 기대를 가져오면서 현실보다는 꿈에 그리는 사랑에 빠지게 만든다.

♇ 명왕성

삶의 어떤 영역에서든 명왕성이 미치는 영향력은 부인에 직면하고 과거를 낱낱이 파헤침으로서 진실과 대면하는 과정을 불러온다. 수치심이나 부정적인 감정을 주려는 것이 아니라 더 이상 삶에 도움이 되지 않는 것을 내려놓게 하기 위한 과정이다. 명왕성 원형이 관계 영역으로 들어오면 정직과 친밀감 이슈를 함께 불러일으키면서 타인이라는 거울을 통해 깊은 곳의 자기를 직면시킨다.

저승의 신 하데스 신화는 관계의 이야기이기도 하다. 다른 형제들과 달리 한 명의 배우자를 원했던 하데스는 형제 제우스의 도움을 받아 페르세포네를 지하 궁전으로 납치하는 계획을 세웠다. 대지의 여신 데메테르의 딸 페르세포네는 어머니와 강한 유대 관계를 가진 순결한 처녀였다. 그녀는 들판에서 꽃을 꺾던 중 지하에서 올라온 하데스에게 납치되어 강제로 가족과 집을 떠나야 하는 처지가 되었다. 그러나 페르세포네는 변형 과정을 통해 명왕과 동등한 파트너로 저승 세계의 여왕이 되었다. 이 신화는 명왕성적인 관계를 잘 보여 주는 우화로서, 집착과 권력, 변형, 통과 의례는 물론 평등과 친밀감의 주제를 분명하게 보여 준다.

명왕성이 관련되면 신뢰와 배신 이슈로 점철된 관계 영역에서 강력한 만남이 일어난다. 명왕성은 삶과 죽음의 강렬한 감정, 사랑과 상실, 신뢰와 배신을 일깨운다. 죽음과 같은 배신을 경험하고 난 개인은 자기 통찰과 변형을 거쳐 새사람으로 재탄생한다. 명왕성 식의 '신뢰'란 타인이 아닌 자신에 대한 신뢰를 뜻한다. 죽음과 같은 상실을 경험하고도 다시 살아날 수 있다는 사실을 아는 것이 바로 충분한 자기 신뢰다. 명왕성 관계에서는 사랑과 상실이 밀접하게 얽혀 있다.

그뿐만 아니라 힘과 사랑도 한 데 뒤얽혀 있다. 명왕성은 사랑의 힘일 수도 있고 힘에 대한 사랑일 수도 있다. 관계가 사랑의 힘에 집중될 때 명왕성은 깊은 친밀감과 공유를 상징한다. 그러나 힘에 대한 사랑에 초점이 맞춰지면 관계에서 권력 문제와 조종, 질투, 소유, 통제 문제 등이 일어나게 된다. 명왕성적인 관계에서는 돈이나 섹스가 권력 행사의 도구가 되기도 한다. 왜냐하면 친밀감과 힘에 대한 결핍이 드러날까 하는 걱정 때문이다. 이러한 유형의 관계에서 비밀은 종종 파트너들을 갈라놓는 문제가 되기도 한다. 친밀한 관계에서는 개인의 프라이버시와 의도적인 은폐를 균형 있게 분별하는 것이 중요하다.

명왕성의 친밀감은 벌거벗겨지는 경험과도 같다. 그 경험은 자유를 줄 수도 있고 수치심을 줄 수도 있다. 명왕성에는 중간이나 회색 지대가 없기 때문이다. 친밀감으로 자유를 얻은 개인은 충족감과 이해받았다는 느낌에서 큰 힘을 받는다. 하지만 수치심을 느끼는 이들은 그 불편감을 감추기 위해 섹스를 무기나 방어 기제로서 사용할지도 모른다. 자유와 수치심, 어느 쪽이든 간에 명왕성의 관계에는 각 개인을 변형하는 힘이 잠재되어 있다. 명왕성의 테마는 '치유적 사랑'이다. 이 치유적 관계에서 당신의 동반자는 연인이자 치유자가 될 것이다.

2장

사랑의 신, 성과 관계:
에로스, 비너스, 마르스

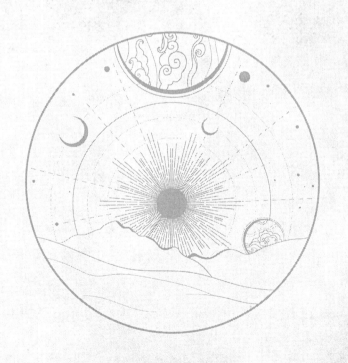

관계에 대한 전설은 모든 문화에 존재하지만, 특히 그리스와 로마의 전통에서는 사랑, 성, 관계에 대한 신화가 융성했다. 그리스 신화에는 불륜으로 악명이 자자한 제우스가 있긴 하지만, 사랑과 아름다움의 위대한 여신은 바로 그 유명한 아프로디테이다. 로마인들은 아프로디테를 비너스로 받아들였고, 그녀의 이름을 사랑과 관계를 상징하는 행성 금성과 동일시했다. 풍부한 신화적 원형 본성을 가진 비너스는 그렇게 점성학 신의 대열에 들어섰다. 그리고 그리스 신화에서 아프로디테의 변함없는 동반자였던 아레스는 나중에 로마의 신 마르스로 통합되었다. 이처럼 사랑과 욕망을 상징하는 두 신의 관계는 점성학을 통해 영생을 얻게 되었다.

사랑의 전설

그리스 신화를 통틀어 아프로디테와 아레스는 열정적인 연인 또는 형제자매 등 동반자로서 줄곧 짝을 이루었다. 서사시 『오디세이』에는 두 사람이 침대에서 사랑을 나누다 아프로디테의 남편 헤파이스토스가 가는 실로 엮은 그물에 갇혀 버린 이야기가 수록되어 있다. 아프로디테와 아레스의 에로틱하고 열정적인 관계는 시대를 초월한다. 호메로스의 초기 서사시 『일리아드』에 묘사된 이들의 관계는 오디세이에 비해 덜 강렬하긴 하지만 역시 밀접한 관계로 그려지고 있다. 아프로디테는 아레스를 '사랑하는 형제'라고 부른다. 상상해 보자면 이 두 신은 사랑과 욕망의 그물에 걸린 영원한 연인, 미의 여신과 전쟁의 신, 평화의 신과 전쟁의 신으로 그려 볼 수 있다. 아프로디테는 아레스를 통해 하모니아, 포보스, 데이모스, 각각 조화, 두려움 및 공포를 상징하는 세 자녀를 낳기도 했다. 또 다른 자녀로는 거부할 수 없는 사랑의 힘을 상징하는 에로스가 있다.

소울메이트로서 아프로디테와 아레스의 파트너십에는 두 가지 측면이 존재한다. 한쪽은 에로틱하고 정서적인 친밀감, 다른 한쪽은 우정과 동지애다. 심리학적 용어를 빌리자면 이들은 쾌락, 욕망 및 열정을 상징하는 원형이라 할 수 있다. 점성학적으로 표현하자면 우리가 매력을 느끼는 타인의 특징, 가치 있게 여기는 것, 바라고 갈망하는 것 등을 상징한다. 심리학적으로 두 신은 인간이 가진 리비도의 체현이다. 이 본능적이고 활동적인 힘은 타인과 관계의 세계로 우리를 끌어당긴다.

로마 신화에서 비너스와 마르스는 제국을 다스리는 신이자 로마의 건립자 아이네이아스와 로물루스의 부모로서 숭배받았다. 멸망한 트로이에서 피신한 비너스의 아들 아이네이아스는 로마를 다스리는 새로운 왕가의 아버지가 되었다. 그리고 마르스의 아들 로물루스는 테베레 강가에 로마를 재건했다. 비너스와 마르스는 황금 도시 로마의 기둥이자 수호신으로서 영원한 낭만으로 남게 되었다.

그러나 비너스와 마르스, 그리고 그 전신인 그리스의 아프로디테와 아레스를 살펴보기에 앞서, 그들이 등장하기 전인 문명 발생 이전의 원시시대로 거슬러 올라가 보자. 여기서 우리는 5대 창조신 중 하나이자 서구 신화 최초의 성관계(intercourse)와 상호 연결(interconnection)의 인격신인 에로스를 만나게 된다. 그 후 그리스 신화에서 에로스는 아프로디테와 아레스의 아들이 되었고, 로마 시대에는 에로스와 비너스, 연인 프시케의 삼각관계가 만들어졌다.

에로스의 풍부한 신화적 태피스트리는 우주가 창조되는 새벽녘에 짜이기 시작했다. 그는 다른 신들이 파생되기 이전부터 이미 존재했던 신으로서 관능으로 신들을 따뜻하게 데우고 자극해 서로를 섞이게 만들었다. 에로스는 원초적 힘, 삶에 대한 욕구, 성적 매력과 결합을 상징한다. 에로스는 우리가 세차게 뛰는 가슴으로 열정적인 포옹을 하며 강렬한 연결감을 느낄 때도, 실연의 어두운 그림자 속에 있을 때도 늘 존재한다. 신들을 탄생시킨 원동력인 에로스의 첫 번째 추동은 섞이고 하나되고 애착하는 것이다.

이후 에로스 신화에서는 어머니에 대한 애착이 강조되었다. 실제로 신화의 저자들은 아프로디테와 에로스를 서로 붙어서 연결된 모습으로 묘사하기도 했다. 어느 날 아프로디테와 에로스는 유프라테스 강둑에서 휴식을 취하던 중 무서운 괴물 티폰과 마주쳤다. 모자는 난폭한 괴물을 피하고자 물고기로 변신한 다음 서로 떨어지지 않도록 끈으로 서로를 묶은 채 강물 안으로 뛰어들었다. 그렇게 아프로디테와 에로스는 영원히 하나로 연결되었고, 신들은 연결된 두 마리 물고기 형상을 따 밤하늘의 별자리인 물고기자리를 만들었다. 전통 점성학에서 금성은 물고기자리에서 항진하는 행성이기도 하다.

서구 신화 전통의 흐름 가운데 에로스는 원시 시대의 신에서 아프로디테의 아들, 프시케의 남편에 이르기까지 숱한 환생과 변형을 거쳤다. 로마인들은 아모르와 큐피드, 즉, 사랑과 욕망이라는 그의 두 얼굴을 알고 있었다. 에로스는 원시적, 외설적, 열정적, 본능적이며 동시에 영적이기도 하다. 여기서 우리가 기억해야 할 점은 에로스가 다른 신들보다 더 먼저 존재했다는 사실이다. 에로스를 통해 신들은 관계를 맺음으로써 생명을 얻게 되었다.

> 에로스는 신들-원형들-을 만든 다정하고 창조적인 존재이다. 신과 원형들은 에로스를 통해서만이 사랑을 나눌 수 있다. 언젠가 죽음을 맞이하는 인간의 관점에서 불멸의 신들은 중립적이고 비인간적이며 저 멀리 있는 차가운 존재에 다름 아니다. 신들이 에로스와 결합할 때만이 우리 인간들은 그 신들의 움직임을 감지할 수 있다. 그때 비로소 신들은 창조성과 활기를 띤 친밀한 존재가 된다.
>
> - Adolf Gueggenbuhl-Craig, 『Eros on Crutches』 중

이렇듯 에로스는 신들에게 생명력과 자극을 주는 존재였다. 사랑과 애착, 애정의 인격신이기도 한 그가 영혼의 체현인 프시케를 각성시키고 부인으로 맞이했던 이유도 이제 분명해진다.

에로스

　그리스 신들의 탄생에 대한 다양한 설화가 있지만, 가장 완전한 이야기는 기원전 8세기 후반에 저술된 서사시 헤시오드의 『신통기』에 기록되어 있다. 신들은 카오스라고 하는 틈새이자 텅 빈 구멍을 통해 탄생했다. 가이아, 타르타로스, 에로스, 에레보스, 닉스 등 다섯 신이 카오스로부터 형태를 갖고 나타났다. 그때 신들이 서로 뒤섞여 번식하도록 자극한 이가 바로 에로스였다. 에로스는 지성을 압도하는 힘인 사랑을 의미한다. 에로스가 존재할 때 우리의 삶은 강렬한 열정으로 가득해진다. 그러나 거기에 이성은 거의 없거나 아예 없다시피 하다. 신통기에서 헤시오드는 에로스를 '불멸의 신 중 가장 잘생긴 자, 육신을 나른하게 녹이는 이, 모든 신과 모든 사람의 가슴 속 이성과 의도를 압도하는 자라고 묘사했다. 이처럼 에로스의 영향력은 천상과 지상, 영혼과 육체를 아우른다.

　에로스는 인간에게 깊이 내재하는 합일과 번식, 창조의 본능을 상징한다. 원초적인 그 본성에는 생각이나 반성, 통제 등이 따르지 않는다. 충동적인 그 힘은 통제력을 장악하고 감수성을 약하게 만든다. 앤드류 로이드 웨버는 그의 노래 〈사랑이 모든 것을 변화시킨다(Love Changes Everything)〉에서 2700년 전 헤시오드의 주제와 비슷한 표현을 썼다. '사랑이 가슴 안에서 터지면 우리의 지성은 한순간에 싹 사라진다.' 에로스의 봉인이 풀릴 때 카오스도 함께 열린다. 그리고 최초의 신화 장면처럼 카오스가 있는 곳엔 어디나 에로스가 등장한다.

　헤시오드의 『신통기』에는 에로스가 아프로디테의 탄생 자리에도 함께 있었다고 기록되어 있다. 에로스에 대한 두 이야기는 그를 성적 결합 및 사랑의 과정과 연관 짓는다. 이처럼 그리스 신화 초기에 에로스는 상반되는 두 존재를 결합시켜서 생식과 창조를 일으키는 신으로 자리를 잡았다. 그러나 세월이 흐르면서 그의 본성 또한 점점 문명화되고 사회화되기 시작했다. 올림푸스의 신들이 확고하게 자리를 잡으면서 에로스는 소년이 되었다. 올림푸스 신들은 그의 열정 넘치는 제멋대로의 원시적 본능을 길들이고 통제했다. 대신 에로스의 본능적인 영역은 올림푸스 신인 아프로디테로 이어졌다.

고대 시인 시모니데스(기원전 556~468년)는 에로스를 아프로디테와 아레스의 아들로 묘사함으로써 그의 기질을 사랑과 욕망의 신 영역으로 가져왔다. 에로스를 부활시켜 새로운 부모와 혈통에 연결한 것은 비단 시모니데스뿐만이 아니었다. 이 시점부터 서사시와 시에서는 아프로디테의 아들과 남편이 확정되다시피 했다. 사랑과 아름다움의 여신 아프로디테는 사랑의 원초적인 힘인 에로스와 함께 힘을 합쳐 연인들의 관능적인 욕구와 강렬한 감정을 해방함으로써 둘을 하나로 연결한다. 에로스는 다양한 형태로 나타난다. 에로테스는 사랑의 복수형이다. 이 관능적인 힘이 분화되면 분리된 형태의 에로테스는 각각 안테로스(돌아온 사랑), 포토스(열망), 히메로스(욕망)가 된다. 심리학적으로도 에로스의 매혹적인 경험은 다양한 모습으로 나타난다.

고대 그리스 시대에 에로스와 아프로디테는 줄곧 서로 연결되어 있었다. 그런데 기원후 2세기 라틴어 작가 아풀레이우스는 그의 소설 『황금 당나귀』에서 아모르와 프시케의 이야기에 많은 분량을 할애했다. 에로스의 라틴어 이름인 아모르는 사랑과 밀접한 관련이 있다. 아모르와 프시케의 이야기는 여러 시대에 걸쳐 다양한 방식으로 회자되며 끊임없이 우리의 상상력을 자극한다. 강력한 이미지를 가진 이 이야기는 프시케의 관점에서 여성의 통과 의례를 상징하기도 한다. 그렇다면 에로스에 대해서는 어떤 이야기를 말해 주고 있을까?

프시케는 인간 세상에서 유일한 아프로디테의 맞수였다. 사람들은 그녀를 제2의 비너스로 여기며 그녀의 육체적 아름다움을 찬양하고 숭배했다. 비너스는 프시케의 미모와 그녀가 받는 세간의 관심과 숭배에 큰 질투심을 느꼈다. 그래서 아들인 에로스에게 가서 프시케를 세상에서 가장 추한 남자와 사랑에 빠지게 만들어 달라고 부탁했다. 에로스는 어머니의 요구를 받아들이기로 했다. 하지만 막상 아름다운 프시케의 모습을 본 에로스는 사랑의 화살에 심장을 꿰뚫린 것처럼 그녀와 사랑에 빠졌다. 에로스는 어머니 모르게 프시케를 자신의 황금 궁전으로 데려갔다. 그렇게 프시케는 추한 남자와 결혼하는 대신 사랑의 신의 배우자가 되었다.

어머니에 대한 애착이 강했던 에로스는 비너스에게 차마 프시케를 사랑한다는 말을 꺼낼 수 없었다. 그리고 프시케 앞에서도 자신을 완전히 드러낼 수 없었다. 이처럼 복잡한 상황에서 그는 타협 방안을 찾아야만 했다. 에로스는 어둠 속에서만 은밀하게 침실에 들어와 프시케와 관계를 맺기 시작했다. 그리고 프시케에게는 절대로 자기 얼굴을 봐서도 안 되고 정체를 알려고도 하지 말라는 맹세를 하게 했다. 하지만 프시케는 질투심 많은 자매들에게 떠밀려 그 맹세를 깨뜨리고 말았다.

어두운 방에 몰래 불을 밝힌 그녀는 자기 남편이 사랑의 신이라는 사실을 깨달았다. 그러나 때는 너무 늦었다. 이미 배신을 했기 때문이다.

신뢰가 없는 사랑은 죽은 것이나 다름없다. 에로스는 날아가 버리고 만다. 아이러니하게도 이 배신으로 인해 프시케는 진정한 사랑을 깨달았다. 상실감에 빠진 프시케는 에로스를 다시 만나게 해 달라고 비너스에게 기도했다. 여전히 복수심으로 가득 차 있던 비너스는 이 어린 처녀의 정신을 짓밟기 위해 네 가지 임무를 내렸다. 실현 불가능해 보이는 그 과제들은 프시케의 힘과 의식을 길러 의식적인 결혼을 준비시켰다. 에로스는 프시케가 개별화 과정(individuation process)을 통과하도록 일깨우는 각성자인 셈이었다. 프시케의 이야기는 자신의 에로스를 의식적으로 되찾아 신성한 합일을 향해 나아가는 영혼의 임무를 시사한다. 여기서 비너스의 원형은 시련과 고통, 통과 의례를 통해 에로스와 프시케의 의식적인 결합을 독려하는 역할을 한다. 융 심리학의 용어로 말하자면 내면의 에로스를 되찾는 프시케의 시험은 여성이 자신의 남성성 아니무스를 되찾는 과정과 비슷하다.

이 이야기는 영혼의 의식적인 합일을 향한 길에서 경험하는 과제와 고난을 보여 준다. 프시케는 임신한 몸으로 온갖 시련을 감내하고 지하 여행까지 다녀온 후에야 마침내 올림푸스 산 위에서 에로스와 결혼식을 올릴 수 있었다. 그들의 딸 볼룹타스(Voluptas)는 로마에서 관능적인 쾌락과 기쁨의 여신으로 숭배받았다. '풍만한(voluptuous)'이라는 단어의 기원이기도 한 볼룹타스는 관대하고 쾌락적인 감각을 상징한다. 그리스 신화에서 쾌락과 즐거움의 여신은 헤도네(Hedone)였다. 쾌락주의를 의미하는 헤도니즘(Hedonism)의 어원이기도 하다. 이를 통해 에로스의 개념이 덕목과 도덕성과도 관련이 있는 것을 알 수 있다.

에로스는 나중에 큐피드로 묘사되었다. 신을 영접하는 카톨릭 성인들의 그림에 장식처럼 등장함으로써 신앙인의 헌신과 열정을 상징했다. 에로스는 인간 내면의 신성을 자극한다. 원시 형태로서 에로스는 하늘과 땅이 분리되기 전부터 존재했다. 상징적으로는 영혼과 육신 및 문명과 본능의 분리 전부터 이미 존재했다. 심리학적으로 말하자면 에로스는 이원성으로 분리된 의식의 기저층에 존재하는 원시적인 신이다. 우리는 그의 존재 안에서 연결감을 발견할 수 있다. 비록 대개는 고통과 상처를 통해 그 연결이 일어나지만 말이다.

정신 분석이 출현하자 에로스는 성욕의 관점에서 실험 대상에 올랐다. 플라톤과 프로이트는 에로스에 대해 서로 양극단적인 의견을 주장했다. 플라톤은 에로스를 천상에서 땅으로 내려온 영적 에너지로 보았던 반면, 프로이트는 에로스를 인간의 승화된 본능 에너지로 간주했다. 어쨌든 두 관점 모두 에로스를 사랑과 관능, 쾌락, 애정, 성욕이 형상화된 중요한 기능으로 본다. 하지만 칼 융은 에로스가 꼭 성적인 것만은 아니라고 주장했다. 그는 "사람들은 에로스가 성이라고 생각하지만 전혀 그렇지 않다. 에로스는 관계다."라고 말했다. 에로스를 성욕과 혼동하는 것은 우리의 개성과 창의력을 이끌어 주는 에로스의 통과 의례적인 측면을 부정하는 것이다. 융은 에로스를 다음과 같이 설명함으로써 정신과 몸의 이원적 연결을 조명했다.

에로스는 의문투성이의 녀석이다. 미래 세대에서 어떤 잣대로 그를 평가하든지간에 그는 항상 그대로 남아 있을 것이다. 사람이 동물의 육체를 가지고 있는 한 떼어 놓을 수 없는 인간의 원시적 동물성의 한 면이 바로 에로스다. 한편으로 그는 가장 숭고한 형태의 정신과

도 관련이 있다. 에로스는 영혼과 본능이 올바른 조화를 이루고 있
을 때 번성한다.

- 칼 융, 『분석 심리학에 대한 두 편의 에세이』 중

관능적인 충동에 휩싸일 때, 우리는 무의식적으로 기존의 자기 감각
(sense of self)과 현재의 관계를 무너뜨릴 수 있다. 그러나 우리는 자신의
본능을 반추할 수 있는 능력 또한 가지고 있다. 플라톤은 에로스를 인
간도 올림푸스의 신도 아닌, 그 두 영역 사이를 중개하는 위대한 다이몬
으로 불렀다. 에로스의 영역을 통해 우리는 신들의 영역으로 갈 수 있
다. 에로스를 경험하는 인간으로서 우리는 신들의 영원한 낙원에 접촉
할 수 있는 것이다. 한편으로 신들은 인간의 애착과 연결의 기쁨을 느낄
수 있게 된다. 이러한 에로스는 기독교에도 흡수되었다. 그는 신과의 은
혜로운 합일 상태를 상징하는 수호천사인 케룹 또는 큐피드로 묘사되었
다. 아빌라의 성녀 테레사가 성흔의 고통 속에서 하느님을 만나며 경험
한 황홀감은 에로틱하게 느껴지기까지 한다. 하느님과 빈곤을 사랑했던
아시시의 성인 프란치스코의 이야기 또한 관능적인 사랑의 기쁨과 고통
을 보여 주는 전형적인 예다. 그런데 기독교의 에로스에는 영혼만 가득
하고 본능과 육신은 빠져 있다. 융이 강조했듯이 정신과 본능, 두 측면은
조화를 이루어야 한다. 만약 한 방향으로 치우친다면 병리적 문제로 나
타날 수 있다.

1898년에 발견된 한 소행성에 에로스라는 이름이 붙여졌다. 흥미롭게
도 이 소행성은 발견되었을 당시, 달을 제외하고 지구에서 가장 가까이
에 궤도를 가진 천체로 알려져 있었다. 1932년에 발견된 또 다른 소행성

아모르(로마의 에로스)의 궤도 역시 지구에서 가깝다. 소행성 궤도는 대부분 화성과 목성 사이에 위치한다. 그런데 아모르와 에로스는 올림푸스의 신 목성 주피터 곁이 아닌 지구 가까이에서 궤도를 그린다. 올림푸스의 영혼과 지구의 육신 사이를 여행하는 에로스의 신화적, 천문학적 동시성은 에로스가 추구하는 영혼과 육신의 조화를 다시 한번 상기시킨다.

1930년에 명왕성이 발견되었을 당시 행성 이름으로 에로스가 거론되었다. 그러나 에로스는 이미 소행성으로 분류된 상태였기 때문에 그 이름을 또 사용할 수는 없었다. 흥미롭게도 점성학에서 명왕성은 내행성, 특히 금성과 화성에 어스펙트할 때 에로스의 전형적인 측면을 보인다. 명왕성의 영역인 8 하우스 또한 프시케와 에로스의 통과 의례를 상징한다.

이러한 천문학적 발견이 일어난 시기는 정신 분석이 발전하고 에로틱한 원형이 인정을 받게 된 시대와 일치한다. 프로이트는 성에 초점을 맞춘 성적 발달 단계를 제시했다. 그는 에로스를 양대 본능 중의 하나로 명명했다. 다른 하나는 죽음의 본능인 타나토스였다. 프로이트는 심리성적 발달, 성도착, 신체화 문제 등등의 용어를 사용함으로써 에로스를 부활시켰다. 프로이트의 에로스 이론은 연령, 성별 및 개인 발달에 따른 유아기의 성과 욕구를 다룬다. 그는 유아기로 초점을 되돌리면서 우리 모두 안에 있는 에로스, 즉 원시 본능과 자기 발견, 쾌락, 욕망, 억압 등의 개념 등을 집중적으로 논의했다. 프로이트의 차트를 보면 화성과 금성이 서로 뮤츄얼 리셉션 한다. 즉, 화성은 금성이 지배하는 천칭자리에 있고, 금성은 화성이 지배하는 양자리에 있다. 또한 금성-명왕성 컨정션, 화성-명왕성 퀸컹스로 두 내행성이 모두 명왕성의 어스펙트를 받고 있다. 소행성 아모르와 명왕성이 컨정션인 것도 흥미롭다. 따라서 아모르는 금성과 화성과도 어스펙트를 맺는다.

에로스는 남녀평등, 성 해방, 동성 결혼 논쟁, 성차별 및 성 학대에 대한 투쟁에서도 볼 수 있다. 에로스는 모든 유형의 인간관계를 통해 우리 자신을 이해할 수 있도록 돕는 힘이다. 에로스는 사랑의 원초적 신으로서 다른 신들과 구별된다. 에로스는 성적인 관계, 플라토닉 관계, 친근한 관계에서 낯선 관계에 이르기까지 모든 정서적 애착에 존재한다. 그것은 다양한 원형을 한데 모으는 힘이다. 따라서 이 힘은 모든 점성학적 어스펙트에서 활성화된다. 에로스는 행성 원형들을 한 데 섞는 어스펙트의 배후 힘으로 생각할 수 있다. 특히 성인 관계에서 금성과 화성에 대한 어스펙트를 살펴볼 때 에로스는 더욱 역동적으로 나타난다.

에로스는 사랑이 가진 변형의 힘이다. 마리 루이제 폰 프란츠는 다음과 같이 말했다. '사랑의 열정과 고통은 개별화에 대한 욕구로 이어지기에 사랑 없이는 진정한 개별화의 과정이 일어날 수 없다. 사랑은 고통으로 영혼을 정화시킨다.' 사랑 및 에로스의 과정에서 우리는 전체성을 추구하면서 자신 안에 있는 '타인'을 의식화하게 된다. 에로스는 금성과 화성의 점성학적 원형을 통해 우리의 삶으로 들어온다.

금성은 천궁도에서 열정과 애정, 아름다움 및 관계를 통해 구현된다. 점성학의 신전에서 금성은 에로틱한 세계를 관장하는 신이다. 이 세계는 여신 비너스의 신성하고 정신적인 영역이자 원시적이고 본능적인 에로스 에너지와 관련된 곳이기도 하다.

비너스

사랑과 성, 미의 여신 비너스는 티그리스강과 유프라테스강 사이의 땅 근동 지역에서 유래한다. 메소포타미아 신화에서 비너스는 관능적인 사랑과 다산의 여신이자 전쟁을 관장하는 위대한 여신이었다. 수메르 전통에서는 하늘의 여왕인 이난나, 아카드 전통에서는 이쉬타르, 앗시리아에서는 밀리타, 페니키아인들에게는 아스타르테로 불리었다. 이 모든 문화 전통에서 그녀의 아름다움은 한 밝은 행성과 연결되어 있었다.

그 밝은 별은 여신을 상징했다. 여신의 별이 지구에 다가오면 인간들의 몸과 마음은 열정과 성적인 열망으로 가득 차올랐다. 점성학은 여신의 밝고 융화적인 성향을 받아들여 금성을 인간에게 도움과 안정을 주는 길성(吉星)으로 분류했다. 서쪽 하늘의 저녁별 금성은 헤스페루스로, 태양이 뜨기 전 동쪽 하늘에서 보이는 밝은 금성은 포스포루스로 불린다. 행성 금성처럼 하늘의 위대한 여왕 이난나는 지하 세계로 내려왔다가 다시 하늘로 돌아간다. 어떤 사람들은 금성이 하늘에 보이지 않을 때면 여신이 이 땅에 내려와 인간 사이를 걸어 다니는 것이라고 믿었다. 종종 비너스는 하늘과 땅 모두를 지배하는 여신으로 묘사되었다. 실제로 금성은 여신의 관능적이고 육체적인 측면을 나타내는 황소자리와 신비하고 정신적인 면을 상징하는 천칭자리 둘 다를 지배한다.

여신을 그리스로 데려온 것은 바로 무역풍이었다. 그리스에서 아프로디테로 불렸던 이 여신은 고대 여러 문명에서 줄곧 숭배를 받았었다. 최초의 아프로디테 숭배는 키프로스의 파포스에서 시작되었다. 여신의 우상과 숭배 전통은 아마도 페니키아 뱃사람들에 의해 키프로스 섬으로 전해졌을 가능성이 크다. 호메로스는 일리아드에서 아프로디테를 '키프로스의 여인'이라 불렀다. 그리고 헤시오도스는 펠로폰네소스 기슭의 키테라섬을 여신이 발을 딛은 첫 땅으로 묘사했다. 그에 따르면 아프로디테는 섬 근처의 바다 거품 속에서 태어나 곧장 키프로스로 이동했다. 페니키아인들은 코린토스에도 아프로디테를 전했다. 실제로 기원전 7세기에 제작된 한 도자기 조각에서 아스타르테 여신의 이름이 발견되기도 했다.

아마도 아프로디테는 지역의 다른 토착신들을 흡수했을 것이다. 그리스 신화 전반에 걸쳐 아프로디테는 오리엔트로부터 물려받은 유산을 뚜렷하게 보여 준다. 여신 숭배 자체는 타 문화에서 유입된 것이긴 하나, 아프로디테는 그리스 고유의 여신으로 자리를 잡았다. 그녀의 독립성과 열정, 도덕성은 신흥 문화와 잦은 충돌을 일으켰다. 옛 그리스 사회에서 아프로디테가 누렸던 성욕과 자유는 기원전 5세기 아테네 여성들의 삶과 비교해 상당히 큰 차이가 있었다. 여성은 투표권이 전혀 없었고 남성과 물리적으로 철저히 분리되어 있었다. 여자들은 대체로 집안에만 지낼 수 있었고, 남자 동반자 없이는 아고라나 집 밖으로 자유롭게 나갈 수도 없었다. 당시 아테네의 예법에 따르면 젊은 아내가 아닌 어머니 정도의 나이로 보여야 겨우 외출을 할 수 있었다. 다만 매춘부와 아프로디테의 여인들인 헤타이라는 예외였다. 지성과 사교 기술, 관능적인 테크닉을 갖춘 헤타이라는 자기 삶을 자유롭게 선택할 수 있는 여성들이었다. 아프로디테는 모성애 넘치는 가정적인 주부가 아니었다. 스스로 결정하는 자유로운 여성이었다.

올림푸스 판테온의 다른 여신들은 주로 일상생활의 특정 측면과 밀접한 역할을 가지고 있다. 그들의 영향력은 흔히 남신과 남성성에 의해 정의되었으나, 아프로디테는 결코 남성의 입장에서 정의되지 않았다. 그녀의 남성 연인들을 제외하면 말이다. 예를 들어 헤라는 제우스의 아내로서 역할이 정의되었고, 아테네는 제우스의 딸로서, 아르테미스는 아폴로의 남매로서 역할이 정해져 있었다. 여신들의 성격적 묘사는 역사적 배경과 관련이 있지만, 그들의 원형은 시대를 초월하며 모든 문화에 보편적이다.

성욕과 사랑, 아름다움의 여신인 아프로디테는 시대의 관습과 전통에 의해 정의될 수 없는 독립적인 원형이다. 에로스처럼 그녀 또한 우리의 보수적인 삶을 어느 날 갑자기 영원히 바꿔 버릴 수도 있다. 아프로디테는 다른 여신들에게도 큰 영향력을 미쳤는데, 다만 처녀 여신 아르테미스, 아테나, 헤스티아만이 그녀의 관능적인 열정에 압도되지 않았다. 세 여신의 관능과 열정은 다른 분야를 통해 나타났다. 아르테미스는 자연과 동물을 사랑했고, 아테나는 도시와 민주주의에, 헤스티아는 내면의 정신적 삶에 열정과 헌신을 다했다. 상대에 대한 욕망을 하늘의 별로 만들어 버리는 아프로디테의 능력은 다른 신들이 통제할 수 없는 힘, 즉 파괴적이면서도 삶을 변화시키는 열정 그 자체를 상징한다. 아프로디테는 그 마성과 유혹의 힘 때문에 종종 소외와 조작의 대상이 되기도 했다.

아프로디테의 계보는 호메로스와 헤시오드의 기록에서 일치하지 않고 갈린다. 호메로스에 따르면 아프로디테는 제우스와 디오네의 딸이다. 호메로스의 전통에서 제우스는 올림푸스의 최고신이었으므로 모든 신들이 그의 관할권 아래 있었다. 이와 다르게 신통기의 저자 헤시오드는 원시 형태로 신화를 묘사했다. 크로노스는 자신의 아버지인 하늘 신 우라노스의 고환을 낫으로 베어 바다로 던졌다. 우라노스의 정자를 품은 바다는 잉태해 곧 아프로디테를 낳았다. 그렇게 위대한 성애의 여신은 하늘 신의 절단된 생식기를 아버지로 두고 바다라는 어머니 자궁을 통해 창조되어 세상에 태어났다. 한마디로 부모가 없는 것이나 마찬가지였다. 이렇듯 아프로디테는 쉽게 길들여지지 않는 자연의 힘을 상징한다.

비너스가 아버지의 해체를 통해 탄생한 점은 우리의 호기심을 자극한다. 아이러니하게도 사랑은 흔히 지배적이고 고압적인 힘이 해체되면서부터 시작된다. 사랑은 결코 소동 없이 일어나지 않는다. 절름발이 대장장이 신 헤파이스토스와 비너스의 결혼은 매우 흥미로우면서도 심리학적으로 충분히 수긍이 가는 이야기다. 헤파이스토스는 창의적인 기술자이자 상처 입은 장인이었다. 그를 통해 알 수 있듯이 진정한 미는 소명 의식과 끊임없는 노력을 통해 나타난다. 외모와 성격을 뒷받침하는 더 깊은 아름다움을 우리에게 상기시킨다. 이는 '미녀와 야수'와 같은 동화나 낭만적인 사랑을 그린 이야기에서 반복되는 주제이기도 하다.

아프로디테는 트로이 분쟁의 시발점이 된 파리스의 심판 이야기에도 등장한다. 그것을 미루어 우리는 이 고대 전쟁과 여신의 관련성을 짐작해 볼 수 있다. 위대한 영웅 아킬레스의 부모이기도 한 펠레우스와 테티스는 펠리온산 위에서 성대한 결혼 잔치를 열었다. 모든 신과 인간들이 축하 행사에 초대받았지만 오직 불화의 여신인 에리스만은 초대를 받지 못했다. 모두가 짐작했던 대로 에리스는 잔뜩 화가 난 채 축하연 한가운데 나타났다. 그녀의 손에는 '가장 아름다운 여신에게 주는' 황금 사과가 들려 있었다. 에리스는 연회 테이블 위로 사과를 굴렸다. 사과는 아프로디테, 헤라, 아테나가 앉은 곳 앞에 멈췄다. 세 여신은 세상에서 가장 아름다운 여신 자리를 놓고 쟁탈전을 벌였다. 미남 파리스는 졸지에

이 강력한 세 여신의 미인 대회에 심사 위원을 맡게 되었다.

파리스는 트로이 왕조의 프리아모스 왕과 헤카베 왕비가 낳은 많은 자녀 중 한 명이었다. 파리스가 태어날 날, 어머니 헤카베는 그 아이가 트로이를 망하게 할 것이라는 무서운 환상을 보았다. 그녀는 사람을 시켜 트로이 뒤쪽에 있는 아이다산에 아기를 버리게 했다. 그러나 파리스는 살아남았고 심판 기술로 유명한 젊은이가 되었다. 그래서 제우스는 세 여신 사이의 논쟁을 해결하기 위해 그를 심판으로 선택했다.

헤라는 파리스에게 큰 부와 힘을 약속하면서 자신을 선택하도록 설득했다. 아테나는 승리와 영웅의 명예를 주겠다는 제안을 했고, 마지막으로 아프로디테는 세상에서 가장 아름다운 여인 헬렌을 주겠다는 약속을 했다. 파리스는 부나 권력, 명성 대신에 관계를 선택했다. 그러나 비너스와 관련된 선택의 운명이 대부분 그렇듯 파리스의 선택도 심각한 결과로 이어졌다. 헬렌은 이미 결혼한 유부녀였다. 하지만 아프로디테의 도움으로 헬렌을 유혹하는 데 성공한 파리스는 그녀가 남편과 가족, 고향 섬을 떠나 자신의 곁에 있도록 만들었다. 아름다운 헬렌은 파리스가 아프로디테를 선택한 것에 대한 선물이었다. 그러나 아프로디테의 계략은 트로이 전쟁을 일으키는 갈등의 도화선이 되었고 결국에는 트로이를 파멸로 몰고 갔다. 이 이야기는 피할 수 없는 갈등의 주제와 더불어 전형적인 금성 주제인 선택의 문제, 가치 선언 및 삼각관계 등을 강조하고 있다.

로마 시대에 이르자 비너스로 이름이 바뀐 여신은 제국의 건립자인 아이네아스의 어머니이자 로마의 수호신으로 숭배받았다. 오리엔트 여신들의 계보와 고대 그리스 아프로디테의 전통은 로마 시대에 이르자 비너스로 통합되었고, 여신의 관능적인 사랑과 성에 대한 주제는 금성의 행성 원형에 지대한 영향을 미쳤다. 관능적인 미와 쾌락을 사랑하는 금성은 천칭자리와 황소자리를 다스린다.

마르스

마르스는 그리스 신화 속의 아레스다. 그는 늘 전쟁과 연관된 신이었다. 이름 또한 '파괴하다' 또는 '앗아 가다'라는 어원에서 유래한다. 심리학적으로는 공격성 및 남성적인 성적 본능과 밀접한 관련이 있다. 바빌로니아 사람들이 '분노의 화염 신' 네르갈이라고 불렀던 그는 저승 세계의 신이자 전쟁의 신이기도 했다. 점성학 전통에 늘 존재했던 화성은 주로 흉성이나 파괴적이고 분리된 행성으로 분류되었다.

로마인들은 그리스 전쟁의 신 아레스에 로마의 토착 농업의 신을 결합한 마르스를 숭배했다. 그래서 마르스는 춘절과 물오른 초목, 생식 능력 및 새로운 성장 등과 관련이 있다. 3월('March'라는 단어에는 행진, 드럼 연주 등의 뜻도 함께 있다.)은 로마 신 마르스의 이름에서 비롯되었으며, 양자리와 북반구의 춘분 또한 그와 관련이 있다. 사람들은 악천후나 흉작 등의 천재지변을 피하고 풍작과 가축의 번성을 기원하기 위해 마르스에게 희생 제의를 바치기도 했다.

로마인들은 마르스를 보호신으로 여겼으며, 고대 그리스의 아레스보다 훨씬 더 높은 위치에 그를 두고 숭배했다. 마르스는 로마의 건국 영웅 로물루스의 아버지로서 제국의 창시자이자 챔피언으로 존경받았다. 그는 주변 세계를 모두 정복한 로마 제국 군대의 수호신이었다. 아우구

스투스는 기원전 42년 필리피 전투의 승리로 율리우스 카이사르의 원수를 갚고 로마를 괴롭혔던 파르티아인들을 응징하면서 마르스를 '복수자' 울토르로 선언했다. 비너스와 함께 이 신화적 커플은 로마 제국의 변형에 큰 이바지를 했다. 마르스는 로마 제국의 수호신이었다. 심리학적으로 화성은 우리 자아와 개인성의 수호자이기도 하다.

하지만 그리스 신화에서 아레스가 항상 승리의 전쟁 신으로 묘사된 것은 아니었다. 호메로스의 일리아드에서 그는 겁쟁이와 귀머거리로 그려졌다. 이 서사시에서 아레스는 피로 물든 채 울부짖는 모습의 폭력적인 학살자로 표현된다. 아레스는 전투의 신, 참혹한 전쟁의 신, 인간사의 격동을 감독하는 자였다. 호메로스의 일리아드는 아레스가 그리스 신화에서 가장 인기 없는 신 중 하나였다는 사실을 반영한다. 그는 아테나와 대결을 벌이다 언제나 패배해 조롱받기 일쑤였다. 어머니 헤라는 그를 거부했고, 아버지 제우스도 그를 경멸해 마지않았다. 일리아드에 언급되었듯이 그는 하늘 아버지의 버려진 아들이었다.

"올림푸스의 모든 신 중 너보다 꼴 보기 싫은 녀석은 또 없다. 네 마음에는 오로지 싸움박질과 전쟁할 생각만 가득하구나."

- 호메로스, 『일리아드』 중

그리스인들은 전쟁의 수호신으로서 더 논리적이고 합리적인 여신 아테나를 선호했다. 아테나의 전략과 이성은 아레스의 비합리주의와 전투 욕망에 대한 승리이자 혼란을 압도하는 합리주의를 상징했다. 그리스 사회에서는 폭력이 허용되지 않았다. 그리스인들은 트로이 전쟁을 이상화하기는 했지만, 전쟁의 신이 그들의 영웅은 아니었다. 실제로 아레스는 아프로디테의 요청에 따라 트로이의 편에 섰고, 그리스를 지지한 어머니 헤라에 대항했다.

다른 신화 이야기에서도 아레스는 포박당하거나 다친 모습으로 자주 등장한다. 포세이돈의 아들인 거인 알로아다이 형제는 신들과 전쟁을 선포하고 올림푸스 산을 공격하고자 했다. 아레스는 이들을 제지하려다 오히려 사로잡혀 청동 항아리 속에 13개월 동안이나 갇혀 있다가 전령의 신 헤르메스의 도움으로 겨우 풀려날 수 있었다. 헤라클레스 또한 몇 번이나 아레스에게 상처를 입혔다. 초기 그리스 작가들은 아레스보다 헤라클레스를 영웅적인 표상으로 선호했던 것 같다. 또 다른 신화에서는 아레스가 그의 형제 헤파이스토스를 올림푸스로 데려가려 했지만 실패했다는 이야기가 나온다. 그의 야만적인 힘으로는 헤파이스토스를 움직이도록 설득할 수 없었다. 헤파이스토스를 자기 내면의 은신처 밖으로 나오도록 끌어낸 것은 다름 아닌 디오니소스와 그의 포도주였다.

그리스와 로마 문화에서 마르스에 대한 묘사가 이처럼 서로 다른 것은 원형에 대한 문화적 접근 방식의 차이로 볼 수 있다. 마르스가 상징하는 공격성과 성욕 등의 본능은 인간에게 내재된 분노, 싸움 아니면 도망 반응, 욕구와 의지를 주장하고 관철시키는 방식 등과 관련이 있다. 이는 우리의 원가족과 문화 전통 및 신념 체계에서 크게 영향을 받는 것들이다.

아레스는 제우스와 헤라의 아들이다. 아레스와 그의 형 헤파이스토스는 부모에게 외면당하고 버려진 자식인 동시에 두 형제 모두 아프로디테와 관계가 있었다. 아레스와 아프로디테의 열정은 종종 질투와 분노로 폭발하기도 했다. 아레스는 아프로디테의 연인 아도니스에게 질투로 분노한 나머지 멧돼지로 변신해 그를 공격해 죽였다. 한편 아프로디테는 아레스가 새벽의 여신 에오스와 사랑에 빠졌을 때 크게 분노했다. 아레스와 헤파이스토스 형제는 관계의 서로 다른 두 측면을 나타낸다. 아프로디테와 아레스는 열정적인 관계, 헤파이스토스와 아프로디테는 동반자로서의 가치를 상징한다.

아레스는 고대 그리스 문명의 주변부에 있던 신이었다. 그가 기원을 둔 곳은 트라키아라는 그리스 북부 지역이었다. 그곳은 문명이 발달하지 않은 야만적인 지역으로 취급받는 곳이었다. 트라키아의 기후는 가혹하고 치열했으며 주민들은 전쟁을 좋아했다. 기후가 어찌나 혹독했던지 북풍 보레아스의 고향으로 여겨지기도 했다. 트라키아는 또한 아레스의 자녀로 알려진 여전사 아마조네스들의 고향이었다. 그의 딸 아마존 역시 트로이 편에서 그리스인들과 전쟁을 벌였다. 일리아드에는 아레스의 여동생이자 전쟁터를 함께 누비는 동지인 에리스에 관한 이야기가 언급되어 있다. 오빠처럼 에리스 역시 갈등과 불화를 불러일으키는 여신이었다. 가끔 아레스의 스승으로 언급되는 프리아푸스는 거대한 남근을 가진 다산과 번식의 신이었는데 전쟁과도 관련이 있었다. 로마 시대의 마르스가 그렇듯 그리스인들 역시 남성적 본능인 공격성과 성욕을 번식과 연관지었던 것이다. 헤라는 프리아푸스를 아레스의 교사로 임명해 아들에게 춤과 전투 기술을 가르치도록 지시했다. 아레스는 프리아푸스에게 먼저 춤을 배우고 나서야 전쟁 경험을 쌓을 수 있었다.

아레스에 대한 호메로스 찬가는 상대적으로 늦게 만들어졌다. 실제로 이 작품이 호메로스 찬가에 속하는지 이후에 작사되었는지는 확실하지 않다. 호메로스의 다른 작품과 달리 아레스가 긍정적으로 묘사되어 있기 때문이다. 그리스인들에게 화성은 아레스의 별로 알려져 있었는데, 찬가에서 전쟁의 신 아레스는 '하늘의 일곱 길을 따라 도는 행성들 사이에서 불같이 밝은 별'을 돌리는 모습으로 묘사된다. 여기서 불처럼 붉게 빛나는 별이 바로 화성이다. 정의의 용사, 시민들의 구원자, 강력한 힘, 반역자들에게는 무자비한 압제자 등등 찬가에 나타난 아레스의 긍정적인 면은 화성의 원형을 뒷받침한다.

다른 올림푸스 신들과는 달리 아레스에게는 그를 숭배하는 신자들이나 성소가 거의 없었다. 어떻게 보면 전쟁터가 그의 성소였으며, 그 전쟁터는 흔히 경작지이기도 했다. 따라서 로마 신화에 이르자 아레스는 토착 농업 신과 연결되기 시작했다. 전쟁의 신으로서 점성학의 신전에 들어온 그는 생존의 의지, 자기 보호, 자기를 위한 싸움, 강력한 남성적 힘 등을 상징하게 되었다. 아레스가 비록 서투르고 상스러운 성격으로 묘사되긴 하지만, 전투에 나선 그는 늘 흔들림 없는 모습을 보였다. 스포츠 경기에서도 그는 무적이었다. 신체, 심리, 정서적 자기 보호 본능과 에로틱하게 연결된 화성은 점성학 영역에서 양자리와 전갈자리를 다스린다. 관계 점성학에서 화성은 불타는 열정과 전투를 관계의 링 안에 불러일으킨다.

여성성과 남성성, 음과 양, 아니마와 아니무스

비너스와 마르스는 서로 양극단에 있지만 여러 면에서 항상 짝을 이룬다. 남매, 열정적인 연인, 아내와 남편, 어머니와 아버지 등 어떤 방식으로든 그들은 짝을 짓고 파트너십을 맺는다. 여성성과 남성성, 수동성과 능동성, 차가움과 뜨거움, 습함과 건조함 등의 속성은 서로 상호 보완적이다. 점성학에서 금성과 화성은 천칭자리-양자리, 황소자리-전갈자리처럼 각각 반대편에 있는 별자리를 지배한다. 또한 금성과 화성의 심볼은 현대에 이르러 생물학적인 남녀 성을 표기하는 기호가 되었다. 극과 극은 서로 끌리기 마련이다. 그러나 이 상투적인 표현에는 매력이 온전함을 향한 길이라는 진실이 숨겨져 있다. 우리의 파트너는 이제까지 아무도 하지 못했던 방식으로 우리 안에 깊이 잠들어 있던 무의식적인 부분을 완성해 준다. 이렇듯 관계는 개별화 과정의 중요한 부분으로서 에로스와 사랑의 강력한 힘에 의해 촉발된다.

점성학은 양극성을 다양한 방식으로 설명한다. 점성학적 관점에서 양극성은 본질적으로 상호 보완적이며 자연적으로 반대되는 속성으로서 양극이 결합할 때 전체성을 이룬다. 점성학의 어퍼지션은 황도 별자리에도 있다. 불 원소는 늘 공기의 반대편에, 흙은 항상 물의 반대편에 있다. 어퍼지션은 상대성을 띠며 양립한다. 우리는 서로 어퍼지션하는 짝을 하나의 극성으로 이해할 수 있다. 겉으로는 서로 반대 속성으로 보일지라도 점성학에서 어퍼지션하는 두 별자리는 결국 같은 극성을 이루는 짝꿍이다. 점성학의 어퍼지션은 서로의 차이를 이해하고 타협하도록 촉구한다. 그러나 만약 어퍼지션이 한 방향으로만 편중된다면 극성은 균형을 잃고 결국 한 에너지가 다른 에너지를 집어삼키게 될 것이다.

마찬가지로 두 파트너는 함께하면서 관계를 통해 새로운 시스템을 창조한다. 그러므로 관계 분석에서는 극성과 어퍼지션 속성을 늘 염두에

두는 것이 좋다. 예를 들어 점성학에서 12 별자리는 6쌍의 극성을 형성한다. 금성과 화성은 이 여섯 극성 중 두 극성을 지배한다. 자기-타인 극성, 나의 물질적 자원-타인의 자원 극성이다.

열두 별자리는 자연스럽게 남성성과 여성성으로 분류된다. 남성적인 별자리는 불과 공기 원소이며, 여성적인 별자리는 흙과 물 원소다. 이러한 이원성을 음과 양, 아니마와 아니무스 또는 영혼(soul)과 정신(spirit)으로 부를 수도 있다. 다음 표에서 알 수 있듯이 점성학적 어퍼지션은 남성성 별자리끼리 또는 여성성 별자리끼리 짝을 짓는다. 그리고 양극성을 이루는 각 별자리의 룰러는 금성-화성, 수성-목성, 루미너리(태양, 달)-토성 등으로 자연스럽게 쌍을 형성한다.

남성성과 여성성 개념을 사용하다 보면 흔히 남성과 여성의 성별 지정에 혼란을 겪는다. 남성성과 여성성은 성별이라기보다는 삶의 방식이나 특질, 성격에 가깝다. 불행히도 이 개념은 사회적 고정 관념으로 제한되기 십상이다. 여성성·남성성은 물론 성별로 국한될 수도 있지만 실제 성별보다는 삶의 방식을 일컫는다. 예를 들어 양자리는 남성적인 별자리다. 양자리에 행성이 많은 여성은 단호하고 독립적인 남성성을 보일 수 있다. 그런데 그 여성이 꼭 공격적이거나 경쟁적이라고 단정할 수는 없다. 여성성의 별자리인 게자리에 행성이 있는 남성은 섬세하고 배려심이 깊을 수 있다. 하지만 그것이 여성스럽고 남자답지 못하다는 이야기는 아니다. 가족과 사회 문화에 뿌리 깊은 고정 관념 때문에 기존 성 역할과 반대되는 성향은 발달되기 어렵다. 사실 그것을 인정하는 것조차 쉽지 않다. 남성성과 여성성은 성별로 구분되지 않는다. 자기 안의 상반되는 특성들을 지각하고 더 많이 알아차릴수록 우리는 전체성을 의식적으로 경험할 수 있다.

어퍼지션 별자리	극성의 키워드	룰러
양자리 - 천칭자리	나 - 너 자기 - 타인	화성 - 금성
황소자리 - 전갈자리	내 것 - 너의 것 형성 - 변형	금성 - 화성
쌍둥이자리 - 사수자리	단어 - 상징 친숙한 - 이국적인	수성 - 목성
게자리 - 염소자리	집 - 일 무조건적 - 조건적	달 - 토성
사자자리 - 물병자리	개인적인 - 비개인적인 혼자 - 집단	태양 - 토성
처녀자리 - 물고기자리	질서 - 혼돈 세속 - 영성	수성 - 목성

아니마와 아니무스 Anima & Animus

라틴어로 아니마는 '영혼'을, 아니무스는 '관념'과 '이성 및 사고'를 의미한다. 칼 융은 아니마와 아니무스를 원형으로 정의하였다. 융은 자신의 개인적인 경험을 바탕으로 모든 남성의 내면에는 세상에 투사하는 내적 여성성의 힘과 영향력이 존재한다고 제안했다. 그러한 투사에 깊은 관심을 갖고 그 상황을 의식적으로 보는 남성은 자신의 여성성과 내면의 파트너에 더 친숙해진다고 보았다. 반면 아니마에 사로잡힌 남자는 기분과 감정에 휩쓸리면서, 그러한 자신의 반응을 파트너에게 전가해 비난할 것이다.

융은 여성에게도 아니무스라고 하는 내면의 남성성이 있다고 보았다. 여성의 남성성은 부분적으로 자신의 파트너를 통해 거울처럼 반영될 수 있다. 그것은 바로 아니무스가 외부로 투사된 것이다. 아니무스에 사로잡힌 여성은 자기주장을 굽히지 않고 남을 통제하려 들면서 관계의 거울에 반영된 그 특징들을 파트너의 잘못으로 비난한다. 아니마와 아니무스는 실체가 아니라 일종의 상징이란 점을 명심해야 한다. 상상력을 가미한 둘의 이미지는 관계 콤플렉스를 살펴볼 때 매우 유용하다. 이성애 관계뿐만 아니라 동성애 관계에서도 두 원형의 상호 작용은 똑같이 강력하게 나타난다.

정신분석학에서는 남성의 내면 여성성이 처음에는 어머니를 통해 형성되며 다음으로는 누이의 영향, 청소년기에는 누이의 친구들과 다른 여성들의 영향을 차례로 받는다고 보았다. 즉, 아니마는 여성 인물들을 본떠 만들어지는데, 특히 어머니와의 초기 경험은 아니마에 매우 강력한 영향을 준다. 만약 누이가 있다면 그 누이는 어머니에서 나온 부분적인 아니마를 촉진함으로써 남성이 누이의 친구들이나 다른 여성들의 세상으로 나아가도록 안내하는 매개 역할을 한다. 아니마는 남성을 자신 안의 깊숙한 미지의 세계로 안내하는 감정적, 본능적, 수용적인 안내자다. 점성학적으로 말하자면 개인 차원의 아니마는 달과 금성에, 집단 차원의 아니마는 해왕성에 대입할 수 있다. 남성의 천궁도에서 이 세 행성의 배치는 그의 관계 경향에 대한 많은 정보를 제공해 준다.

마찬가지로 여성의 아니무스는 아버지라는 생애 첫 남자를 통해 형성된다. 그리고 남자 형제는 아버지의 세계에 있던 아니무스의 일부를 형제의 동성 친구와 다른 남자들의 세계로 확장해 주는 대리인이 된다. 아니무스는 여성을 외부 세상으로 안내하는 이성적, 판단적, 자기주장적인 인도자다. 점성학적으로 개인 차원의 아니무스는 태양과 화성, 집단 차원의 아니무스는 천왕성으로 생각할 수 있다. 이 행성들의 강세, 특성, 어스펙트 등은 여성의 관계 지향에 매우 결정적인 역할을 한다.

금성	화성
연결로서의 에로스	분리로서의 에로스
여성성	남성성
차가운	뜨거운
황소자리 - 천칭자리	양자리 - 전갈자리
차가운	뜨거운
촉촉한	건조한
아름다움	용기
사랑	욕망
평화	갈등
매혹	자기주장
타협	버팀
비교	행동
문화	본능
거울	검
향기	땀
침실	전쟁터
에로스	

3장

친밀한 관계의 원형:
금성과 화성의 별자리

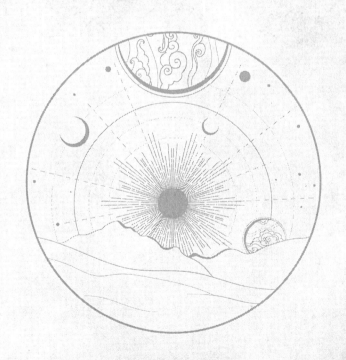

금성의 주제는 가치관의 공유, 사랑받고 인정받는 느낌, 돈과 쾌락, 애정과 관능에 중점을 둔다. 한편 화성의 주요 주제는 성과 욕망, 독립성, 개성이며, 갈등과 개방적인 자기표현 또한 포함한다. 이 장에서는 12개 별자리와의 조합으로 가능한 각 행성의 양상, 특징, 태도, 스타일 및 성격 등을 살펴볼 것이다. 이 작업을 시작점으로 삼아 성인 관계에서 나타나는 개인의 선호를 고찰할 것이다.

그러나 시작하기 전에 금성과 화성의 극성과 행성 섹트 및 역행을 간단히 살펴보도록 하자.

극성과 파트너십

앞장에서 설명했듯이 점성학에서 어퍼지션 어스펙트는 남성성 또는 여성성끼리의 극성 사이에서 발생한다. 남성성 별자리와 여성성 별자리 사이의 어스펙트로는 스퀘어와 인컨정션(inconjunction), 세미섹스타일(semisextile), 퀸컹스(quincunx) 등이 있다. 어스펙트 종류에 따라 에로스의 강렬함도 달라진다.

어퍼지션하는 별자리끼리는 성향이 비슷하다. 그런데 스퀘어나 인컨정선하는 별자리들은 매우 다른 성향을 보인다. 관계 분석에서 컨정선과 어퍼지션은 애착의 어스펙트로, 스퀘어와 인컨정트는 분리의 어스펙트로 분류할 수 있다. 이 분류 체계는 관계의 기본 요소가 된다.

남성성 별자리	룰러	여성성 별자리	룰러
양자리	화성	황소자리	금성
쌍둥이자리	수성	게자리	달
사자자리	태양	처녀자리	수성
천칭자리	금성	전갈자리	화성
사수자리	목성	염소자리	토성
물병자리	토성	물고기자리	목성

태양과 달을 제외한 각 행성은 남성성과 여성성의 별자리를 모두 지배한다. 예를 들어 금성은 여성성 별자리인 황소자리와 남성성 별자리 천칭자리를 지배하고, 화성은 남성성 별자리 양자리와 여성성 별자리인 전갈자리를 지배한다. 화성과 금성이 지배하는 별자리들은 서로 어퍼지션하지만, 각 행성이 지배하는 두 별자리는 서로 퀸컹스 어스펙트다. 예를 들어 화성이 지배하는 양자리와 전갈자리는 서로 150°로 분리되어 있다. 그리고 금성은 화성이 지배하는 양자리와 전갈자리에서 디트리먼트하는 반면, 화성은 금성이 지배하는 황소자리와 천칭자리에서 디트리먼트한다. 이러한 상호 작용을 통해 우리는 양극의 두 행성이 상호 보완 관계임을 알 수 있다. 점성학에서 양자리, 천칭자리, 황소자리, 전갈자리이 네 별자리는 각각 차례대로 1, 7, 2, 8 하우스와 연관된다. 이 하우스

들은 천궁도에서 자기 대 타인, 그리고 그 양극의 상호 작용 역동과 관련된 영역이기도 하다.

밤의 파트너

밤낮의 현상은 우주에서 가장 주요한 극성의 하나다. 옛 점성가들은 '행성 섹트'라는 개념을 통해 밤과 낮에 대한 점성학적 사고방식을 개발했다. 라틴어 어근에서 유래한 섹트(sect)에는 '자르다' 또는 '나누다'라는 뜻이 있다. 헬레니즘 점성학 체계에서 제안된 이 개념은 고전 행성들(외행성을 제외한 행성들)을 태양이 지배하는 낮(diurnal) 섹트와 달이 지배하는 밤(nocturnal) 섹트로 분류한다.

낮 섹트 그룹은 태양, 목성, 토성 및 태양보다 먼저 떠오르는 수성을 포함한다. 고대인들이 토성을 낮 그룹에 둔 이유는 차가운 토성이 빛을 받아 따뜻해진다고 믿었기 때문이다. 밤 섹트 그룹에는 달, 금성, 화성 및 태양 다음에 떠오르는 수성이 있다. 화성은 건조한 행성이지만 밤이슬을 받으면 촉촉해지기 때문에 이 그룹에 배치되었다. 밤 그룹이 개인 행성으로만 구성된 이유는 사회적 판단에 구애받지 않고 쾌락과 욕구를 누릴 수 있는 시간이 밤이기 때문이었다. 금성과 화성은 같은 밤 그룹에 속한다. 그것은 우리의 주관적이고 개인적이며 내적인 측면을 상징한다.

고대 점성가들이 금성과 화성을 밤 행성으로 간주했던 것은 관계 점성학 관점에서 매우 흥미로운 사실이다. 밤에 속하는 두 행성은 다른 행성들보다 더 개인적이고 사적이며 환경에 민감하게 반응한다. 밝은 태양

빛 밖에 있는 그들은 감시와 권위에서 벗어나 자유롭다. 밤에는 낮 세계가 규정하는 규범과 제약에서 해방되어 자유롭게 드러내고 개방할 수 있기 때문이다. 밤이 되면 금성과 화성은 서로에게서 연결된 지점과 에로스를 발견한다. 그들은 밤의 영역에서 함께 어울릴 수 있다. 커플 사이의 일은 당사자들만 알 수 있다는 점도 그런 이유 때문이다. 낮 세계에서 우리는 별로 안 어울려 보이는 커플을 향해 평가와 험담을 늘어놓을 수는 있지만, 그들의 밤 생활은 확인할 도리가 없다. 우리는 오직 친밀한 관계를 통해 그 결합의 신비를 알 수 있다.

방향과 차이점- 금성 및 화성 역행

개인 행성에 속하는 금성과 화성은 관계의 중요한 안내자다. 이들은 태양을 공전할 때 특유의 패턴을 형성한다. 특히 금성은 자기의 원형적인 본성과 어울리게 대칭적인 아름다운 오각형을 그리며 공전한다. 행성들은 주기의 어느 지점에서 방향을 바꿔 뒤로 가는 것처럼 보일 때가 있다. 이것은 일종의 시각적 왜곡 현상이다. 우리는 태양 주위를 도는 지구 위에서 하늘을 바라보기 때문에, 마치 행성들이 앞뒤로 왔다 갔다 하는 것처럼 보이는 것이다.

행성 역행이란 행성이 이미 지나온 황도의 한 지점으로 되돌아가기 위해 방향을 바꾸는 것을 말한다. 금성과 화성도 역행을 한다. 관계의 관점에서 역행은 해당 행성의 표현 방식에 변동을 일으킨다. 역행은 그 행성의 노정을 회상하고 되짚어 보는 데 초점을 둔다. 뒤를 돌아보는 이 역행 기간에 그 원형은 독특하고 은밀한 방식으로 자신을 드러낸다.

금성은 19개월마다 6주 동안 역행한다. 전체 주기의 약 7.5%다. 역행하는 행성은 비정형적인 태도를 암시한다. 그러므로 금성 역행은 관계에서 특이하고 일반적이지 않은 패턴으로 드러날 수 있다. 이 비정형적인 패턴이 성적 취향으로 나타날지 고독으로 나타날지 뛰어난 심미안이나 독창성으로 드러날지는 사람에 따라 다르다. 그러나 관계 과정이 남들과 다른 방향을 향한다는 점은 공통적이다. 금성 역행은 자존감과 가치관 이슈 및 사회 발달에 반대되는 개인의 원형적 가치를 조명한다.

화성은 2년마다 대략 58~81일 동안 전체 주기의 9~10%를 역행한다. 이 기간에는 욕망과 갈망이 더욱 강렬해진다. 화성 역행은 관계에서 강렬한 열정과 관능으로, 또는 전통적인 관계를 통해 충족될 수 없는 욕구로 나타날 수 있다. 파트너에게 강한 경쟁심을 느끼지만 그것을 말하거나 표현하지 않는 경우가 많다. 분노와 좌절 감정을 표현하는 것이 어렵기 때문에 일이나 건강 문제, 성 이슈로 흘러갈 수 있다. 분노가 촉발되면 그 분노가 자칫 자기에게 향하기도 한다.

네이탈 차트에서 역행하는 금성 또는 화성이 세컨더리 프로그레션(secondary progression)에서 순행으로 바뀌는 해를 주의 깊게 보는 것이 좋다. 그 순행 시점은 출생 시 행성의 역행 기간에 따라 달라진다. 금성은 최대 42세 이전, 화성은 80세 이전에 역행에서 순행으로 바뀐다. 그 시기가 성인기인 경우, 관계 패턴과 선호의 방향성에 유의미한 변화가 생길 수 있다. 마찬가지로 순행하는 네이탈 금성이나 화성이 세컨더리 프로그레션에서 역행으로 바뀌는 연도를 확인해 두는 것이 좋다.

화성 역행과 관련된 두 여성의 사례가 있다. 버지니아 울프는 쌍둥이자리 27°23'에 역행하는 화성을 가지고 있었다. 역행 화성은 그녀의 삶에서 매우 두드러지게 나타났다. 작가가 되고 싶었던 그녀의 강렬한 열망 역시 화성 역행으로 설명될 수 있다. 버지니아의 부모는 각각 재혼하기 전 배우자와 낳은 자녀들을 데리고 재혼했다. 따라서 버지니아는 한 지붕 아래서 핏줄이 다른 형제들과 함께 자라야만 했다. 화성 역행은 남자 형제들과의 다양한 경험으로 나타났다. 친형제 두 명은 버지니아의 작가적인 열정에 사랑과 지원을 아낌없이 보냈지만, 다른 두 이복형제는 그녀를 성적으로 학대하며 끔찍한 정신적 외상을 입혔다. 버지니아는 블룸즈버리 그룹에 남장을 한 채 나타나기도 했다. 행복한 결혼 생활에도 불구하고 버지니아는 동성 친구인 비타 색빌웨스트와 성적으로 친밀한 관계를 맺기도 했다. 흥미로운 점은 사수자리 27°17'에 있는 비타의 화성이 버지니아의 화성과 정확히 반대편에 있다는 사실이다. 버지니아의 화성은 그녀가 8살 6개월이 되었을 때 순행으로 바뀌었다.

작가 아나이스 닌은 천칭자리 16°13'에 역행하는 화성을 가지고 태어났다. 그녀 역시 버지니아 울프처럼 글쓰기에 남다른 열정을 지니고 있었다. 그녀의 관능성은 소설 작품뿐만 아니라 당대 유명인들과 은밀한 연애를 하면서 나눈 편지에도 분명하게 드러나 있다. 아나이스의 관계는 독특했고 사회 통념으로부터 자유로웠다. 헨리 밀러와의 열애와 헨리의 아내 준에 대한 집착적인 관계 외에도, 아니아스는 자신의 심리치료사 오토 랭크와 관계를 가지는가 하면 두 남자와 동시에 결혼 생활을 하기도 했다. 세컨더리 프로그레션에서도 그녀의 화성은 평생 역행으로 남아 있었다.

다음 장에서 소개할 바비 브라운의 순행 금성은 전 부인 휘트니 휴스턴이 사망하기 2년 전인 40세에 역행으로 바뀌었다. 그리고 바로 그해, 그는 매니저 앨리샤 에서리지와 약혼식을 올렸다. 순행 금성의 역행은 그가 자신의 내적 여성성과 외부 여성 인물과 맺는 관계가 더 내향적이고 성찰적인 방향으로 전환되었을 가능성을 시사한다.

금성과 12 별자리

풍부한 신화적 특성을 가지고 점성학의 신전에 들어온 금성은 자기애와 자존감, 우리가 소중히 여기고 존중하는 가치를 상징하게 되었다. 금성은 우리가 타인에게서 느끼는 매력적인 부분, 관계에서 중요하게 여기는 가치, 파트너십에 대한 욕구, 수용과 인정과 존중을 바라는 내면의 가치 등을 상징한다. 황소자리와 천칭자리를 다스리는 금성은 외면과 내면의 아름다움에 모두 높은 가치를 둔다. 황금의 여신으로서 금성은 보석이나 돈, 귀중품 등의 물질적 가치와 관련이 있는 동시에, 천상의 존재로서 평화와 사랑과 같은 정신적 가치 또한 담당하고 있다.

금성의 사랑은 자기애(self-love)에서 시작된다. 나르시스적인 사랑이 아니라 자신의 타고난 본성 그대로를 받아들이는 사랑이다. 여기에는 자신의 고독마저 끌어안는 사랑과 자기 존중, 인내심 등이 포함된다. 사랑은 선택이자 약속이다. 사랑에는 전념과 자기 수양의 과정이 있다. 여기에는 분별력과 결단력이 수반된다. 우리는 사랑하는 대상에 관해 이야기할 때 매우 주관적으로 된다. 우리의 금성 별자리는 자기와 타인 및 관계에서 우리가 가장 가치 있고 소중히 여기는 특성을 은유한다. 그것은 우리가 타인에게 끌리는 미덕이자 특성이기도 하며, 또한 우리가 사랑하고 관계에 전념하는 과정을 묘사해 준다.

금성 궤도는 지구에서 그리 멀지 않기 때문에 우리는 태양 가까이에 있는 금성을 관측하게 된다. 점성학 차트에서 금성은 태양으로부터 결코 48° 이상 떨어지지 않는다. 따라서 금성 별자리는 제한적이다. 태양과 같은 별자리이거나 태양에서 앞뒤로 하나둘 정도 떨어진 별자리일 수밖에 없다. 만약 같은 별자리라면 태양과 비슷한 특성을 공유하게 된다. 금성 원형이 태양 영역에 더해짐으로써 그 별자리 성향을 증폭시킨다. 반면에 금성이 태양의 바로 옆 별자리에 위치한다면 태양과 금성의 상이한 원소 특성이 압박을 받게 된다. 따라서 의식적으로 금성의 가치와 태양의 자아 정체성을 함께 다룰 필요가 있다. 만일 태양과 금성이 두 별자리 건너 위치한다면 서로의 원소 특성은 양립할 수 있다. 둘은 미묘한 차이만 있지만 서로 다른 영역을 차지한다. 따라서 금성 별자리를 해석할 때는 태양 별자리를 함께 눈여겨볼 필요가 있다.

양자리 금성 ♀ ♈

고전 점성학에 따르면 금성은 양자리에서 디트리먼트한다. 금성에게는 쾌락을 급하게 추구하는 것이 어렵기 때문이다. 당신은 누군가에게 매력을 느끼면 금세 달아오른다. 그리고 상대방이 당신의 관심에 반응하면 상대에 강렬하게 집중하면서 걷잡을 수 없는 로맨스에 빠진다. 그러나 그 사람이 당신의 관심을 거절하기라도 한다면 당신은 화를 내며 발끈할 것이다. 열정적이고 감정에 충실한 당신이지만, 열정이 있는 곳에는 분노가 따르기 마련이다. 화성은 양자리를 지배하는 행성이다. 그래서 당신이 열정을 표현하는 방식도 불과 같다. 누군가와 친근감과 연결감을 느낄 때, 당신은 그 감정을 간직하고만 있지 않는다. 그 끌리는 감정을 에두름 없이 직접적으로 호탕하게 드러낸다. 대상을 보이는 그대로 받아들이는 당신은 타인에 대해서도 계산 없이 드러난 것만을 본다. 그리고 그런 자신의 순진한 면을 알면서도 여전히 열정적으로 용감하게 관계에 뛰어든다. 그게 바로 당신의 진정한 모습이기 때문이다. 당신은 생명력이 넘치는 혁신적인 관계와 삶의 열정을 나누며 함께 모험에 나서는 용감한 파트너를 원한다.

독립심과 자유, 자발성은 당신에게 매우 중요한 가치다. 따라서 파트너도 그런 자질을 높이 평가하는 것이 중요하다. 삶에 긍정적인 당신은 이상과 낭만을 추구하며 희망이 가득하다. 낙천적인 당신의 영혼은 삶의 도전을 기꺼이 받아들인다. 그 점이 바로 당신의 매력이자 당신의 인생을 흥미진진하게 만드는 부분이다. 그러나 열정이 사그라지면 로맨스를 유지하는 것이 어려워진다. 헤어지거나 다른 관계를 맺는 것이 더 매력적으로 보일 수 있다. 삶과 사랑에서 흥분을 추구하는 양자리 금성은 아마 그 모두를 경험하기 위해 성급하게 뛰어들 것이다. 하지만 시간이 흐를수록 참된 관계를 통해 그러한 충동을 조절할 수 있게 된다.

황소자리 금성 ♀♉

금성은 황소자리의 룰러다. 이 세속적인 별자리를 통해 비너스의 관능성이 살아난다. 누군가에게 매력을 느낄 때 당신은 몸으로 그 이끌림을 느낀다. 달뜬 열기나 소용돌이 같은 느낌을 받기도 한다. 황소자리 금성은 관계에서 질과 시간을 가치 있게 여긴다. 삶의 기능적인 측면은 신속하게 처리할지라도 삶의 쾌락에서는 서두르는 법이 없다. 그래서 관계를 쌓는 시간을 소중히 여긴다. 관능적인 세계에서 즐거움을 찾는 당신은 사랑하는 사람들과 시각, 미각, 후각, 청각적인 즐거움과 감정을 나눠야 한다.

관능성은 또한 편안함을 의미한다. 그래서 당신은 양보다는 질, 흥정보다는 사치를 선호한다. 여기에는 돈이 필요하다. 그러나 돈이 관계에 동기를 부여하는 요소는 아니다. 물론 금성과 황소자리는 둘 다 돈을 비롯한 물질적 자원을 관장한다. 그래서 돈이 관계에서 중요한 역할을 하는 것은 사실이지만, 당신이 제일 중요하게 생각하는 자질은 바로 상냥함과 충실함, 일관성과 안정성이다. 이러한 자질이 결핍된다면 돈 문제가 부각될 수 있다. 당신은 관계에 많은 투자를 하는 만큼 그만한 대가를 확인하고 싶어 한다. 황소자리 금성의 두드러지는 특성 중 하나는 바로 '소유욕'이다. 그러므로 관계에서 당신이 공유할 수 있는 것과 없는 것을 곰곰이 생각해 보는 것이 좋다. 당신은 떠밀리듯 급하게 맺는 관계를 좋아하지 않는다. 그 대신 충분히 시간을 가지면서 상대방이 자신과 같은 감정을 느끼고 있는지, 서로 잘 통하는지, 열정을 같이 나눌 수 있는지를 살핀다. 황소자리 금성을 가진 당신은 친밀한 애착의 즐거움을 오랫동안 꾸준히 즐기고 싶어 한다. 그러나 한편으로는 보낼 때가 된 관계를 붙잡고 있는 경우도 자주 있다.

쌍둥이자리 금성 ♀Ⅱ

쌍둥이자리 금성은 천성적으로 사교적이다. 당신은 소통이 잘 되는 사람, 당신의 생각을 잘 이해해 주고 수다를 떨면서 함께 시간을 보낼 수 있는 사람에게 이끌린다. 그러나 관계가 똑같이 반복되거나 따분해지면 금방 지겨움을 느끼며 변화를 찾을 수도 있다. 당신은 관계에서도 다양성을 추구한다. 다양한 레스토랑에 가고 새로운 강좌에 참석하고 일상에 변화를 주고 싶어 한다. 쌍둥이자리 금성 사람과 사귀려면 움직임이 재빨라야 한다. 그런데 사실 모든 사람이 당신의 기대만큼 민첩한 것은 아니다. 당신은 호감을 느끼는 상대 앞에서 말을 더듬거나 어색함을 느끼기도 한다. 호감이 강할수록 당신의 신경계는 좋아하는 사람 앞에서 미쳐 날뛰기 시작한다. 당신은 또한 모든 관계에서 유동성과 융통성을 중요시한다. 당신의 사랑은 의사소통과 긴밀하게 얽혀 있으므로 기분이 밝을 때든 어두울 때든 파트너와 이야기를 나눠야만 한다. 당신의 말에 귀를 기울이지 않는 사람들도 있겠지만, 공중 곡예 같은 당신의 화려한 언변과 유머 감각에 열광하는 영혼의 단짝들이 있을 것이다. 당신에게는 상대방의 판단이나 공격적인 반응에 대한 두려움 없이 편안하게 소통할 수 있는 관계가 필요하다.

쌍둥이자리 금성은 사랑과 우애의 연합을 상징한다. 그것은 형제자매와의 긴밀한 유대감일 수도 있고, 넓은 맥락에서는 친밀한 관계에서 동료애와 우정을 중요시하는 것일 수도 있다. 당신의 가치관은 고정되어 있지 않다. 사실 좋아하는 것이 자주 바뀌기 때문에 중요한 결정을 내리기 전에 감정과 관계를 실험해 보기도 한다. 마음을 정할 때는 혼자만의 공간과 거리가 필요하다. 한군데에 고정해 있는 것은 당신에게 공황 상태를 불러온다. 따라서 압박이 없을 때 당신은 관계에 훨씬 편안하게 전념할 수 있다. 당신은 자신에게 필요한 변화의 여지를 존중해 주는 상대에게 소중함을 느낀다. 당신은 연결되고 싶어 하지만 늘 함께 붙어 있는 것을 바라지는 않는다. 페이스북 게시물, 문자 메시지, 트위터 등은 당신이 타인과 연결하는 대표적인 수단이다.

게자리 금성 ♀ ♋

게자리 금성에게 사랑과 양육은 서로 깊이 맞물려 있다. 사람들을 챙기고 보살피는 것을 좋아하는 당신은 자신을 필요로 하는 이들에게 정서적, 물리적 지원을 아끼지 않는다. 어쩌면 관련 직업에 종사하고 있을 수도 있지만, 대개는 개인적인 관계에서의 돌봄을 소중하게 여긴다. 일부 점성학자들의 말에 따르면, 게자리 금성 사람들은 자칫 파트너의 엄마 역할을 하거나 위탁 가정을 찾아 헤매는 고아처럼 될 수 있다고 한다. 특히 자신을 돌보지 못하고 타인만을 챙기면서 균형을 잃을 때 그럴 수 있다. 당신이 자신을 충분히 돌본다면 사랑하는 사람들도 당신의 따뜻함과 깊은 감정을 소중히 여길 것이다. 당신은 상냥함과 친절함, 공감을 가치 있게 여긴다. 그리고 그것을 돌려받을 때 사랑받는다고 느낀다.

감정의 파도는 당신의 관계에서 일반적인 특징이다. 사랑하는 사람이 아무런 반응을 하지 않을 때 당신은 큰 상처를 받는다. 당신은 쉽게 마음에 상처를 입고 요동치는 감정 기복에 휩싸인다. 버림받고 오해받는 느낌, 상대가 당신의 사랑을 당연하게 여긴다는 생각이 반복되기 시작하면 부정적인 감정이 증폭된다. 당신은 친밀함과 상냥함을 소중히 여기지만, 마음이 괴로울 때는 자신의 넓은 마음을 부정해 버린다. 가족은 당신에게 아주 소중하다. 그래서 가족과 연인 사이에서 선택해야 할 일이 생길 때, 가족과 사랑이 서로 충돌하기도 한다. 게자리 금성이라고 해서 꼭 화목한 가족에서 태어난다는 보장은 없다. 하지만 당신에게는 소울메이트와 가족을 이루고자 하는 열망이 강하게 존재한다. 성인이 되면 가족 울타리가 친구, 직장 동료, 영혼의 단짝, 사랑하는 사람들로 확장된다. 섬세한 가슴을 가진 당신은 전통과 가족에 대한 가치를 낭만으로 만든다.

사자자리 금성 ♀ ♌

금성은 자기애를 상징한다. 그것은 사자자리에서 가장 분명해진다. 사자자리 금성에게 중요한 것은 매력적인 갈망의 대상이 되는 것이다. 당신은 타인의 눈에 자신이 어떻게 비치는지, 사람들이 당신의 어떤 점에 매력을 느끼는지 알고 싶어 한다. 꼭 외향적인 성격이 아니라 하더라도 당신은 칭찬받는 것을 좋아한다. 사랑하는 사람이 애정을 표현할 때 당신은 꽃봉오리가 활짝 꽃잎을 펼치듯 피어난다. 눈에 띄는 매력을 겸손하게 감출 것인가? 센세이션을 일으킬 수 있는데도 지루하게 앉아 있을 것인가? 사자자리는 심장을 지배하는 고정된 불(fixed fire)이다. 당신이 품은 사랑의 불꽃은 끊임없이 환하게 타오른다. 신의와 힘을 소중히 여기는 당신은 자신감과 열정이 넘치는 사람에게서 매력을 느낀다. 누군가에게 끌릴 때 당신은 심장의 두근거림과 몸의 열감, 함께 할 미래에 대한 상상만으로 자신이 그 사람에게 반했다는 사실을 알 수 있다.

당신은 로맨스와 열정을 가치 있게 여기며, 특히 관계에서 그것을 추구한다. 그렇게 하고 있을 때 당신은 가장 화사하게 피어난다. 당신은 사랑하는 사람을 무척 자랑스럽게 여기면서 충성과 헌신을 불사른다. 그러면서 찬사와 선물, 지원을 아낌없이 쏟아붓는다. 한마디로 당신은 사랑하는 사람의 가장 열광적인 팬이다. 그러나 그것은 양날의 검과도 같다. 기만이나 심한 대우를 받는 것에 당신은 절대 관대하지 않다. 이용당하거나 버림받는 느낌은 당신의 마음에 깊은 상처를 남긴다. 그렇기 때문에 변별력을 가지는 것이 좋다. 당신은 관대하고 넓은 마음을 가졌지만, 한번 불이 꺼지면 냉정하게 마음을 닫아 버릴 수도 있다. 신의와 충실함은 당신에게 굉장히 중요한 가치다. 자기에 대한 저평가는 타인에 대한 과도한 가치 투사로 이어질 수 있다. 자신의 부족한 자존감을 타인에 대한 부풀려진 모습으로 보상하는 것이다. 자존감이 흔들리면 타인을 과대평가하게 된다. 소울메이트는 당신의 따뜻하고 관대한 마음을 소중히 여기는 사람이다. 그런 사람과 함께할 때 당신은 자신이 얼마나 소중한 사람인지 깨닫게 된다.

처녀자리 금성 ♀ ♍

처녀자리의 본질은 수수께끼에 쌓여 있다. 자연적인 아름다움과 야성, 초연함과 적당한 거리의 조합은 신비감을 자아낸다. 처녀자리의 어떤 부분은 불가사의하고 접근하기 어렵다. 그래서 처녀자리 금성은 굉장히 매력적이고 신비롭게 보인다. 당신은 프라이버시와 자기만을 위한 시간, 규칙적인 의식과 생활 방식을 소중히 여기기 때문에 다른 사람들도 그것을 존중해 주기를 바란다. 당신은 봉사하고 조력하는 것을 좋아한다. 그래서 뛰어난 협력자가 되기도 한다. 영혼의 단짝들은 당신의 선한 마음을 알아보고 존중해 주는 사람들이다. 좋아하는 사람 앞에서 수줍어하며 자기를 낮추는 당신의 모습은 꽤 사랑스럽다.

자신의 성스러운 공간에 누군가를 받아들일 때도 당신은 완벽을 추구한다. 그러나 바쁘고 복잡한 현대인의 삶에서 그것은 결코 쉬운 일이 아니다. 당신은 스트레스 상황에서 비판적으로 변할 수 있다. 기분이 좋지 않을 때는 지나치게 분석적인 모습을 보이기도 한다. 당신은 관계에서 노력하고 만남의 질을 개선하는 데 큰 가치를 둔다. 그리고 그것을 존중해 주는 파트너와 함께 할 때 함께 성장하고 있음을 느낀다. 당신이 사랑하는 사람들은 당신의 치유적인 자질과 봉사 정신을 소중히 여기면서 일상의 마법을 함께 나눌 것이다. 운명의 상대가 앞에 나타날 때 당신은 이미 준비된 상태일 것이다. 고전 점성학자들은 금성이 처녀자리에서 폴(fall)한다고 보았다. 인간의 사랑과 신성의 완벽함은 쉽지 않은 조합이기 때문이다. 당신은 우수성을 가치 있게 여기지만, 사실 인간관계는 그 불완전함과 흠으로 인해 의미가 있는 법이다. 심리학적인 관점에서도 사랑의 한계는 관계에 혼을 불어넣는다. 당신은 관계를 통해 그 역설을 배울 것이다.

천칭자리 금성 ♀♎

금성은 천칭자리를 지배한다. 천칭자리는 금성이 다스리는 집이기도 하며, 그 집은 아름답다. 본능적으로 아름다움을 사랑하는 당신은 조화와 미학을 가치 있게 여긴다. 그것이 라파엘 전파든 모네든 스타일은 중요하지 않다. 관심사는 아름다움 그 자체다. 당신은 어릴 때부터 미술과 조각을 비롯한 모든 세련된 것들을 좋아했을 것이다. 그런데 불행히도 사람은 예술품이나 박물관에 전시된 작품과 같지 않다. 당신은 사랑하는 사람의 피곤하고 흐트러진 모습이나 심지어는 무례한 태도를 받아들이는 법을 배울 것이다. 인간 중심적인 당신은 사회성을 중요하게 여기는데, 그 때문에 자신의 진짜 감정을 숨기기도 한다. 공적인 자리에서 친절한 것도 좋지만, 화가 나는 상황에서조차 사랑하는 사람을 즐겁게 해줄 필요는 없다. 너무 받아 주기만 하다가 갑자기 공격적으로 돌변하는 등 당신은 양극을 왔다 갔다 할 수도 있다. 사실 당신은 평화로운 분위기에 파장을 일으키는 것을 꺼린다. 그래서 다른 사람의 기분을 상하게 하지 않으려고 때로는 자신에게 부당한 요구에 응하기도 한다. 타인과 대립하거나 불만을 드러내는 것이 당신에게는 힘겨운 일이기 때문이다.

당신은 낭만적인 사람이지만 동시에 자신만의 공간이 필요하다. 여기저기서 사람들이 제안하는 것을 다 받아들이는 바람에 정신없이 바빠질 때가 가끔 있기 때문이다. 쉽지 않겠지만, 내키지 않을 때는 거절하고 정말로 원할 때 승낙하는 법을 배워야 한다. 관계를 소중히 여기고 사람들에게 진심으로 관심을 기울이다 보니, 당신은 종종 자신만의 공간과 시간의 중요성을 잊곤 한다. 따라서 그 둘 사이의 균형을 유지하는 것이 중요하다. 당신이 관계에서 추구하는 평등과 정신적 숭고함은 자기 내면에서도 찾을 수 있다. 천칭자리 금성은 관계에서 자신의 집을 발견한다.

전갈자리 금성 ♀ ♏,

사람들은 당신에게서 깊고 한결같은 관계를 맺는 능력을 본다. 그러나 막상 관계가 친밀해지면 당신은 상실이나 배신을 두려워할지도 모른다. 이러한 불안감을 감수하면서 사랑에 빠지는 것은 큰 도전이다. 당신은 자신의 깊은 감정과 공감 능력을 가치 있게 여기지만, 그 진실하고 신실한 성품 때문에 관계에서 취약해지기도 한다. 그래서 당신은 친밀한 관계가 주는 깊은 연결을 갈망하면서도 겉으로는 자신의 감정을 숨기는 경향이 있다. 친근한 관계의 열정과 강렬함을 사랑하는 당신은 어쩌면 정서적 위기와 고통을 연결로 오해하거나 열정과 강한 감정을 사랑으로 혼동할 수도 있다. 당신은 위급한 상황에서 살아 있다는 느낌을 받는다. 위험한 상황이나 생사의 갈림길에서 당신은 온전히 현존한다. 그러나 당신은 또 끊임없이 위기에 놓이는 파트너의 치료사 역할을 자처할지 모른다. 그러므로 사랑을 위기와 혼동하지 않는 것이 현명하다.

전갈자리에서 디트리먼트하는 금성은 대개 질투심과 소유욕의 화신으로 그려진다. 깊은 연결을 추구하는 내면의 여린 부분 때문에 관계에서 신뢰 이슈가 항상 대두된다. 정서적 통제와 질투, 소유욕은 사실 상처받기 쉬운 내면을 보호하고자 하는 본능에서 나온다. 깊이 사랑하는 능력 때문에 섬세한 감수성을 단단히 무장해야 하는 것이다. 돈과 섹스로 본심을 감추려 할 수 있으며, 비밀을 통해 상처받기 쉬운 내면을 방어하기도 한다. 당신은 취약함을 느끼지 않기 위해 무의식적으로 마음에 방어벽을 구축한다. 어쩌면 관계에서 받은 상처나 배신의 기억을 곱씹으면서 그 벽을 더 단단히 만들고 있을지도 모른다. 상처를 흘려보내고 마음의 문을 다시 여는 것은 당신에게 대단히 어려운 일이다. 그러나 그렇게 할 때 엄청난 치유를 경험할 수 있다. 당신은 충실과 정직, 파트너에 대한 신뢰를 가슴 깊이 소중히 여긴다. 그러나 두 사람 모두 그런 노력을 해야 한다는 것을 명심해야 한다.

··

사수자리 금성 ♀♐

··

당신은 넓은 세상에 대한 자유를 갈망한다. 그래서 외국인과 교사, 철학자, 형이상학자, 탐험가들에게 매료된다. 그들은 당신의 투사를 일으키는 대상이기도 하다. 비전을 가진 사람들과 변화를 이끄는 사람들에게 끌리는 이유는 당신도 그들과 같은 부류이기 때문이다. 만일 당신이 구루에 대한 동경과 투사에 사로잡혀 있다면 천천히 큰 소리로 단어의 철자를 읽어 보라. G, U, R, U. Gee, yoU aRe yoU. 오, 그대는 그대 자신이다. 새로운 관계를 시작하자마자 해외로 훌쩍 떠난다든지, 길에서 우연히 만난 사람과 사랑에 빠지는 것은 당신에게 그리 드문 일이 아니다. 관계에 정착하는 것보다는 여행이나 진리 탐구가 우선한다. 당신은 관계에서 자유를 원하지만 동시에 파트너와의 모험을 꿈꾸기도 한다. 사수자리 금성은 다문화적이고 이국적인 주제들의 날실 씨실로 짜인 태피스트리와 같다. 당신은 외국이나 자신의 배경과 다른 문화와 공동체에서 영혼의 친구들을 찾는다. 그리고 그들과의 관계를 통해 다른 신념과 새로운 관습 및 철학을 접하게 된다. 이러한 자극이 바로 당신의 관계를 유지해 주는 원동력이다. 만약 그 자극이 없다면 당신은 관계에서 쉽게 지루함을 느낄 수 있다. 영혼의 친구들은 당신이 익숙한 전통을 뛰어넘어 다채롭고 넓은 세상으로 나아갈 수 있도록 용기를 줄 것이다.

사수자리 금성을 지배하는 목성은 당신에게 관계에서의 개방성과 관대함을 선사해 주지만, 때때로 지나친 관대함은 문제가 되기도 한다. 일반적으로 관계가 동등하지 않을 때 더욱 그러하다. 관계로 인해 손해를 입더라도 당신은 충분히 만회할 수 있겠지만, 지나친 낙관주의는 문제의 소지가 될 수 있다. 당신은 관계가 주는 부정적이고 어려운 면을 받아들이기 어려워한다. 시야가 안개로 자욱한 상황에서 낙관주의는 최선이 아니라는 사실을 명심해야 한다. 그럴 때는 상대에게 무조건 관용을 베풀기보다 현실을 명확하게 직시해야 한다. 당신은 개방성과 진솔함, 의미있는 교류를 중요하게 여긴다. 웃음과 눈물, 장난과 진지함, 이상주의와 현실주의가 모두 결합될 때 깊은 영혼의 관계를 맺을 수 있다. 당신의 철학적 갈망을 이해해 주면서 함께 영적인 길을 걷는 사람과의 관계는 당신의 삶에서 그 무엇보다도 소중하다.

염소자리 금성 ♀ ♑

솔직히 말해, 염소자리 금성은 자기 분야에서 성공한 사람들로서 관계에서도 질을 중요시한다. 이왕이면 할인 품목보다는 훌륭한 풍미와 가치가 있는 고가품을 고른다. 따라서 파트너를 볼 때도 전문가나 성취를 이룬 사람, 사회적 평판이 높은 사람에게서 매력을 느낀다. 당신은 자신이 기준에 못 미친다고 느낄 때 그 부족한 가치와 특성을 타인에게 투사하고 동경하는 경향이 있다. 종종 자기에게 너무 많은 기대를 하면서 자책하기도 한다. 당신은 전통과 헌신, 책임을 소중히 여긴다. 한마디로 당신은 신뢰를 주는 사람이다. 그러나 아무리 규칙과 규정이 중요하다고 해서 연결감과 친밀감을 희생하지는 말아야 할 것이다.

성취 지향적이고 능력 있는 당신이 남에게 의지하기는 결코 쉬운 일이 아니다. 당신은 자율적이고 자립적인 사람이다. 그러나 그런 성격이 때때로 관계를 방해하기도 한다. 사실 그것은 상대에게 도움을 요청했을 때 거절당하거나 실망하는 것에 대한 두려움을 막는 방어 기제다. 당신은 사랑과 다정함을 드러내는 데 취약함을 느낀다. 그래서 애정 표현을 억누른다. 그러나 거절이 두렵다고 하더라도 완전히 통제하면서 혼자 지내는 것보다는 관계를 맺는 편이 훨씬 중요하다. 당신은 취약함을 느낄 때 오히려 더 파트너를 책임지려고 할 수 있다. 그러므로 파트너를 관리하려는 자신의 충동을 자각하는 것이 중요하다. 토성의 지배를 받는 염소자리 금성은 일과 관계 주제를 한데 합친다. 따라서 지위, 돈, 시간 또는 직업 문제 등이 관계에 방해가 될 소지가 다분하다. 어쩌면 직업 영역에서 소울메이트를 만나거나 파트너와 함께 일하는 사이가 될 수도 있다. 파트너가 당신의 상사라면 어떨까? 그럴 때 위계와 동등한 관계를 동시에 어떻게 다룰 것인가? 당신은 관계 속에서 건전한 경계를 지키면서 상대에게 큰 힘이 되어 주는 파트너다. 따라서 관계에 불균형이 있다 하더라도 헌신과 신뢰, 듬직함으로 충분히 그것을 관리할 수 있을 것이다.

물병자리 금성 ♀ ♒

물병자리 금성인은 아무리 보수적인 사람일지라도 특이하고 독창적인 것에 끌린다. 특히 관계에서 더 그렇다. 당신은 자유를 중요시하며 자신만의 시간과 공간을 소중히 여긴다. 또한 자유로운 영혼을 가진 사람에게 이끌리며 그들에게서 동질감을 느낀다. 어쩌면 당신의 전 애인들은 '당신이 관계에 진지하지 않다', '너무 쿨해서 거리가 느껴진다', '갑자기 다가왔다가 돌연히 무관심해진다' 등등의 불만을 토로했을 것이다. 당신은 밀접한 관계에서 숨 막히는 느낌을 받는 것인지도 모른다. 가까운 관계를 갈망하긴 하지만 누군가와 항상 가까이 있는 것은 싫어한다. 많은 물병자리 금성 사람들은 그것을 이렇게 설명한다. '세상의 반대편에 있을 때 나는 사랑에 목말라서 파트너와 함께하기를 갈망한다. 그러나 막상 집과 파트너 가까이에 있으면 공황에 빠지고 만다. 숨이 탁 막혀서 빨리 도망가고 싶은 기분이다.' 그러면 파트너는 어리둥절해서 대체 무슨 일이냐고 물을 것이다. 누군가와 가까이 있고 싶으면서도 구속 없이 자유롭고 싶은 이 두 마음은 참으로 운명의 딜레마라 할 수 있다. 정말 불가능한 조합이다. 따라서 당신이 취할 수 있는 최선의 방법은 자기만의 공간을 확보하고 독자적으로 일하면서 관심 있는 일에 충분한 시간을 보내는 것이다. 그것이 충족되면 개인 공간을 확보하기 위해 굳이 상대방을 밀어낼 필요가 없어진다. 충분한 공간이 주어지기만 하면 당신은 공황에 빠지지 않을 뿐더러 놀랄 만큼 친근하고 개방적이고 다정한 파트너가 될 것이다.

당신은 독립과 우정을 소중히 여긴다. 그러나 우정과 친밀한 관계가 반드시 같은 것은 아니다. 친구는 당신의 모험과 무모함을 응원해 주겠지만, 친밀한 관계를 맺은 상대방은 당신과 함께 있는 시간이 부족하다고 느낄 수 있다. 종종 우정과 친밀한 관계를 혼동하는 당신은 쓰라린 이별 후에도 연인과 친구 사이로 남기를 바랄 수 있다. 따라서 당신의 관계는 주로 강렬한 정서에 대한 학습 곡선(학습하는 데 투입된 시간 대비 학습 성취도)을 그릴 수 있다. 맨 처음 당신은 그 강렬한 감정에 접촉하지 않는다. 아마 회피할 것이다. 그러나 당신은 곧 어두운 감정 또한 결국 지나간다는 사실을 깨달을 것이다. 특히 감정을 분리하지 않고 온전히 받아들였을 때 더 빨리 지나간다는 것을 말이다. 아이러니하게도 강렬한 정서는 꽤 매력적이다. 동등함과 개방성, 진솔함은 당신의 관계에서 매우 중요한 원칙들이다. 인도주의적이고 사려 깊은 성격을 가진 당신은 인간적인 가치와 세계관을 함께 나눌 수 있는 소울메이트를 만날 것이다.

물고기자리 금성 ♀ ♓

당신은 가슴 깊이 낭만적인 사람이다. 그래서 관계에 대해 현실적으로 생각하라는 말을 귀에 못이 박히게 들어왔을지도 모른다. 그 에너지가 내면의 창의성으로 향하면 노래를 지어 부르거나 내면 아이를 구원하는 데 열정을 쏟을 수도 있다. 당신은 자신의 마술적인 매력을 세상에 투사하고 이상화하는 경향이 있다. 그 에너지를 사람보다는 캔버스에 쏟는 편이 훨씬 생산적일 것이다. 상상력과 영감으로 가득한 당신의 내면은 창의성으로 가장 잘 표현될 수 있다. 친밀한 관계에서 당신은 쉽게 상대방을 이상화해서 그 사람의 세계에 갇혀 버리곤 한다. 돕는 역할을 자처하는 것과 사랑에 빠지는 것은 당신으로서 어쩔 도리가 없다. 그러나 때때로 당신은 실제 사람보다는 닿을 수 없는 사랑이나 이상적인 사랑에 빠지기도 한다. 또한 현실 검증을 하기도 전에 무작정 가능성만 있는 관계에 자신을 내던지는 경향도 있다. 민감한 감수성 때문에 다른 이들을 돕고 자신을 희생한다면 당신은 결국 갈피를 못 잡고 혼돈에 빠질 것이다. 해왕성은 물고가지리 금성의 뉴 룰러다. 이 모호한 행성이 관계의 커튼 뒤에 버티고 있으니 당신은 환상 속을 거닐면서 자신의 욕망에 비추어 상황을 판단하게 된다. 그것은 마술처럼 환상적이지만 어리석음이 될 수도 있다.

당신은 영성과 보이지 않는 세계를 소중히 여긴다. 친밀한 대상과 함께 당신은 현실 세계와 꿈의 세계를 가로막는 장막을 걷고 시간과 공간을 초월한 곳에 다다를 수 있다. 그러므로 친밀한 대상과 함께 일상을 벗어난 시간과 공간을 창조함으로써 그 마법의 세상에 들어가는 기회를 마련하는 것이 좋다. 당신에게는 타고난 자비심과 이해심이 있다. 관계를 통해 당신은 그 자질을 훌륭하게 다듬는 법을 배울 것이다.

화성과 12 별자리

화성은 열기이자 열정, 욕구다. 화성은 정신적, 육체적, 지성적, 정서적으로 욕망과 분노, 좌절이 채널링되고 표현되는 본능적인 방식을 의미한다. 지극히 감정적인 이 행성 원형의 충동은 반사회적이고 비문명적으로 나타날 소지 또한 크다. 화성의 처리되지 않은 감정을 적절히 표현하기 위해 우리는 그 힘을 자제하고 개선하고 조정하는 법을 배워야 한다. 화성은 경쟁하고 이기려는 충동을 상징한다. 화성은 자신이 정한 길을 가고 싶어 하며 언제든지 그것을 위해 싸울 준비가 되어 있다. 화성은 관계에 핵심적인 에너지이지만 종종 분열을 초래하기도 한다. 따라서 자신의 화성 에너지와 그것이 타인에게 미치는 영향을 이해하는 것이 매우 중요하다. 관계 측면에서 화성은 우리가 자기주장을 하고 갈등을 다루는 방식, 열망을 명료화하는 방식 등을 설명해 준다. 화성 별자리는 우리가 원하는 바를 추구하는 방식을 나타낸다. 화성은 본질적으로 우리가 가진 생명력의 자연스러운 표현 방식을 상징한다.

필자가 수년간 진행했던 〈아스트로 신서시스〉 프로그램 중 화성-금성을 주제로 한 워크숍이 있었다. 하루는 원형을 생생하게 경험하기 위해 금성, 화성과 관련된 다양한 운동 시험을 했다. 특히 화성을 주제로 한 팀 운동은 대단히 흥미로웠는데, 규모와 관계없이 언제나 일관적인 결과를 보였다. 줄다리기를 통해 네 화성 원소가 각각 어떤 방식으로 경쟁에 접근하는지 보여 주는 실험이었다. 이 작업의 결과는 항상 놀라움과 명쾌한 교훈을 주었다. 참가자는 화성 별자리 원소에 따라 네 개의 팀으로 나뉜다. 그런 다음 팀끼리 줄다리기 시합을 하는데, 먼저 두 남성성 별자리 팀이 경기를 하고 이어서 여성성 별자리 팀들이 한다. 각각의 우승팀이 결승에 진출한다. 사실 화성은 그룹 협동보다는 개인적인 도전을 선호하지만, 이 시합은 화성의 경쟁 정신을 불러일으키는 데 성공적이었다.

흙 원소 화성은 육체적 힘과 지구력을 다룰 때 의심할 여지 없이 막대한 자원과 힘을 보인다. 한편 불 원소 화성은 넘치는 활기와 활력을 보여 준다. 화성 별자리는 우리가 화성 에너지를 채널링하고 방향을 설정하는 방식이라든가 시작이나 경쟁을 하는 방식 등을 설명해 준다. 어떤 바람직한 결과를 원할 때 화성의 의지력은 우리가 원하는 것에 집중된다. 그러나 우리의 욕구가 별로 강하지 않다면 목표를 적극적으로 추구하고 임무를 완수하는 데 필요한 화성의 경쟁 정신과 열정, 추진력은 발휘될 수 없다. 시간이 지날수록 줄다리기 시합은 대체로 다음과 같이 나타났다.

공기 원소 화성은 첫 라운드에서 패배한다.

공기 원소는 항상 경쟁에서 첫 번째로 탈락하는 그룹이었다. 참가자들은 좀처럼 접근 방식을 하나로 모으지 못했고 집중력도 떨어졌다. 그들은 경기에 대한 최적의 접근 방법을 논의하고 토론하는 데 시간을 보냈다. 에너지를 집중하지 못한 참가자들은 실전에서 산만한 모습을 보이며 순식간에 패배했다. 공기 원소 화성은 아마 육체적 지구력보다는 체스나 토론 등 정신 과정을 사용하는 전략이 필요한 게임에서 더 우세할 것이다. 이들은 대체로 생각이 너무 많아서 육체적 경쟁이나 대결을 즐기지 못했다. 그래서 불 원소 화성이 결승전에 진출했다.

흙 원소 화성 역시 첫 라운드에서 패배한다.

흙 원소 화성은 강인하다. 하지만 시합에서 팀원들은 힘껏 줄을 당기지 않았다. 시합이 끝나고 토론 시간에 물어보자, 팀원들은 게임 결과에 아무런 보상이 없기 때문에 힘을 쓸 가치를 못 느꼈다고 입을 모아 말했다. 단순히 게임이라고 생각해서 경쟁에 큰 가치를 두지 않았던 것이다. 따라서 한 발짝 물러서 있던 그들은 과제 수행에 필요한 추동을 끌어내지 못했다. 흙 원소 화성은 대개 튼튼한 몸에 엄청난 체력과 지구력을 가지고 있지만 과정과 결과에 대한 전념이 필요하다. 그래서 결승전에는 물 원소 화성이 나가게 되었다.

불 원소 화성- 안절부절못하거나 승리하거나

불 원소 화성은 굉장히 강하고 열정적이었다. 팀은 경쟁과 놀이를 재미있게 즐겼다. 그러나 첫 승리의 열정이 사그라들자 이내 지루해하고 안절부절못하는 모습을 보이기 시작했다. 그들은 현재에 집중하면서 당면한 과제를 완수하기보다는 잔뜩 들뜬 채 다음 활동을 고대했다. 이들에게는 승리보다 다음 활동을 빨리 시작하는 것이 더 중요했다. 전진하려는 추진력 때문에 승리에 필요한 힘이 발휘되지 못했다. 불 원소 화성은 에너지가 넘치지만 지루하거나 자극이 충분하지 않으면 몰입과 동기가 현저히 떨어졌다.

물 원소 화성- 소진되거나 끈질기거나

물 원소 화성은 경기 내내 간신히 버티는 모습을 보였다. 그러나 물의 보이지 않는 저력은 바로 집요함과 끈질긴 힘이었다. 겉으로는 수동적으로 보일지라도 물의 힘과 자원은 인내력으로 장애물을 극복하는 데 있었다. 물 원소 화성은 항상 승리를 증명하면서 참가자들에게 물의 숨겨진 능력과 힘에 대한 훌륭한 통찰을 주었다. 그러나 정서적 상황이나 논쟁 상황에서 이들은 감정적으로 동요하며 힘을 고갈했다. 감정적 색채나 개인적인 애착이 있을 때 물 원소 화성은 상처 입은 감정을 품은 채 철회할지도 모른다. 하지만 이 실험은 그저 게임이었기 때문에 크게 감정을 쏟을 이유가 없었다. 따라서 이들은 엄청난 힘을 발휘하며 늘 우승을 거머쥐었다.

전원이 켜진 화성은 엔진처럼 가동되기 시작한다. 화성의 힘과 의지력은 욕망하는 대상을 향해 동기화된다. 화성이 뜨겁게 달아오르면서 집중하면 강력한 경쟁자이자 투사가 된다. 그러나 통제를 벗어난 뜨거운 상태는 자칫 위험해질 수도 있다. 전원이 꺼진 화성의 엔진은 차갑게 정지되어 있다. 화성을 가동하는 열쇠는 별자리의 특성에서 찾을 수 있다. 관계 측면에서 화성 별자리를 살펴보도록 하자.

양자리 화성 ♂ ♈

관계에서 자기주장을 하고 자기다움을 유지하는 것은 화성의 영역이다. 양자리는 바로 그 화성의 지배 별자리이기도 하다. 자극을 받은 양자리 화성은 솔직하고 열정적이며 긍정적이고 목표 지향적이다. 당신은 타고난 전사이자 챔피언이다. 원하는 것을 쟁취하기 위해 기꺼이 전투에 나선다. 자발적이고 독립적인 당신은 남에게 조언을 구하거나 의존하기보다는 스스로 기회를 창조하는 경향이 있다. 당신에게는 리더나 무리의 선두 자리가 더 편안하기 때문에 타협이나 협업보다는 코칭이나 동기부여가 더 잘 맞다. 즉흥적인 삶을 사는 당신은 다른 사람들이 어떤 준비를 하거나 결정을 내릴 때 옆에서 기다리는 것을 매우 답답하게 느낀다. 그 조급함과 자율성은 관계를 통해 점점 누그러질 것이다. 당신은 독립성이 위협받거나 관계가 정체되어 있다고 느낄 때 도망가고 싶은 충동에 휩싸이곤 하는데, 그것을 제어하는 법을 배워야 한다.

솔직한 자기표현도 좋지만, 때로는 가까운 사람의 이야기에도 경청할 줄 알아야 한다. 또 자신이 원하는 대로 되지 않는다고 무작정 화를 내서는 안 된다. 당신은 맹렬히 추구하고 뜨거운 순간을 만끽하고자 한다.

그러나 관계에는 중간 과정과 결말도 있다. 여기에는 노력이 필요하다. 당신은 관계에 열정과 짜릿함을 불러일으킨다. 그리고 당신이 온 힘을 다하게끔 도전 정신을 자극하는 상대를 갈망한다. 그러나 관계가 연금술의 과정을 거쳐 온전한 풍미를 자아내는 데는 시간이 걸린다. 서두르는 태도는 전혀 도움이 되지 못한다. 시간이 답이다.

황소자리 화성 ♂ ♉

금성이 지배하는 황소자리 화성에는 금성과 화성의 이미지가 섞여 있다. 성미가 급한 화성은 느긋한 황소자리에 그다지 어울리지 않는다. 황소자리 화성은 인생의 새로운 장을 맞이할 때 충분한 시간을 가지고 상황에 적응하려 한다. 그 영역에 편안하게 머물면서 전념하기 전에 말이다. 황소자리는 화성이 디트리먼트하는 별자리이기 때문에 이곳에서 화성의 행동력은 다소 감소한다. 조급함은 당신에게 좌절감을 준다. 서두르라는 강요를 받을 때 당신은 오히려 더 느릿해지면서 아예 움직이지 않거나 완강해지기도 한다. 시간이 흐를수록 당신이 관계에서 추구하는 안정과 쾌락은 점점 성숙해질 것이다.

당신은 관계를 맺는 데 익숙해지는 시간이 필요하다. 시간이 한참 흐른 후에야 당신은 상대를 향한 애착이 천천히 커진 것에 놀랄 것이다. 그러나 동기를 유지하지 못하면 친숙함이 지루함으로 변하기도 한다. 당신은 때때로 일을 완수하거나 상을 받은 후에 노력하는 것을 멈추어 버리기도 한다. 따라서 친밀한 관계의 불이 계속 타오르도록 유지하는 방법을 궁리하는 것이 좋다. 황소자리는 금성의 지배 별자리이므로 파트너와 관능적인 쾌락을 나누는 것이 좋은 방법이 될 수 있다. 흙 원소 화성의 욕구는 파트너와 함께 요리를 하거나 음악 감상을 하고 마사지를 하는 등 육체적 에너지와 그 적용을 통해 구체화되고 채널링된다. 함께 메를롯 와인을 마시든 극장에서 심야 영화를 보든 정원에서 즐거운 시간을 보내든, 핵심의 열쇠는 나눔에 있다. 사랑하는 사람과 함께 자유와 안정감을 동시에 누릴 때 당신은 더 큰 사랑을 느낄 것이다.

쌍둥이자리 화성 ♂ Ⅱ

행동의 신 화성이 변화무쌍하고 재빠른 쌍둥이자리의 에너지에 채널링되면 자유롭게 움직이지만 자신이 원하는 방향을 확신하지 못하는 변덕스러운 인물을 상상해 볼 수 있다. 당신은 너무 다양한 분야에 관심이 많다 보니 진지한 관계는 꼭 지금 말고도 나중에 찾을 수 있다고 생각할지도 모른다. 하지만 누군가에게 마음을 빼앗긴 순간 당신은 높이 날아오른다. 쌍둥이자리 화성은 대개 변덕스러운 모습으로 그려지곤 한다. 그렇다고 해서 관계가 변덕스럽다는 뜻은 아니지만, 책임과 헌신이 요구될 때 불안해하는 경향이 있다.

쌍둥이자리 화성을 지배하는 야바위꾼 수성이 당신의 충동을 자극하면 변덕스럽고 교활한 기질이 나타날지도 모른다. 그것은 교묘한 속임수일까? 공기로 흩어지듯 사라지는 것이나 기분이 손바닥 뒤집듯 변하는 것은 당연한 것일까? 당신은 누군가에게 매력을 느낄 때 어떻게 행동하는가? 그 충동이 잠잠해지기를 기다리는가, 아니면 과감하게 뛰어드는가? 모든 쌍둥이자리 에너지가 그렇듯 여기에도 두 가지 이야기가 있다.

한 측면의 당신은 상실을 예민하게 받아들여서, 그 불안 때문에 관계에 몰입하지 않을 수 있다. 그러나 다른 한편의 당신은 깊은 마음속에서 더 강한 연결을 바라기도 한다. 그러므로 불안과 걱정을 말로 표현하고, 기대만 하는 것이 아니라 적극적으로 관계에 참여해야 한다. 그러면 마음의 평화를 찾을 수 있을 것이다. 공황에 쉽게 빠지는 당신에게는 호흡이 간단한 치유법이 될 수 있다. 호흡에 집중하면서 이완하라. 당신은 관계에 유쾌하고 젊은 에너지를 불러일으킨다. 당신이 그토록 그리워하며 찾아 헤매던 대상은 바로 당신 자신의 반쪽이다.

게자리 화성 ♂ ♋

고전 점성학에서는 화성이 염소자리에서 항진하고, 반대편에 있는 게자리에서는 약해진다고 보았다. 게자리 화성에는 다른 황도 별자리가 가진 솔직 담백함과 즉흥성이 부족하지만 끈기와 강인한 정서적 힘이 있다. 게자리 화성의 의지력은 감정에서 나온다. 행동은 주로 정서에 대한 반응인 경우가 많다. 분노나 짜증, 좌절감이 밀려오면 감정이 행동화(acting out)로 나타나기도 한다. 당신은 마음 깊은 곳에 간직한 열정을 사적인 관계에서 표현하기 어려워한다. 그러나 그 강렬한 열정은 사랑하는 사람이 위험에 처했을 때 진가를 드러낸다. 가족에게 해가 되는 상황이라든가 위험에 처한 아이나 도움이 필요한 작은 동물 앞에서는 박력과 용기가 솟구친다. 당신은 자신이 보호하는 대상을 지키기 위해 적극적으로 맞서 싸운다. 그런데 막상 누군가 당신에게 뭘 원하는지 물어본다면 몹시 당황하면서 수줍어할 것이다.

공감 능력을 타고난 당신에게는 타인의 욕구를 채워 주려는 충동이 있다. 당신은 타인을 돕는 일에 에너지가 넘치지만 자신의 욕구를 표현하기는 어려워한다. 특히 당신의 욕구가 반대에 부딪히는 상황에서는 더욱 그러하다. 남들이 당신의 욕구를 탐탁지 않아 하는 느낌을 받을 때, 당신은 자기 안으로 깊이 숨어든다. 앞으로 일어날 상처에 대비해 자신을 보호하는 것이겠지만, 이런 태도는 친밀한 관계의 가능성을 닫아 버릴 수 있다. 당신의 감정 스펙트럼은 빛과 어둠, 상냥함과 분노, 사랑과 증오를 아우른다. 그 감정들을 안에 담아 두기보다는 밖으로 표현하는 편이 낫다. 당신의 분노는 행동화로 표출되기보다 내면으로 향하는 편이다. 게자리 화성의 강인하면서도 민감한 성격은 어렵지만 매력적이다. 그런 복합적인 면 때문에 사람들은 당신에게서 매력을 느낀다. 당신은 상대를 살뜰하게 챙기고 보살피면서 아낌없는 사랑과 안식처 같은 편안함을 준다. 그래서 사람들은 당신과 함께 있을 때 안전함을 느낀다. 하지만 당신이 감정에 휩싸일 때 상대는 그 사실을 못 알아차릴 수도 있다. 그러므로 용기 내어 자신의 감정을 말해야 한다.

사자리 화성 ♂ ♌

불같은 화성은 사자자리에서 태양 빛을 받아 따뜻해진다. 그러므로 당신은 매력과 카리스마로 능숙하게 자기를 표현할 수 있다. 하지만 눈부신 후광 때문에 정작 자신의 그림자는 보기 어려워할지도 모른다. 때때로 당신은 사람들의 의견을 비판으로 받아들이거나 제안을 지적으로 오해한다. 당신은 욕망의 대상이 되고 싶어 한다. 자신은 알지 못할 수도 있지만, 당신에게는 자신도 모르는 강력한 설득력이 있다. 당신의 호소력과 매력은 가장 어려운 상대조차 무장 해제 하게 만든다. 그래서 당신은 명예와 권력을 거머쥐고 출세 가도를 달릴 수도 있다. 어떤 사람들은 당신의 매력에 반하고 개중에는 당신이 모르는 사이에 마음에 상처를 받는 이도 있다. 그것은 오히려 당신의 거만하고 완고한 구석을 부추기면서 개인 관계에 갈등을 일으킬 수 있다.

당신은 누군가를 갈망할 때 이야기 속 영웅이나 주인공이 되어 화려한 무대를 누빈다. 그것은 저항할 수 없을 정도로 매력적이다. 하지만 무대에는 조명이 꺼지고 커튼이 닫히는 순간이 오기 마련이다. 당신의 가슴속 불은 격렬하지는 않지만 고요하게 꾸준히 타오른다. 당신의 열정과 욕망은 일관적이다. 당신은 사람들과 어울려 노는 것을 좋아하지만, 사랑하는 사람들에게 더없이 충실하다. 관계에 재미와 재능, 따뜻함을 불어넣는 당신에게 상대는 신의와 인정으로 화답한다. 그리스인들은 그것을 필리아, 즉 타인의 얼굴을 통해 자기를 인식하고 놀이 같은 자각으로 사랑과 우정을 일으키는 품성으로 여겼다.

처녀자리 화성 ♂ ♍

처녀자리에 강력한 전쟁의 신이 있다는 것은 신중하고 변별적인 에너지 집중 방식을 암시한다. 당신은 열정과 노력을 쏟기 전에 상황을 분석한다. 준비가 철저한 당신은 야무지고 비판적이다. 또한 매일매일의 일과와 안녕에 최선을 다한다. 그러나 그런 성격은 사적인 관계에서 그다지 효율적이지 않을 수도 있다. 불행히도 당신의 예상과 달리 사람들은 별로 체계적, 합리적, 조직적이지 않기 때문이다. 좋은 소식은 그 불완전함 때문에 개선의 여지가 많다는 점이다. 바로 처녀자리 화성이 작동하는 지점이다. 당신은 고장 난 것을 고치고 문제를 분석하고 가설에 이의를 제기하는 데 최적화된 사람이다. 그러므로 파트너가 아닌 관계에 작업의 초점을 맞추는 것이 중요하다. 당신은 친한 사람들이 나이가 들수록 개선되면서 당신이 짠 인생 계획에 딱 맞아떨어지기를 바란다. 그리고 모든 것이 당신의 계획대로 잘 흘러가고 있는지 확인하고 싶어 한다. 그런데 안타깝게도 관계는 당신의 준비대로 흘러가기보다 혼란에 빠질 때가 더 많다.

일과 웰빙, 생활 방식에 전념하는 당신은 자신이 꾸린 일상을 즐길 자격이 있다. 영혼의 단짝들과 함께 건강한 식이 요법과 하루 일과, 생활 방식을 공유하는 것은 당신에게 자극과 흥분을 준다. 낮 동안은 물리적으로 떨어져 있더라도 일과 후에 당신의 곁에서 이야기를 들어 주고 이해해 주는 사람과 삶의 고락을 나누고 싶어 한다. 당신은 완벽을 추구하며, 혼자 있는 것도 꽤 편안해한다. 그런데 실제로 당신은 친밀한 관계를 위해 꽤 오랫동안 연습해 왔을 것이다. 세속적인 처녀자리에 화성이 있는 당신은 자신의 관능적인 측면과 억눌린 열정을 친밀한 관계에서 발현한다.

천칭자리 화성 ♂ ♎

금성이 지배하는 천칭자리에서 화성의 욕망은 타인의 욕구와 가치로부터 영향을 받는다. 타인의 행동이 필터처럼 당신의 동기를 걸러내기 때문에 당신은 종종 자신이 원하는 것을 확신하지 못한다. 타인의 행동이 필터처럼 당신의 동기를 걸러 내기 때문이다. 당신의 모호한 태도는 다른 사람들, 특히 원하는 것이 분명한 사람에게 혼란을 준다. 사적인 개입이 없을 때, 당신은 능숙하게 사람들을 중재하고 화해시킬 수 있다. 그러나 당신이 좋아하는 특별한 사람과 욕구가 상충할 때는 자신이 원하는 것을 주장하기 힘들어한다. 고전 점성학에서 화성은 천칭자리에서 디트리먼트한다. 그래서 자기중심적인 화성의 행동 욕구는 회유하는 성격으로 누그러진다. 당신은 평화와 균형, 공정성을 욕망한다.

아마 당신 곁의 사랑하는 사람들은 당신이 적 앞에서 더 매력적이라며 불평할 것이다. 당신의 마음속에는 '친구는 가깝게, 적은 더 가까이'라는 속담이 새겨져 있다. 불쾌한 상황에 직면할 때, 당신은 과감한 조치보다 유쾌한 해결책을 찾으려 노력한다. 따라서 관계에서 단호해져야 할 때조차도 소극적으로 행동할 수 있다. 예를 들어 약속 시간에 늦는다든가 당신의 관심을 끌려고 애쓰는 사람들에게 무대응하는 식으로 분노를 표현할 수 있다. 불쾌한 정서적 진실을 마주하기 힘들어하는 당신은 결국 단절감을 느낀다. 그러나 타인이 원하는 것을 먼저 알아차리는 능력 덕분에 당신과 관계를 맺은 사람들에게 큰 만족감을 준다. 당신은 사귀는 사람이 어떤 옷을 좋아하고 어디를 가고 싶고 무엇을 하고 싶어 하는지 너무나도 잘 안다. 자신이 욕구에는 갈팡질팡하지만 상대방이 원하는 것은 분명하게 이해한다. 그리고 여기에 바로 구원이 있다. 관계를 갈망하는 당신은 배려심 많고 사려 깊은 낭만적인 파트너가 되고자 노력한다. 다만 좀 더 직접적으로 말하고 행동하는 법을 배우는 것이 좋다.

전갈자리 화성 ♂ ♏

전갈자리에서 화성은 지배 행성으로서 더 높이로 솟아오르고 더 깊이 탐색한다. 이는 곧 관계에서의 강력한 사랑과 강렬한 욕망을 암시한다. 전갈자리 화성은 화를 잘 내는 편은 아니지만 신뢰가 깨질 때만큼은 복수심에 불타오르는 경향이 있다고 한다. 신뢰는 당신에게 가장 중요한 문제다. 상처나 배신감을 느끼면 곁에 다가가지도 못하게 차가워진다. 화성의 또 다른 지배 별자리인 양자리와는 사뭇 달리 전갈자리 화성은 자신의 감정을 철저히 숨긴다. 그래서 사람들은 그의 고통과 기쁨을 거의 알아차릴 수 없다. 당신은 프라이버시가 굉장히 강하고 감정을 담아두는 편이다. 자기 감정을 숨긴다는 말을 주변에서 종종 들을지도 모른다. 특히 무언가에 집중할 때 더 그렇다. 감정을 처리하는 혼자만의 시간이 필요하기 때문인데, 그렇지 않으면 타인에게 압도당하는 느낌을 받게 된다.

관계에서 진솔하고 온전하게 깊은 감정을 나누는 당신은 파트너와 가장 밀착된 수준에서 모든 것을 공유하고 싶어 한다. 그 때문에 파트너에게도 그에 상응하는 높은 충실성을 요구한다. 감정적, 성적으로 한 사람에게 집중할 때 전갈자리 물은 미적지근하지 않고 뜨거워진다. 당신은 상대방이 자신처럼 깊은 이해심을 갖기를 기대한다. 심지어 어떤 때는 당신이 아무 말을 하지 않아도 파트너가 당신의 욕구를 직관적으로 알아주길 바란다. 그러나 모든 사람에게 당신과 같은 고요한 이해력과 미묘함을 읽는 능력이 있는 것은 아니다. 이 점을 명심해야 한다. 정서적, 성적 결합은 신뢰와 일맥상통한다. 당신에게 친밀한 관계는 신성불가침의 영역이다. 관계가 끝나면 그것으로 끝이다. 더 이상의 기회는 없다. 충분히 슬퍼하고 분노하고 실컷 울었으니 그다음은 움직일 차례다. 당신은 관계에 정서적으로 헌신할 때 100% 에너지를 쏟는다. 사랑은 물론 자기의 모든 자원이 담긴 보물 상자를 기꺼이 파트너와 나누고자 한다. 그러나 당신의 사랑은 일방통행이 아니라서 관계에 투자한 만큼 돌려받기를 원한다. 관계에서 진실하고 정직한 당신은 당신의 열정과 신뢰에 대한 마땅한 보답을 기대하는 것뿐이다.

사수자리 화성 ♂ ♐

사수자리 화성은 성질 급한 궁수나 소총수로 비유할 수 있다. 당신의 제2의 본성은 직설적이고 대립하는 것을 좋아한다. 그러나 어려움에 당면할 때 멀리 내다보는 당신은 개인적인 의도와 반응 너머에 있는 핵심과 진실에 도달한다. 흔히들 '진실은 아프다'라고 말한다. 당신은 천성이 충동적이지만 조금만 사리 분별을 배운다면 더 현명해질 것이다. 사실 당신은 흥분과 모험심, 따뜻함과 관대함, 낙관주의로 상호 관계를 환하게 비춘다. 또한 당신은 타고난 탐험가로서 학문을 배우고 타 문화를 경험하는 데 굉장히 열정적이다. 당신은 지평선 저 멀리 부름을 받은 사람이다. 그러므로 관계 영역에서는 파트너와 연결되면서도 자유롭고 충동적인 삶을 추구할 수 있는 방법을 찾아야 한다.

당신은 생기가 넘치는 사람이다. 그래서 당신의 기분 역시 생기를 통해 바로 드러난다. 갇힌 느낌이 들 때 당신은 금방 무기력해지고 우울해진다. 또한 당신은 자기 입장을 합리화하는 경향이 있는데, 앞으로 나아가 용감하게 자신을 표현해야 한다. 에너지를 확장할수록 더 많은 것을 얻을 것이다. 개인적인 관계에서도 마찬가지다. 평가와 판단에 대한 두려움 없이 넘치는 에너지를 자유롭게 표현해야 한다. 자극과 다양성을 좋아하는 당신은 파트너도 자신처럼 개방적이길 바란다. 관계에 엄청난 활력과 흥분을 가져다주는 당신은 그 보답으로 인생의 의미를 함께 나눌 동반자를 필요로 한다. 이렇듯 사수자리 화성 관계의 핵심에는 사랑하는 사람들과 인생 여정과 종교적, 철학적 탐구를 함께 나누고자 하는 욕구가 자리 잡고 있다.

염소자리 화성 ♂ ♑

염소자리 화성은 자기 인생의 주도권을 위해 고군분투한다. 염소자리에서 항진하는 화성에는 성공에 대한 굳은 결의와 의지력, 뚝심, 전념 등이 더해진다. 염소자리의 룰러인 토성은 당신이 갈망하는 것에 노련한 지혜와 경험을 부여한다. 어린 시절에는 그것이 어렵게 느껴질 수도 있지만, 성인이 되면 야망에 집중할 수 있는 여력과 기회가 생긴다. 당신의 이런 성격은 직업 생활에 필요한 귀중한 자질이다. 그런데 사적인 영역에서는 어떨까? 사생활에서 당신은 어떤 방식으로 욕망을 표현하는가? 어쩌면 당신은 파트너를 선택할 때도 자신의 직업적 목표에 도움이 되는 관계인지 계산할 것이다. 아니면 상대방이 당신을 존재 자체로 존중해 준다는 확신이 들 때까지 상황을 지켜보면서 뜸들어 기다릴 수도 있다. 당신과 친밀한 관계에 있는 사람들은 통제와 공유 사이에서 아슬아슬한 곡예를 하는 당신의 권위주의적인 성격이 불만일지도 모른다.

당신은 일에 최선을 다한다. 그런데 때로는 인간적인 나약함과 비합리적이고 감정적인 부분을 이해하는 여유도 필요한 법이다. 특히 사적인 관계에서는 어느 시점에든 나타날 수 있는 이슈이기 때문이다. 열심히 일하고 성취를 추구하는 당신은 사랑하는 사람들과 한 배에 타고 싶어 한다. 파트너와 같은 직업군에서 일하거나 동업을 시작할 가능성도 있다. 한편으로는 직업적 성공에 대한 갈망과 관계에서의 책임이 서로 충돌할 때가 있다. 그러므로 바쁜 생활에서 여러 요구 사항을 충족하게끔 시간 관리가 꼭 필요하다. 당신의 현실적인 지혜와 품위는 관계에서 빛을 발한다. 그런 당신은 함께 목표와 야망을 나눌 사람을 찾는다.

물병자리 화성 ♂ ♒

물병자리 화성인은 높은 이상과 인도주의적인 관심사와 이타적인 결과에 동기 부여를 받는다. 당신은 비일상적인 것과 최첨단에 열광하지만, 한편으로는 상당히 고정된 의견과 생각을 갖고 있다. 당신은 주로 공통 관심사와 프로젝트를 통해 사람들을 만난다. 그러면서 혁신적인 접근 방식으로 사람들과 중요한 프로젝트를 맡곤 한다. 또는 그런 일을 추구할 수 있다. 그런데 공적인 관계가 개인적인 관계가 된다면, 또는 지인이 소울메이트가 된다면 어떻게 할 것인가?

당신에게 개인적인 사랑은 단순한 감정 이상의 이상적인 것이다. 고대 그리스인들은 인간적 감정에 구속되지 않는 범인류적 사랑을 아가페라는 개념으로 설명했다. 물병자리 화성인들은 종종 개인적인 감정을 합리화되거나 개념화한다. 그런데 당신이 분리와 개별성으로 여기는 것을 상대 파트너는 정서적 거리로 느낄 수 있다. 당신의 명료한 정서는 사실 진실한 욕망이라기보다 친밀감에 대한 방어일지도 모른다. 당신의 관계 학습 곡선은 친밀한 관계에서 독립과 자유에 대한 욕구를 유지하는 것과 관련이 있다. 그러나 자유에 대한 갈망과 누군가에 대한 열정 사이의 딜레마는 당신과 친밀한 대상에게 좌절을 안겨 줄 수도 있다. 당신은 자신만의 일을 마음껏 탐색하고 실행할 수 있는 자유가 필요하다. 따라서 자유 그 자체야말로 관계에 머무는 충분한 동기가 된다. 자유롭게 드나들 수 있는 뒷문 하나만 있다면 떠날 이유가 없다.

물고기자리 화성 ♂ ♓

영적인 전사 또는 자애로운 운동선수의 원형을 떠올리게 하는 물고기자리 화성은 영성과 감수성, 공감에 의해 움직인다. 당신은 무용수나 펜싱 선수처럼 우아한 몸짓을 표현할 수 있으며, 사람들을 돕는 자원봉사자가 되거나 영적이고 창의적인 지도자가 될 수도 있다. 인류와 인간사에 대한 자신만의 깊은 이해심을 가진 당신은 불우한 처지에 있는 사람들을 돕기 위해 기꺼이 손을 뻗는다. 그러다 보니 정작 당신의 욕망은 자선과 연민의 바닷속 깊이 잠겨버리곤 한다. 그러므로 사랑과 배려심을 가지면서도 자신의 개인적인 욕구를 확고히 지키는 것이 당신의 숙제다. 타인에게 쉽게 압도되거나 영향을 받는 당신은 자기 욕구와 목표를 희생할 때가 많다. 낭만적이고 상냥하고 이상주의적인 면이 당신의 매력이긴 하지만, 그 이타적 자기희생에 스스로 사로잡힐 가능성도 크다. 이기심을 내려놓으려는 노력은 영적으로 훌륭한 목표이긴 하지만, 우리는 깊은 감정과 욕구를 가진 인간이기도 하다. 당신의 영적 추구는 개인적인 욕구와 충동을 약하게 만든다. 어쩌면 스스로 영적 수행 중이라고 생각할지도 모르겠다.

물고기자리 화성은 능동성과 수동성의 조합이다. 그래서 당신은 욕구 실현에 수동적인 모습을 보이거나 열정을 아예 포기해 버리거나 미숙한 방식으로 열정을 추구할 수 있다. 당신은 분노 표현과 갈등을 힘들어한다. 상대방을 너무 빨리 용서해 버리고 마음의 불일치를 영적으로 승화하거나, 때로는 그러한 일이 일어났다는 사실을 아예 잊으려고 애쓴다. 그러나 당신의 억압된 분노는 사랑하는 사람들과의 연결 고리를 천천히 해체해 버릴 수도 있다. 또한 친밀한 관계에서 모호한 경계 때문에 이용당하거나 보상받지 못하는 느낌을 받기도 한다. 경계 설정은 당신에게 결코 쉬운 일이 아니다. 하지만 그 경계가 로맨스와 열정으로 가득한 당신의 내면세계에서 출구를 찾는 데 도움을 줄 것이다. 관계에 시적인 낭만과 다양성, 영성을 불어넣는 당신은 타인과 창의적으로 몰입하는 관계를 꿈꾼다.

4장

사랑의 모습: 금성과 화성의 어스펙트

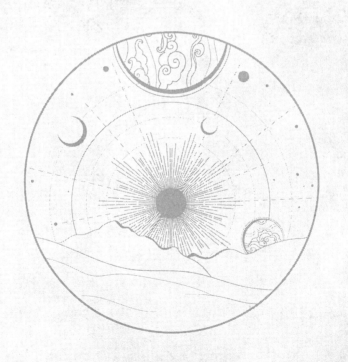

어스펙트(aspect)는 점성학의 핵심 요소다. 어스펙트의 고어에는 '~에 관한' 또는 '보이는'이라는 의미가 있다. 라틴어 어원으로는 '보다'라는 뜻이다. 한편 점성학에서 어스펙트는 한 행성이 어떤 모습으로 보이는지를 의미한다. 따라서 우리는 행성들이 서로를 어떤 식으로 바라보는지 상상해 볼 수 있다. 서로 바라보는 행성 원형들의 본성과 상태를 살펴보면 그 상호 작용이 도움이 되는지 아닌지 판단할 수 있다. 원만한 어스펙트나 구조가 있는 한편 매우 힘든 어스펙트도 있다. 그리스어 문법 전통에서는 동사를 진행형이나 완료형으로만 나타냈다. 이러한 범주를 어스펙트라고 하는데, 상황을 시간적 요소로 분류해 바라보는 색다른 방식이었다. 헬레니즘 점성가는 어스펙트에 대해 행성 간의 대화가 진행 중이거나 완료되거나 그 사이에서 왔다 갔다 하는 것 등을 상상했을 것이다.

어스펙트는 행성이나 포인트 또는 앵글 사이의 천체 경도를 측정한 기하학적 거리를 일컫는다. 중세 및 현대 점성학에서는 특정 수학적 거리(기하학적 구분, 예: 90°, 120°)를 '어스펙트'로 간주한다. 때로는 별자리만 가지고도 어스펙트를 알 수 있다. 하지만 일반적으로 어스펙트는 정의된 오브(orb) 내에서 형성된다(예: 95°는 90° 어스펙트의 오브 내에 포함된다).

두 행성의 어스펙트는 각 행성이 주기에 따라 운행하는 중 특정 순간에 서로 형성한 각도를 의미한다. 따라서 어스펙트는 행성 주기의 시작과 중간, 끝을 울리는 자연스러운 삶의 음색과 같다. 우리는 두 행성의 어스펙트를 두 원형적 존재가 나누는 대화라고 생각해 볼 수 있다. 어스펙트는 에로틱하다. 두 행성이 자신의 주기 중 어떤 진화의 순간에 마주보거나 소통할 때 그들의 원형 이미지가 창조적인 힘으로 한데 뒤섞이기 때문이다. 어스펙트는 상호 작용을 일으키므로 관계 점성학에서는 어스펙트를 매우 중요하게 다룬다. 차트 비교에서 파트너 차트 간의 상호 어스펙트는 관계의 정신을 나타내며, 컴퍼짓 차트의 어스펙트는 커플이 함께할 때의 가능성을 구체적으로 알려 준다.

네이탈 차트의 어스펙트는 관계 점성학에서 생명을 얻는다. 파트너는 외부 세계에 존재하는 타인이자 우리 내면의 원형적 기질을 목도하는 증인이기도 한다. 파트너는 우리와 비슷한 역동을 가지고 있어서 우리의 기질을 알아본다. 상대방의 행성 에너지가 우리의 어스펙트를 자극하면 관계에서 해당 영역이 점화된다. 점성학 관계 분석은 커플이 결합하는 영역과 분리하는 영역을 시각적으로 보여 주기 때문에 호소력이 있다.

사랑의 얼굴- 고대 그리스의 분류

다양한 사랑 원형을 점성학적으로 알아보기 위해 옛 그리스인들이 구분한 사랑의 종류를 살펴보도록 하자. "사랑해"라는 말에는 생각보다 많은 의미가 내포되어 있다. 우리는 부모, 자녀, 친구, 놀이 친구, 연인, 심지어는 무생물에도 사랑한다는 말을 할 수 있다. 우리는 미묘한 단서와 사회적 관행, 상식 등에 의존해 사랑을 파악하려 한다. 앞서 살펴본 에로스는 원시 신화시대에 최초로 의인화된 사랑이었다. 옛 그리스인들이 구분한 사랑의 얼굴은 대개 4~6개 유형으로 분류된다. 각 단어는 사랑의 독특한 뉘앙스를 상징하는데, 이런 미묘한 차이를 점성학적 사고방식에 어떻게 적용할 것인지 각자 고민해 보도록 하자.

에로스(Eros)는 흔히 성적 열정과 욕망으로 생각할 수 있다. 우리의 본능적이고 야생적인 부분에 불을 붙이는 사랑의 힘이다. 그것은 강력한 육체적, 정서적 반응을 수반하는 압도적인 열정으로서 자칫 우리의 신중하고 합리적인 사고 기능을 무력하게 할 수 있다. 관능적이고 성적인 사랑이 늘 정신을 배제하는 것은 아니다. 에로스는 신성을 일깨우는 매개가 될 수도 있다. 에로스는 원시적이고 신성하다. 에로스의 인간 대리자로서 우리는 열정을 통해 깊은 친밀한 사랑을 찾는다. 그 열정이 성적이든 영적이든 둘 다든 말이다. 에로틱 러브가 항상 성에 바탕을 두는 것은 아니다. 그것은 우리 내면의 본능적 자기, 즉 깊숙한 곳의 내밀한 영혼을 각성하는 데 중심을 둔다. 에로스는 신성함으로 두 파트너를 묶는 친밀한 사랑이다.

플라토닉(Platonic)- 플라톤의 심포지엄에서 에로스는 아름다움과 영적 진리를 이해하는 데 중요한 역할을 한다. 따라서 플라토닉 러브는 깊고 신성한 사랑을 상징한다.

에피투미아(Ephithumia)- 에피투미아라는 단어는 에로틱한 사랑의 열정, 욕망을 의미한다. 갈망과 정욕은 에로스의 일부 측면이지 그것의 전체 스펙트럼은 아니다.

아가페(Agape)- 이기심 없는 사랑을 말한다. 타인에 대한 범우주적인 사랑이자 연민의 형태 또는 신과 인간 사이의 사랑으로 표현된다. 그리스어로 묘사할 수 있는 가장 고귀한 사랑을 일컫는 단어다. 아가페는 이타적이다. 개인적인 관계에서 아가페 사랑은 관대하고 희생적이며 타인을 위해 자신을 내어 줄 때 행복을 느낀다. 또한 상대방을 깊이 배려하는 사랑으로서 인내하고 용서하고 이해한다. 라틴어로는 카리타스(caritas)라 불린다.

필리아(Philia)- 그리스에서 깊은 우정의 사랑으로 영예를 받았다. 우리는 가장 가까운 친구와 동료들과 함께 있을 때 어떤 판단이나 수치심 없이 깊은 영혼을 드러낼 수 있다. 사랑하는 이와의 동지애, 충성심, 희생적인 명예로운 사랑을 필리아라고 한다. 필리아는 서로 나누고 받는 상호적 사랑이다. 자매애, 형제애를 뜻하기도 하는 필리아는 우애의 도시 필라델피아에서 유래한다.

필라우티아(Philautia)- 자기애를 뜻한다. 그리스인들은 물에 비친 자기 모습에 반한 소년 나르키소스 신화를 통해 자기애의 한 부분인 나르시시즘을 설명했다. 그러나 건강한 자기애는 거리낌 없이 자유롭게 사랑하는 능력을 함양한다.

루두스(Ludus)- 라틴어 단어 루두스는 게임이나 놀이를 지칭한다. 연애 관계에서 사용될 때는 장난스러운 사랑을 의미한다. 좋아하는 상대에 대한 짓궂은 놀림이나 치근댐 등 청춘의 사랑에서 흔히 나타난다.

스토르게(Storge)- 우정, 친숙함, 공통 관심사 및 관계에 대한 전념에 기반한 사랑이다. 가족적인 사랑 또는 실용적인 관계를 말한다.

프라그마(pragma)- '실용적(pragmatic)'의 어원인 프라그마는 관계 맥락에서 타협과 관용에 기반한 장기간의 사랑을 암시한다. 꼭 낭만적이지는 않지만 공유 가치를 기반으로 공동 목표에 초점을 맞춘 실용적인 사랑을 뜻한다. 커플이 관계에서 임무를 다하기 위해 수년간 서로의 자원과 기술, 재능을 한데 모아 협동한 후에야 경험할 수 있는 사랑이다.

어스펙트: 행성들의 관계

모든 어스펙트가 중요하지만, 관계 점성학에서는 컨정션과 어퍼지션을 제일 중요하게 본다. 왜냐하면 제1하모닉[1]과 제2하모닉을 상징하기 때문이다. 이 두 하모닉은 결합·일원성 및 분리·이원성을 의미하면서 모든 관계의 기반을 뒷받침한다.

프톨레미 어스펙트 및 그 이후의 어스펙트

점성학의 전통적인 5대 어스펙트는 프톨레미 어스펙트로도 알려져 있다. 같은 원소 별자리끼리의 어스펙트인 삼궁(triplicity), 또는 모드로 묶이는 사궁(quadruplicates)에 기반을 둔다. 프톨레미는 어스펙트를 하모닉에 비유했다. 프톨레미 어스펙트는 컨정션(0°), 어퍼지션(180°), 트라인(120°), 스퀘어 (90°) 및 섹스타일(60°) 등 5대 메이저 어스펙트로 이루어져 있다.

---

[1] 하모닉(harmonic): 천궁도에 존재하는 공명 원리를 기반으로 하며, 어스펙트를 원의 일부로 간주한다. 전체 12궁(360°)을 기본음으로 제1하모닉이라고 한다. 따라서 트라인 어스펙트(120°)는 원의 1/3이므로 제3하모닉, 스퀘어는 원의 1/4이므로 제4하모닉이다.

독일 천문학자 요하네스 칼퍼는 하모닉 이론을 사용해 퀸타일(quintile, 72°), 바이퀸타일(bi-quintile, 144°), 세스퀴쿼드레잇(sesqui-quadrate, 135°) 등의 새로운 어스펙트를 소개했다. 이후 윌리엄 릴리를 선두로 한 점성학자들은 비진타일(vigintile, 18°), 세미섹스타일(semisextile, 30°), 세미퀸타일(semiquintile) 또는 디사일(decile, 36°), 노바일(novile, 40°), 세미스퀘어(semisquare, 45°), 셉타일(septile, 51.43°), 세스퀴퀸타일(sesqui-quintile, 108°), 퀸컹스(quincunx, 150°) 등 다양한 어스펙트를 제안했다.

이 책에서 필자는 프톨레미의 5대 어스펙트와 더불어 현대 어스펙트 중 관계에서 중요한 퀸컹스 어스펙트를 주로 사용하고 있다. 프톨레미의 5대 어스펙트 중 컨정선은 중립적, 스퀘어와 어퍼짓은 복합적, 섹스타일과 트라인은 이로운 에너지로 간주할 수 있다. 현대 점성학에서 스퀘어와 어퍼짓은 대개 도전적이거나 어려운 어스펙트로, 섹스타일과 트라인은 비교적 쉽고 순조로운 어스펙트로 알려져 있다. 그러나 어스펙트와 관련된 행성의 특성도 고려해야 한다. 예를 들어 목성-태양은 토성-태양과는 매우 다른 방식으로 서로를 마주 볼 것이다. 어스펙트가 무엇이든 간에 두 행성의 관계는 그 행성 원형의 상성에 따라 다른 정보를 줄 것이다. 그러므로 충분히 고려하고 검토하기 전까지는 어스펙트의 본질을 성급하게 판단하지 않는 것이 현명하다.

퀸컹스(Quincunx)- 인식과 재연결

퀸컹스는 세미 섹스타일과 함께 인컨정트(inconjunct)로 분류된다. 라틴어가 어원인 인컨정트는 문자 그대로 '결합되지 않음'을 의미한다. 즉, 연결되지 않는 어스펙트다. 고전 점성학에서 퀸컹스는 5대 고전 어스펙트와 달리 어센던트-디센던트 축과 연결되지 않는 것으로 여겨졌다. 어스펙트란 시각적으로 보이는 선 내지는 타인에게 보이는 측면을 상징하므로 퀸컹스는 타인이 보지 못하거나 잘못 읽을 수 있는 원형 에너지를 드러낸다. 파트너는 평소와 다른 관점을 취해야 그것을 볼 수 있다. 그러므로 관계 점성학에서 퀸컹스는 우리의 시각을 조정해야 하는 곳을 알려 준다. 그럼으로써 우리는 타인을 더 명확하게 볼 수 있다. 행성 원형의 조합이 언뜻 보기엔 불행하거나 부정적일지도 모른다. 그러나 다른 관점에서 보면 그 어스펙트와 얽힌 행성 간의 잠재적인 친화력을 발견할 수 있을 것이다.

메이저(Major), 마이너(Minor) 및 오브(Orbs)의 우선순위 지정

현대 점성학에서는 수많은 어스펙트가 있다. 어스펙트 사용에 관해서는 신뢰할 수 있는 논리적인 접근 방식을 취하는 것이 좋다. 어스펙트는 크게 메이저와 마이너로 구분할 수 있다. 오브에 대해서도 굉장히 다양한 관점이 있기 때문에 오브를 어떻게 적용할지 충분히 고려해야 한다. 가장 중요한 것은 엄격성이 아니라 일관성이다. 각각의 천궁도마다 독특한 조건을 보이기 때문이다. 관계 점성학에서는 두 개의 출생 천궁도를 비교하고 결합하는 것은 물론이고, 여기에 프로그레션과 트랜짓을 적용하기도 한다. 따라서 한 개의 네이탈 차트를 분석할 때보다 정보량이 극적으로 증가한다. 그러므로 사용하는 어스펙트의 우선순위를 결정하고 어떤 행성 어스펙트가 가장 중요한지 평가하는 방법을 개발해야 한다. 필자는 세미- 어스펙트와 세스퀴쿼드레잇에 주목할 가치가 있다는 것을 발견했다. 그러나 생성되는 정보량이 지나치게 증가하는 것을 제어하기 위해 프톨레미 어스펙트와 퀸컹스만 사용하고 있다.

어스펙트	정확한 각도	오브
컨정션	0°	+/-10°
어퍼지션	180°	+/-10°
트라인	120°	+/-8°
스퀘어	90°	+/-8°
섹스타일	60°	+/-6°
퀸컹스	150°	+/-5°

상호 어스펙트는 두 개인의 관계를 볼 때 핵심적인 요소다. 그들이 파트너의 해당 측면을 바라보고 받아들이는 방식을 상징하기 때문이다. 점성학은 두 사람이 공유하는 별자리와 특징을 통해 두 천궁도 간의 동시성을 보여 준다. 관계 점성학에서 어스펙트가 상대방에 의해 어떻게 촉발되는지 다음 사례를 통해 알아보도록 하자. 그다음 금성과 화성 어스펙트의 잠재적인 특징을 살펴볼 것이다.

사례- 휘트니 휴스턴과 바비 브라운

　휘트니 휴스턴의 6 하우스에는 사자자리 태양-금성 컨정선이 있다. 그것은 12 하우스 물병자리 토성에 어퍼지션하며, 세 행성 모두 8 하우스 전갈자리 해왕성과 스퀘어한다.

　세 개 이상의 행성이 어스펙트를 맺으면 어스펙트 패턴이 형성된다. 휘트니의 경우, 네 개의 행성이 해왕성을 정점으로 T-스퀘어 패턴을 형성한다. 금성-토성 어퍼지션은 권위와 통제에 대한 취약성이나 자기 비판적이고 완벽주의적인 성격적 측면, 또는 자기 훈련과 전통적 가치에 대한 잠재적 특성으로 이해할 수 있다. 토성-해왕성 스퀘어는 휘트니의 확고한 경계와 자제력을 강력하게 시험한다. 태양-금성에 해왕성의 스퀘어는 창의력과 황홀한 매력, 이상주의를 촉진한다. 태양은 아버지를 상징하기도 한다. 휘트니의 아버지는 연예 매니지먼트의 대표였다. 따라서 그녀는 태어날 때부터 타고난 태양의 퍼포머 기질은 물론, 노래와 연기에 익숙한 가정 환경을 부여받을 수 있었다. 아버지와의 관계는 해왕성과 토성의 원형적인 격차를 반영한다. 그러면서 아버지에게 거절당하는 느낌과 사랑받는 느낌 사이를 왔다 갔다 할 수 있다. 이 어스펙트에는 금성이 포함되므로 해당 어스펙트 패턴의 주제는 성인 애착과 사랑 관계에서 다시 반복될 것이다.

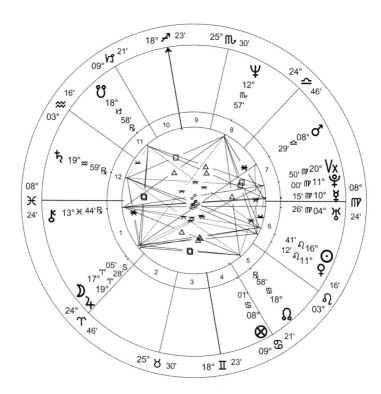

휘트니 휴스턴, 1963년 8월 9일 오후 8시 55분, 미국 뉴저지주 뉴어크

　오프라 윈프리와의 한 인터뷰에서 휴스턴은 남편 바비 브라운과의 복
잡한 관계가 중독과 통제로 점철되어 있었다고 묘사했다. 그것은 토성
(통제)과 해왕성(중독)의 원형 사이를 왔다 갔다 하는 관계 역동을 입증한
다. 그들의 관계는 열정과 존중, 공통의 창의성으로 시작되었지만, 이것
은 마약 중독과 거절, 통제의 주제 또한 아우른다. 인터뷰에서 휘트니는
자신의 인기와 명성이 관계를 압도하는 것에 바비가 매우 힘들어했으며
그의 권위적이고 지배적인 반응을 불러왔다고 고백했다.
　바비의 양자리 토성은 휘트니의 자신감 있고 카리스마 넘치는 달-목성 컨정선을 제어한다. 성인의 관점에서 바비와의 관계는 휘트니의 네이탈 차트 T-스퀘어에 있는 상반되는 욕구들을 드러내는 수단이 되었다. 우연의 일치로 휘트니의 태양과 바비의 태양은 정확히 어퍼지션한다. 그리고 그녀의 해왕성은 바비의 미드헤븐을 컨정선한다. 두 차트 사이에 중첩된 어스펙트는 패턴을 촉발하기에 충분했다.

바비의 천칭자리 목성-천왕성 컨정선은 금성과 어퍼지션한다. 자유를 사랑하는 두 행성이 금성과 '관련'되면 여행과 자유, 분리 및 유기 이슈가 관계에서 대두한다. 휘트니의 천칭자리 화성은 이 어퍼지션 어스펙트에 열정과 집착으로 불을 지폈다.

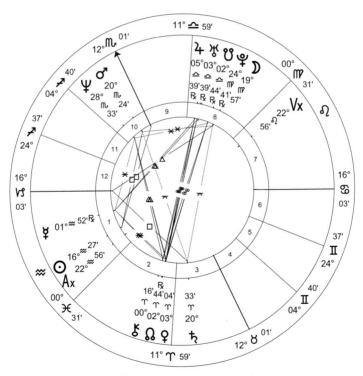

바비 브라운, 1969년 2월 5일 오전 5시 21분, 미국 매사추세츠주 보스턴

금성과 화성을 다른 행성들이 '바라보는' 방식은 성인 애착의 핵심 어스펙트가 된다. 특히 사랑과 연결, 욕망, 열정이 자극되는 애정 관계에서는 더욱 그러하다. 어떤 행성이 금성이나 화성과 강한 어스펙트를 맺으면 사랑과 애착의 주제가 성인 관계에서 활성화된다. 금성, 화성의 원형적 반향과 어스펙트 안에서 에로스가 살아나는 것이다.

사랑의 모습: 금성, 화성의 어스펙트

금성과 화성에 대한 행성 관계를 연구하기 전에 두 행성의 어스펙트 특징을 살펴보도록 하자.

금성-화성 ♀♂

신화 속 연인인 금성과 화성이 서로 어스펙트하면 창조적으로든 성적으로든 개인적으로든 에로스를 표현하려는 강력한 추동이 생겨난다. 아름다움에 대한 추구 및 퍼포먼스나 생산을 통한 쾌락 등으로 창조성이 발현된다. 이 조합은 성격이나 예술 형식·또는 관계를 통해 나타나는 자석 같은 매력을 암시한다. 또한 인간 경험의 두 가지 근본적인 힘, 즉 연결에 대한 열망과 독립의 추동을 결합한다. 이는 열정적인 연애에서 애증에 이르기까지 다양하게 나타날 수 있다.

금성-화성 어스펙트가 관계에서 나타날 때는 넘치는 열정과 쾌락과 흥분이 일어난다. 특히 낭만적인 관계일 경우, 육체적, 정서적인 모험과 탐색으로 이어지는 열정적인 관계를 암시한다. 성적 욕망, 헌신, 질투 및 분노 이슈 등이 관계에서 특징적으로 나타난다. 금성과 화성은 남녀의 원형적인 전투를 유발한다. 융 학파 용어로 말하자면 아니마와 아니무스의 만남이다. 이질적이고 낯선 반대 극성들이 관계를 맺으면서 경험하는 기쁨을 암시하기도 한다. 열정이 걷잡을 수 없을 정도로 커지거나 그것에 내재한 갈등을 다룰 수 없게 되면 강도 높은 드라마로 이어질 수 있다. 때로는 제삼자가 개입되는 상황이 벌어지기도 한다. 금성이 있는 곳에서 삼각관계는 선택 사항이다. 화성 측면에서는 관계가 더 이상 자극을 주지 않을 때 로맨틱한 삼각관계나 불륜이 일어날 수 있다. 돈 문제 역시 관계의 극적인 영역이 될 수 있다. 파트너들이 관계에서 가치를 상실하면 재정적 어려움이나 갈등이 발생한다.

휘트니 휴스턴의 사자자리 금성과 천칭자리 화성의 섹스타일을 주목하라. 바비 브라운의 천궁도에서는 금성과 화성 모두가 화성 룰러 별자리에 있다. 양자리 금성과 전갈자리 화성이 서로 세스퀴쿼드레잇(135°)이다. 그의 양자리 금성은 휘트니의 천칭자리 화성과 어퍼지션인데, 이는 둘 사이의 강한 상호 매력을 나타낸다. 이 연결은 또한 그들의 화성-금성 어스펙트에 내포된 창조적인 열정에 불을 붙인다. 바비의 아니마인 금성이 휘트니의 아니무스인 화성을 어스펙트하는 것은 열정적인 매력이 그들의 내면과 영혼의 심상을 일깨울 것을 암시한다. 바비의 양자리 금성과 휘트니의 천칭자리 화성은 둘 다 디트리먼트하기 때문에 둘의 어스펙트는 도전적이다. 그래도 둘 사이에는 팽팽한 긴장감과 자석 같은 매력이 존재한다.

금성과 화성에 대한 행성 어스펙트는 관계 분석에서 가장 중요한 사항이다. 금성이나 화성이 다른 내행성에 어스펙트할 때, 개인의 관계 패턴은 가족과 조상으로부터 내려온 패턴과 편견에 강한 영향을 받는다. 필자의 다른 저서인 『가족 유산』은 가족의 관점에서 이러한 어스펙트들을 다루고 있다. 이제 그 패턴들이 어떻게 성인 관계로 이어지는지 간단히 살펴볼 것이다. 금성, 화성이 사회행성과 맺는 어스펙트는 문화적, 세대적 배경이 관계 형성에 주는 영향을 시사한다. 그리고 금성이나 화성에 어스펙트하는 외행성은 개인의 관계 패턴에 새로운 발견을 가져온다.

달-금성 ☽♀

강력한 두 여성성 원형이 관계를 맺으면 부모의 호불호를 포함한 가족의 가치가 아이에게 강한 인상을 심어 주게 된다. 달은 의존적인 경향이 있지만 금성은 좀 더 독립적이다. 따라서 둘의 조합은 돌봄과 사랑, 공과 사, 주관적·객관적 반응 사이를 오락가락할 수 있다. 감상과 연애 감정을 혼동하기도 한다. 또한 모든 관계에서 가정과 배경이 중요한 부분이 된다. 파트너마다 지닌 가족의 가치와 전통이 다르기 때문이다. 어머니와의 관계 역시 관계 패턴에 큰 영향을 미친다. 남성의 경우에는 파트너와 어머니 사이의 삼각관계, 또는 어머니와 연인에 대한 이미지 사이에 심리적인 분열을 암시할 수도 있다. 아니면 여자들에게 인기 있는 남자를 상징하기도 한다. 그렇다면 그 남자는 파트너의 요구에 어떻게 반응하는가? 여성일 경우, 엄마처럼 연인을 돌보는 것과 독립적으로 자신을 돌보는 욕구 사이의 갈등을 암시할 수도 있다.

달-화성 ☽♂

능동성과 수동성 원칙의 불안한 조합으로 인해 불같은 감정이나 정서적 갈등이 표출될 수 있다. 화성은 욕망(desire)이고 달은 욕구(need)를 상징한다. 이질적인 두 추동이 충돌하면 개인은 불필요한 것을 추구하거나 돌봄에 공격적으로 대응할 수 있다. 관계에서 상당히 까다로운 조합이다. 자신의 욕망을 주장하고 싶은 마음과 누구에게도 해를 끼치지 않고 싶은 마음 사이의 갈등은 자칫 수동적 공격 행동으로 이어질 수 있다. 어쩌면 분노 표현을 '사랑하지 않는다'로 여기는 가정 환경에서 자랐을 수도 있다. 남성의 경우, 돌봄과 성적 감정 사이의 모호한 경계를 암시하기도 한다. 또는 자신이 돌보는 이들에게 부적절한 분노를 표출할 수 있다. 여성의 경우, 성인 관계에서 자신이 원하는 바를 분명하게 표현하면서도 여전히 사랑받는 느낌을 유지하는 법을 배우게 된다. 잘 길들이기만 하면 역경에 맞서는 힘을 가질 수 있다. 남녀를 불문하고 화성의 열정적인 불꽃에 달궈진 달의 감정은 감정 기복이나 에로틱한 감정으로 그을린 채 남는다.

책 전반에 걸쳐 인용할 또 다른 커플인 브래드 피트와 안젤리나 졸리의 차트를 살펴보도록 하자. 브래드는 염소자리 달-금성 컨정션이 있다. 이 어스펙트는 동성 결혼에 대한 공개적인 지지 문제를 놓고 갈라선 그의 어머니와 아내 사이의 고부 갈등으로 드러났다. 이 어스펙트는 아들 대 연인, 아버지 대 남편, 보호자 대 파트너 등 친밀한 관계에서 충돌할 수 있는 대립적인 역할 사이의 긴장을 상징한다. 또한 관계에서 문제 소지가 다분한 자율성 대 친밀감에 대한 역설적인 욕구를 나타낼 수도 있다.

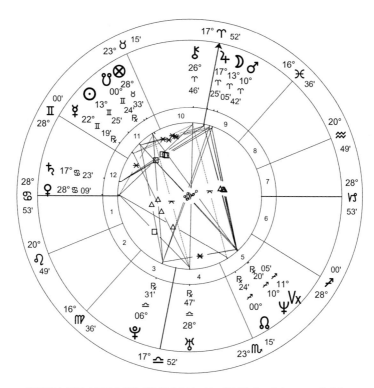

안젤리나 졸리, 1975년 6월 4일 오전 9시 9분, 미국 캘리포니아주 로스앤젤레스

　안젤리나 졸리는 양자리 달-화성 컨정션을 가지고 있다. 부모는 그녀의 첫 화성 리턴(약 2년)이 오기 전에 이혼했으며, 그녀는 아버지와 멀어지고 갈등하는 관계를 계속했다. 브래드의 금성과 안젤리나의 화성은 둘 다 달과 컨정션한다. 이는 사랑, 돌봄, 욕망, 분노와 관련된 가족 패턴이 현재의 관계로 이어질 가능성을 시사한다. 그들의 관계가 더 가까워지고 가족 중심이 될수록 과거의 변덕스러운 감정이 수면 위로 드러날 수 있다. 흥미롭게도 그들의 금성은 서로 어퍼지션인데, 화성은 서로 타이트한 스퀘어를 맺고 있다. 따라서 둘 사이의 에로틱한 연결 고리가 강

조되는 한편, 그들의 가치와 욕망은 서로 충돌하게 된다.

안젤리나와 휘트니는 모두 양자리에 낙천적인 달-목성 컨정션을 가지고 있다. 이 어스펙트에서 알 수 있듯이 두 사람 모두 역동적이고 용감하고 충실하며 당당한 어머니를 경험했다. 브래드는 안젤리나보다 12년 연상으로서 휘트니와 같은 해에 태어났다. 휘트니의 양자리 달-목성 컨정션을 억제하는 바비의 양자리 토성과 달리 브래드의 양자리 목성은 안젤리나의 달-목성에 오히려 불을 지폈을 가능성이 크다.

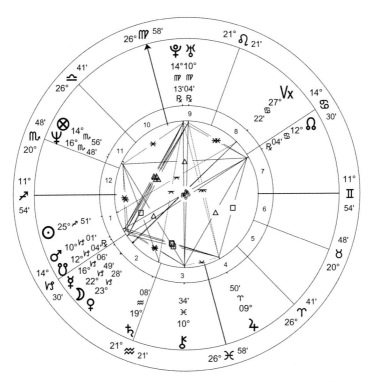

브래드 피트, 1963년 12월 18일 오전 6시 31분, 미국 오클라호마주 쇼니

태양-금성 ☉♀

금성은 태양에서 최대 48°까지 떨어질 수 있으므로 둘 사이에 가능한 어스펙트 수는 최소로 제한된다. 가능한 어스펙트는 컨정션, 세미섹스타일, 세미스퀘어뿐이다. 그중에서 물론 컨정션이 가장 강력하고 중요한 어스펙트다. 관계 패턴 측면에서는 아버지 원형의 영향력이 강하게 드러난다. 아버지의 자존감과 애정 표현은 이들의 자아 발달에 중요한 요소로 작용했을 것이다. 태양은 금성이 상징하는 관계 영역에 빛을 비추며 성인기 파트너십에서 인정받고 사랑받기를 갈망한다. 태양-금성 어스펙트가 있으면 관계에서 아름다움과 평화, 쾌락, 협력을 추구하는 것이 중요해진다.

태양-화성 ☉♂

이 두 남성성 원형이 결합하면 일반적으로 아버지와 남성성의 역할이 강조된다. 어린 시절 아버지 및 다른 남성을 표본으로 학습한 경쟁심과 모험심과 위험 감수에 대한 태도가 성인 관계에서 다시 수면 위로 드러난다. 경쟁심과 대립, 분노, 성을 건강하게 표현하는 것은 개인의 활력을 유지하는 데 필수적이다. 그러므로 성인 관계에서도 이러한 화성의 불같은 감정을 충분히 표현할 수 있는 여지가 꼭 필요하다. 물론 그러면서도 여전히 사랑과 지지를 느낄 수 있어야 한다. 파트너는 대결과 도전에 용감히 맞서야 한다. 그렇지 않다면 상대방은 서둘러 떠나 버릴 수도 있다. 이 어스펙트는 역경에 맞서는 용기를 의미한다. 여기에는 고통스러운 관계나 아무런 도움이 되지 않는 불평등한 관계를 떠나는 용기 또한 포함한다. 한편으로는 '불가능한' 관계를 떠안는 용기일 수도 있다.

수성-금성 ☿♀

수성과 금성은 지구에서 볼 때 좁은 호를 그리며 돈다. 그러므로 고려할 수 있는 가장 강력한 어스펙트는 컨정션이다. 수성-금성 컨정션의 경우 형제자매 관계 주제와 관련된 가족사가 있을 수 있다. 짝사랑이나 용납될 수 없는 사랑, 친척 간의 사랑, 사랑의 소통을 연상시키는 연애편지의 유산 등등을 고려해 볼 수 있다. 이들의 관계에서는 사랑을 전달하는 방식이 매우 중요하다. 따라서 사랑을 언어로 표현하는 욕구, 또는 미적 감각을 나누고 비슷한 가치관에 대해 대화하고자 하는 욕구가 관계의 토대가 된다. 도보 여행이든 문학이든 열띤 토론이든 상관없이 좋아하는 것을 함께 나누는 동반자 관계가 이들 관계의 핵심이다. 약삭빠른 야바위꾼 수성에게는 관계를 자극하는 반전과 역전이 꼭 필요하다.

수성-화성 ☿♂

형제자매와의 초기 상호 작용을 통해 개인의 경쟁의식과 시기심, 분노 표출 방식 등이 형성된다. 만약에 논쟁과 따지기를 잘하는 가정 분위기 속에서 자랐다면, 개인은 자기의 생각이나 의견을 침묵하는 법을 배워야 했을지도 모른다. 그 주제는 관계에서 다시 떠오른다. 성인으로서 개인적인 생각과 견해를 표현하는 방식은 아주 중요하다. 이 어스펙트는 대개 민첩하고 예민한 정신으로 나타나기 때문에 파트너십을 필요로 한다. 이들은 참지 않고 짜증을 내거나 심지어는 마음대로 화를 낼 수 있을 때 만족감을 느낀다. 관계 맥락에서 이들은 자신의 마음속에 있는 말을 밖으로 꺼내고 싶어 한다. 때로는 날카롭게 말을 하기도 하지만, 대개는 연결되고자 하는 욕구를 소통하고자 한다. 파트너 관계에서 이들은 아무도 하지 못하는 말을 꺼낼 수 있는 사람들이다. 모두가 애써 피하고자 하는 껄끄러운 주제라 할지라도 말이다.

금성-목성 ♀ ♃

금성-목성 어스펙트는 교차 문화(cross-cultural) 관점에서 관계를 본다. 이들의 관계에서는 교육, 종교, 인종 또는 사회적 경제적 지위 등의 주제가 다뤄진다. 영적 가치, 교육의 가치 및 의미 탐색이 관계에서 대두된다. 실제로 이들의 파트너는 외국인이거나 인종, 종교, 재정 상태, 교육적 배경이 전혀 다른 사람일 수도 있다. 이들에게는 이러한 문화적 차이가 에로틱하게 느껴진다. 관계를 통해 다른 방식으로 세상에 존재하는 법을 계속해 배워 나가는 것이 무척 재미있다. 관계에 내포된 교육, 종교, 언어, 신념의 주제는 사랑의 깊이와 관용 수준에 따라 두 파트너를 갈라놓거나 더 가깝게 만들 수도 있다.

목성은 신에 대한 추구와 관련이 있다. 이러한 목성-금성 어스펙트는 파트너를 선택하는 데도 영향을 미친다. 자칫 개인을 이상주의로 몰고 가면서 꿈에 그리는 파트너를 끊임없이 찾아 헤매도록 만들 수 있다. 이들은 또한 무한 긍정과 낙관적인 믿음으로 인해 관계에서 부정적인 감정을 받아들이기 어려워할 수도 있다. 만일 이들이 낯선 미지의 영역에 감사하는 마음으로 기꺼이 참여할 수 있다면 타인과의 관계를 통해 자신의 신념 체계와 생활 방식에 의문을 품고 확장해 나갈 수 있을 것이다.

화성-목성 ♂ ♃

이 어스펙트에는 두 개의 강력한 남성성 원형이 결합해 있다. 둘의 결합이 나타내는 이미지로는 모험가, 경쟁자, 선구자 등이 있다. 채널링이 필요한 어마어마한 에너지가 분출된다. 스포츠나 흥분을 고조시키는 활동, 여행 또는 야심 찬 기업 정신을 통해 그 역동성을 물리적으로 집중시킬 수 있다. 그렇지 않으면 분노로 불거져 나오기 십상이다. 원가족 내에서 학습한 분노, 좌절 및 과잉 행동 방식이 성인 관계에서 반응하는 방식에 영향을 준다. 어쩌면 '올바른 행동'과 '옳은 일 하기'를 강조하는 가족 신화가 분노와 야망을 합리화 내지 부인하는 데 선례가 되었을 수도 있다. 화성-목성 어스펙트 에너지는 쉽게 불타오르고 부풀려진다. 그렇기 때문에 가족원들이 욕망과 분노, 경쟁심, 성공 욕구 등과 같은 변덕스러운 정서를 어떻게 처리했는지, 그것이 개인의 관계 패턴에 어떤 영향을 주었는지 살펴보는 것이 좋다. 이 조합은 또한 모험과 실험에 대한 넘치는 욕구를 상징한다. 어쩌면 관계에 책임지지 않고 성적인 모험과 유희를 즐기는 것으로 나타날 수도 있다. 섹스와 관계를 충분히 실험하고 나서야 진지한 관계를 고려해 볼지도 모른다. 따라서 이 에너지를 한 관계에 집중하기 전까지는 동시에 여러 연인을 둘 가능성도 있다.

브래드와 안젤리나는 둘 다 화성-목성 어스펙트를 가지고 있다. 브래드는 염소자리 화성과 양자리 목성의 타이트한 스퀘어가 있으며, 안젤리나는 양자리 목성-화성 컨정션이 있다. 브래드는 안젤리나를 만나기 전까지 숱한 여자 관계와 여러 차례의 결혼 경험이 있었다. 안젤리나 역시 관계에 굉장히 파격적이었다. 두 차례의 결혼 이력이 있었고, 남성, 여성 애인들과 성적 염문을 뿌리기도 했었다. 안젤리나의 화성은 브래드의 목성에 1° 이내로 컨정션한다. 이 어스펙트는 그들의 파트너십에 모험심과 이타심을 부여했다. 그러나 이러한 상호 어스펙트는 이상과 현실적인 중요한 문제의 우선순위를 고려하는 데 갈등을 불러일으키기도 한다.

금성-토성 ♀♄

권위와 조건부를 상징하는 토성이 사랑을 바라볼 때, 그 조합의 결과는 사랑받지 못하는 느낌, 사랑받을 가치가 없다는 느낌, 매력적이지 않다는 느낌 등으로 나타날 수 있다. 초기 가정에서 경험한 사랑과 애정, 성, 성 역할에 대한 지배적인 관습과 태도는 이들이 느끼는 '충분함'에 강한 영향을 준다. 이들은 규율에 복종할 때만 인정받는 '조건적 사랑'을 경험하면서, 자기 자신이 아닌 성취를 통해 사랑받을 수 있다는 느낌을 갖게 된다. 여성에 대한 가족 전통이 이들의 자기 가치 발달을 방해할 수도 있는데, 이는 관계에서 친밀감이나 전념에 대한 두려움으로 나타나기도 한다. 자존감 문제, 자기비판 및 애정 표현을 둘러싼 이슈는 성인 관계로 이어진다. 그것은 관계에서 극단적인 통제로 인한 친밀감 부족으로 나타날 수 있다. 그러나 토성은 또한 시간을 지배한다. 시간이 지날수록 인내심과 노력을 통해 자존감이 향상되면서 관계도 점점 편안

해질 것이다. 두 원형의 조합은 일, 지위, 돈, 시간, 부모의 권위, 규율, 전통 및 기준 등의 주제가 관계에 개입될 가능성을 암시한다. 인생 초기에는 사랑과 사회적 성취가 얽혀 있을 수도 있다. 하지만 성인기에는 서로에게 힘이 되어 주는 진지한 관계를 통해 그 얽힌 문제들을 풀 수 있다. 금성-토성 조합은 그리스인들이 말한 현실적인 사랑 '프라그마 러브'를 떠올리게 한다. 현실적이고 규칙적인 일과에서 편안함을 느끼는 사랑이다. 그것은 안정적이고 장기적인 관계를 이루는데 필수적인 요소이기도 하다.

화성-토성 ♂ ♄

토성은 당당하게 자신을 주장하고 욕망을 위해 맞서 싸우는 화성의 충동을 억제한다. 이 어스펙트는 부모, 교사, 직장 상사 등 권위자에게 지배받는 개인의 의지력을 시사하기도 한다. 권위자 상은 내면화될 수도 있다. 그것은 자기주장하고 전진하는 시도를 억제하는 비판적인 목소리로 나타난다. 두 행성 원형 모두 자율적인 에너지로 나타날 수 있지만, 목표를 달성하는 방식에서 충돌이 있다. 화성은 독립적으로 혼자 나아가려 하지만, 토성은 시스템 내에서 자율성을 찾으려고 노력한다. 즉, 개인성(화성)과 위계(토성)의 충돌이다. 따라서 개인이 통제를 상실하면 권위자와의 충돌이 일어날 수 있다. 한편 이 조합은 적절한 멘토링과 지도를 받았을 때 장인이나 대가가 될 가능성 또한 내포한다. 아버지 상의 인물이 분노와 폭력, 이별, 일, 통제력을 다루던 방식은 아이가 자기 욕망을 통제할 수 있다고 확신하거나 의심하게 하는 데 영향을 줄 것이다.

성인 관계에서는 여러 가능성이 전경으로 드러난다. 공격성이나 통제적이고 지배적인 태도는 대개 무능감과 발기부전에 대한 깊은 두려움에 기인한다. 한편 파트너와 함께 목표와 야망을 나눌 수도 있다. 정력, 용기, 경쟁을 상징하는 화성이 토성의 힐책을 받으면 무력감과 무능감을 느끼고 분노를 표출할 수 있다. 이는 성인 관계에서 주로 직면하게 되는 패턴이다. 우리를 사랑하는 사람들은 우리가 자기주장을 하고 야망을 표현하고 욕망을 달성할 수 있도록 기회와 권한을 준다. 바비 브라운의 화성은 지배 별자리인 전갈자리에서 양자리 토성과 정확한 퀸컹스를 이룬다. 그는 여러 건의 범죄로 기소를 당했는데, 그중에는 체포에 저항하는 공무집행방해죄도 있었다. 바로 화성-토성 퀸컹스 어스펙트에 대한 강력한 은유다. 또한 그는 휘트니와의 결혼 생활에서 가정 폭력으로도 악명이 높았다.

금성-카이런 ♀ ⚷

금성이 느리게 움직이는 행성들과 어스펙트를 맺으면 사랑과 고통의 에로틱한 결합이 더욱 선명해진다. 이 행성 관계는 상처와 치유의 원형을 사랑과 결합한다. 아마도 그 첫 경험은 가족 분위기를 통해 일어났을 것이다. 가족은 아마 사랑, 아름다움, 섹스 및 성 역할에 관해서 여성성에 모욕적인 태도를 보였을 것이다. 여성의 경우, 스스로 무가치하다고 느끼거나 사람들의 시기 질투로 인해 마음에 상처를 입을 수도 있다. 남성의 경우, 이 어스펙트는 내면의 여성성에 난 깊은 상처를 나타낸다. 이들은 여성을 치유자나 무력한 존재로 인식할 수 있다.

성인 관계를 통해 이 원형 조합을 재경험하면 사랑의 치유력이 깨어난다. 그러나 사랑은 익숙한 곳에서 찾을 수 없다. 금성-카이런은 비전통적인 영역, 외국 또는 제도권의 주변부에서 사랑을 꽃피운다. 제도권 밖에서 자유를 누리며 남들과 다른 것에 가치를 두고 별남을 영혼의 진정성으로 받아들인다. 금성-카이런 에너지는 다른 사람들이 볼 수 없는 곳에서 아름다움을 발견하고 영혼이 받는 고통 너머에 있는 숭고함을 본다. 따라서 이들은 상처 있는 예술가, 고통받는 음악가, 환멸감에 찬 치료자 또는 파문된 성직자 등에 매력을 느끼며 제도권의 제약을 넘는 사랑과 관계를 꽃피울 수 있다. 우정과 낭만적인 관계에서 이 조합은 타인에 대한 깊은 수용을 상징하는 필리아를 떠올리게 한다.

화성-카이런 ♂ ⚷

화성-카이런 어스펙트가 있으면 상처에 대한 두려움 때문에 행동하려는 충동이 누그러진다. 그 두려움은 아마 초기 가족 관계에서 비롯할 것이다. 즉흥적이고 위험을 감수하는 행동이 고통을 불러온다는 부모의 강력한 메시지는 아이의 자연스러운 호기심과 충동을 가로막고 의지력 발달에 상처를 남긴다. 또는 집안에서의 분노 표출과 다툼이 아이에게 소외감을 주면서, 제도권 밖의 아웃사이더라는 인식을 갖게 만들 수도 있다. 이 어스펙트의 원형적 경험이 어떠했든 간에 그것은 성인 관계에 지대한 인상을 남긴다. 상대방에게 상처를 준다는 두려움 때문에 자신의 욕망을 억누르게 된다. 더 이상 상처 입은 사람으로 남아 있지 않기 위해서는 용기를 내야 한다.

성인 관계에서 이 어스펙트가 상징하는 것은 우리의 욕망과 그것의 해로운 결과 사이의 분열을 회복하는 것이다. 화성은 전사다. 이 어스펙트는 카이런에게 치유 비법과 전투 기술을 훈련받은 영웅에 비유할 수 있다. 카이런의 치유는 우리가 친밀한 관계에서 발생하는 갈등을 회피하는 대신 상처 입은 마음을 열고 기꺼이 관계에 참여할 때 일어난다. 남성과 여성 모두에게 이 조합은 제도권 밖의 타인과 친밀한 관계를 맺는 용기를 암시하기도 한다.

금성-천왕성 ♀ ♅

비인습적인 여성성 내지는 비전통적인 관계의 날실과 씨실이 가족 구조를 짜게 된다. 그러나 그것이 조상대에서 어떤 평가와 대우를 받았는지 우리는 알 수 없다. 이들은 여성성과 성, 돈과 자원에 대한 비전통적인 태도를 가족 유산으로 물려받는다. 우리가 고려해야 하는 것은 그 유산이 이들의 성인 관계에 나타나는 양상과 미치는 영향력이다. 성인 관계를 통해 개인성 대 유대감이라는 주제뿐 아니라 기이하고 특이한 것에 대한 충동을 관계에 통합해야 하는 딜레마가 깨어난다. 천왕성이 상징하는 그리스 신 우라노스는 자유로운 하늘의 신이다. 천왕성은 거리를 두고 분리하는 특성을 관계에 불러일으키며, 사랑하고 싶은 마음과 자유를 원하는 마음 사이에서 갈팡질팡하게 만든다.

천왕성이 있는 곳에는 대개 '반항 장애'가 함께 한다. 그것은 저항이나 반항을 통해 진정한 자기를 알고자 하는 충동이다. 천왕성이 연루되면 예상치 못한 상황이 펼쳐질 수 있다. 관계에서는 갑자기 관계를 맺거나 돌연히 이별하는 식으로 흔히 나타난다. 엉뚱한 시기에 비일상적인 방식으로 연인 관계를 시작하거나 끝낼 수 있다. 이러한 경험은 대개 단절되고 미해결된 감정의 찌꺼기로 남아 차후 다른 관계에서 재생될 수 있다. 전통 파괴는 관계에 흥분과 자극을 가져다주지만, 어떤 때는 롤러코스터 같은 느낌을 주기도 한다. 천왕성이 필리아 같은 우정을 지향한다면 금성은 에로스를 원한다. 이들이 친밀한 관계에서 풀어야 할 숙제는 자신만의 일을 할 수 있는 충분한 공간과 거리와 자유를 확보한 상태에서 동지애와 친밀함 사이를 오가는 것이다. 숨 트이는 공간만 충분히 있다면 이들은 훨씬 더 여유롭게 두 사이를 오갈 수 있다.

화성-천왕성 ♂ ♅

두 원형은 모두 남성성을 지향하는 에너지로서, 가족을 통해 물려받은 남성성과 남성 역할에 대한 태도를 상징한다. 두 원형의 결합은 상당히 폭발적이다. 둘 다 전투적이면서 자기만의 방식대로 독립적이기 때문이다. 엄청난 추진력을 가진 두 행성은 위험을 감수하더라도 흥분과 아드레날린을 느끼기 위해 빠르고 열렬하게 반응한다. 그러나 다른 사람들, 특히 정착과 루틴을 선호하는 사람들에게는 이런 아슬아슬한 삶이 늘 흥미로워 보이지만은 않을 것이다. 독립과 흥분에 대한 욕구가 강한 화성-천왕성 사람들은 안정을 추구하는 타인들과 쉽게 충돌을 일으키기 때문에 관계에 딜레마를 경험할 수 있다. 결국 이들은 틀에 벗어난 삶을 살면서 정서적 및 성적으로 비관습적이고 비전통적인 관계를 맺게 된다.

두 행성 원형이 잘 결합되면 독창성과 총명함, 독특한 개성으로 발현된다. 그러나 이 조합이 건강하지 못한 방식으로 발현되면 무모하고 기괴한 행동으로 표출될 수 있다. 거기에 반항심과 성급함까지 더해져 관계에 좀처럼 쉽게 순응하지 못한다. 화성-천왕성은 흔히 사고뭉치로 알려져 있다. 그것은 사실 고집과 아집의 징후인 경우가 많다. 화성이 물리적이라면 천왕성은 좀 더 이성적인 에너지다. 둘 다 현재 상황보다는 미래와 가능성에 초점을 둔다. 이렇듯 앞서 나가는 태도와 지나치게 활성화된 신경계 때문에 이들은 현재를 온전히 살지 못하고 파트너에게 단절된 느낌을 주기도 한다.

금성-해왕성 ♀ ♆

해왕성은 흔히 '금성의 하이 옥타브'로 일컬어지는 한편, 금성은 해왕성이 지배하는 물고기자리에서 항진한다. 점성학적으로도 두 행성 사이에는 긴밀한 중계점이 존재한다. 우주적인 사랑을 상징하는 해왕성과 사랑의 행성 금성은 모두 사랑이라는 영역에 공통 기반을 둔다. 해왕성은 사랑의 유형 중 아가페와 유사하다. 그것이 가장 고차원적으로 표현될 경우 파트너의 행복을 위한 이기심 없는 사랑과 헌신으로 발현된다. 그러나 금성은 이타주의적이지 않다. 금성의 영역은 개인적이다. 에로스가 원하는 것은 친밀감과 연결과 만남이지 이상화와 헌신을 군이 필요로 하지 않는다. 신성한 사랑과 인간적인 사랑에 대한 충동이 얽히고설키면 혼란과 환상과 실망을 초래할 수 있다. 관계에서 한 사람만 일방적으로 자신의 소중한 가치를 희생하거나 파트너의 잘못된 행동을 반복적으로 용서하는 등 관계가 상호 중독적인 패턴에 빠질 수도 있다.

해왕성의 막대하고 모호한 사랑이 금성을 통해 채널링되면 개인은 인간의 경계를 넘는 자비심과 너그러움을 느낄 수도 있지만, 때로는 자신의 감정에 압도당하기도 한다. 특히 환상과 기대, 이상화, 낭만적인 상상이 그 압도적인 감정에 영향을 미친다. 그러면 개인은 친밀한 관계를 실제 경험보다는 몽상으로 꿈꾸게 된다. 그러나 두 원형이 결합해 창조성으로 나타나는 경우, 아름다움과 예술, 음악을 통해 신성이 드러난다. 뮤즈가 해방되면서 자비심과 배려심을 유대 관계에 가져온다. 두 파트너가 서로 창의성과 영성을 나누는 것은 관계에서 원형들이 균형을 찾는데 도움을 준다. 이들은 타인 안에 자기를 잃고 싶어 하는 강렬한 충동을 느낀다. 그러므로 그 에너지를 표현할 건강한 방법을 찾아야만 한다. 비록 베풀고 용서하는 마음을 절제하기 어렵다고 하더라도, 그것이 관계의 자연스러운 일부라는 사실을 명심해야 한다. 금성-해왕성에게 주어진 숙제는 상호적이고 동등한 관계를 창조하는 것이다.

화성-해왕성 ♂ ♆

에로틱한 사랑을 상징하는 화성이 아가페의 해왕성과 결합하면 개인의 강한 의지력에 이기심 없는 희생적인 추동이 혼합된다. 그 결과, 자비로운 전사에서 학대받는 피해자 사이를 왔다 갔다 하는 인물상이 탄생한다. 대부분은 그 스펙트럼 사이의 어딘가를 경험하게 된다. 성인 관계에서 이들은 민감함과 강인함, 연민심과 불굴의 정신, 수용적이지만 수동적이지 않은 그 사이를 오가며 고군분투한다. 아이러니하게도 이 원형의 진짜 힘은 취약성과 이해심, 자비심에서 나온다. 원가족 내 분노 패턴은 아마 대립을 피하고자 분노 감정을 희생하거나 상대를 용서하는 방식으로 나타났을 것이다. 그러면 분노 표현은 어린아이처럼 미성숙한 상태로 남게 된다. 그리고 성인 관계에서 의견이 갈리거나 오해가 생길 때 그 패턴에 다시 직면하게 된다. 해왕성은 심리적인 경계를 허물어 버린다. 그러면서 자기가 진정으로 원하는 것과 파트너가 원하는 것을 헷갈리게 하고 자기 욕망을 확신할 수 없게 만든다.

마초 화성이 해왕성과 어스펙트한다는 것은 남성성과 남성 정체성 경험을 둘러싼 혼란을 암시한다. 남성의 경우, 그런 혼란이 있으면 자신의 감수성과 수용력에 집중해 굉장히 매혹적이고 접근하기 편한 자기 이미지를 만들 수 있지만, 내적으로는 자기 자신과 자신의 욕망에 확신을 갖지 못하게 된다. 여성의 경우, 남성에 대한 이상화로 인해 종국에는 실망만 남는 관계들에 끌릴 수 있다. 이 조합에서는 늘 앞서가는 화성이 해왕성의 낭만적이고 비현실적인 이미지에 잠식당한다. 남녀 할 것 없이 금성-해왕성의 성적 판타지와 로맨틱한 욕망은 관계에 창조적이고 영적인 안식처를 제공해 줄 것이다.

금성-명왕성 ♀♀

금성과 명왕성은 둘 다 본질적으로 관능적이다. 두 행성 원형의 조합은 힘과 사랑의 강렬한 결합을 만든다. 성과 통제, 사랑과 욕망, 아름다움과 권력 등 여성성과 관련된 주제가 가족을 통해 대물림되어 이들이 성인 관계에서 느끼는 편안함 수준에 영향을 미친다. 대체로 명왕성은 모 아니면 도다. 따라서 금성-명왕성 관계는 강렬하고 열정적이다. 그것은 변형의 힘을 일으킬 수도 있고, 냉정하고 계산적이며 심지어 고통스러울 수도 있다. 명왕성의 사랑은 혹 아니면 백이기 때문에 열렬히 사랑하거나 지독히 증오한다. 이들의 정서적 삶은 강력하고 매혹적이며 강한 인상을 준다. 사랑과 신뢰에 대한 주제는 모든 관계에서 중요하지만, 금성-명왕성에게는 특히나 지배적인 주제다. 따라서 시기 질투나 배신을 통해 강한 감정이 촉발될 수 있다.

관계에서 친밀감의 수준은 개인의 자기 가치 수준에 달려 있다. 주로 가족 내 비밀이나 거부된 사랑으로 인해 자존감이 손상될 수 있다. 그러면 깊은 열정과 사랑을 헌신이 요구되지 않는 일이나 관계에서 표출하는 경향으로 나타난다. 친밀감 이슈는 상대를 섹스나 돈으로 통제하는 전략이나 커플을 매어 놓는 부채 등으로 드러날 수 있다. 그러나 두 행성의 연금술을 거치고 나면 이들은 슬픔과 위기를 통해 자기를 사랑하는 힘과 치유적인 관계의 힘을 찾게 된다. 대체로 이들은 사랑하는 사람을 상실하는 것을 크게 두려워한다. 이별이 오는 것은 피할 수 없는 사실이지만, 그날이 언제 올지 우리는 알 수 없다. 금성 명왕성의 관계는 설령 상실에 직면할지라도 진실하게 열정을 다해 사랑하도록 우리를 초대한다.

화성 명왕성 ♂ ♀

이 강력한 조합은 생존과 죽음이라는 양극적인 본능 사이의 관계를 알려 준다. 본질적으로 아슬아슬한 이 조합은 상실이나 죽음을 맞이하고 부활한 생명력을 시사한다. 따라서 인생 초기에 이 어스펙트는 이기고 싶은 충동이나 상실의 두려움을 극복하기 위한 승리욕으로 나타나기도 한다. 나중에 피할 수 없는 상실에 직면할 때, 이들은 현실을 부정하는 대신 슬픔을 껴안음으로써 자신의 진정한 힘과 강인함을 발견하게 된다. 죽음을 수용하는 화성-명왕성의 힘은 성인 관계에 더 깊은 친밀감과 진정성을 가져온다.

전갈자리의 고전 룰러 화성과 현대 룰러 명왕성은 모두 지하 세계를 본능적으로 잘 이해한다. 경험적인 측면에서 이것은 억눌러 묻힌 금기와의 만남을 상징한다. 그 영역을 발굴해 금기를 밖으로 꺼내는 것이 바로 화성-명왕성의 본질이다. 그러나 관계에서는 대개 위협적이다. 그 에너지가 원시적이거나 야만적인 형태로 나타날 수 있기 때문이다. 하지만 그 두려움에 맞서면 다시 태어날 수 있다. 명왕성은 화성의 남성성에 강력한 힘을 부여한다. 그 힘을 통제와 지배가 아닌 치료와 변형을 위해 신중하고 현명하게 사용해야 한다. 경쟁과 승리, 공격성과 목표 지향성, 싸움 아니면 도망 등에 대한 남성성의 무용담도 관계 맥락에서 중요하게 고려해야 할 부분이다.

5장

관계의 집:
만남의 장소

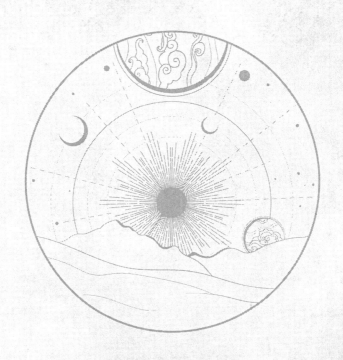

점성학적으로 하우스는 장소를 상징한다. 그것은 외부 장소일 수도 있고 내면의 풍경일 수도 있다. 하우스는 12 별자리의 틀로 만들어졌지만, 장소와 지역, 환경과 분위기, 인생 경험이 일어나는 '곳'을 나타낸다는 점에서 별자리와 다르다. 천궁도의 열두 하우스는 우리가 살아가는 생태계를 반영한다. 따라서 우리는 천궁도라는 설명서를 통해 하우스의 다층적인 의미를 이해함으로써 환경에 맞춰 살아가는 법을 배울 수 있다. 하우스를 하나하나 찬찬히 살펴보면 그것이 성격과 재능, 언어, 가족, 창의성, 타인, 친밀감, 삶의 의미, 소명, 공동체, 영성 등 우리의 인생 영역과 깊이 공명하는 것을 발견할 수 있다. 각각의 하우스에는 고유한 행성 룰러가 있다. 관계 관점에서 천궁도의 하우스들을 살펴보면 다양한 만남의 장소를 구분해 볼 수 있다.

장소

하우스, 집이란 우리에게 안전감을 주는 '안식처'의 원형 상징이다. 집에 있는 것처럼 편안할 때 우리는 뿌리를 내리고 중심을 잡고 핵심적인 자기에 더 가까워질 수 있다. 꿈의 심상에서 집은 우리의 다층적인 정신

세계를 표징 한다. 예를 들어 집의 외부는 페르소나와 외모를 상징하며 지하실은 무의식을 상징한다. 이와 유사하게 점성학의 각 하우스는 현실 경험과 영적인 경험을 아우르는 인간 정신의 다양한 층을 나타낸다.

12개 하우스는 행성 신들이 거주하는 곳이기도 하다. 예를 들어 금성이 거주하는 하우스에서는 우리의 개인적인 가치와 호불호, 사랑에 대한 태도 및 관계 패턴 등을 발견할 수 있다. 화성이 있는 하우스는 욕망의 장소로서 우리가 도전이나 동기 부여, 갈등, 위협을 느끼는 곳이다. 하우스는 우리가 사는 환경이자 우리의 추동과 갈망, 목표가 있는 곳이기도 하다. 가장 깊은 수준에서 하우스는 우리 삶의 원형적인 갈망이 위안과 의미를 얻는 영역을 드러낸다.

각각의 하우스는 다양한 형태의 관계와 관련이 있다. 필자의 저서 『가족 유산』은 부모와 형제자매, 기타 가족원과의 관계에 초점을 두고 있다. 이 관계들은 '종결의 하우스' 또는 '관계의 하우스'로 알려진 세 하우스를 통해 나타난다. 본서에서 필자는 성인 관계와 관련된 7-8 하우스를 중점적으로 살펴보고자 한다. 이 두 하우스는 천궁도에서 대인관계 영역을 나타내는 곳이다. (1-4 하우스는 개인적인 하우스, 5-8 하우스는 대인 관계의 하우스, 9-12 하우스는 자아 초월적인 환경을 상징한다.) 이 두 하우스는 개인 및 가족 관계 발달을 상징하는 3-4 하우스를 기반으로 형성된다. 11 하우스는 우정의 하우스로서 성인 관계에서 중요한 영역의 하나다. 5-8 하우스를 포함한 4개의 '대인 관계' 하우스는 가족의 울타리 밖에서 경험하는 첫사랑과 연애부터 친밀한 관계에 이르기까지의 성인기 관계 발달을 추적한다. 각 하우스는 우리가 성인기 발달에서 관계 능력을 함양하는 데 도움을 준다.

관계의 하우스: 3, 7, 11 하우스

공기 원소로 이루어진 관계의 세 하우스는 상호성과 공유, 평등, 교환, 의사소통, 객관성, 개방성 및 분리에 기반을 둔다. '분리'라는 단어는 거리를 의미한다. 사실 독립심과 분리 능력은 성인 관계 형성에 꼭 필요하다. 분리는 의식화와 객관화와 개별화를 일으키기 때문이다. 관계의 하우스는 평생에 중요한 파트너십 영역이다. 3, 7, 11 하우스는 각각 형제자매, 배우자, 친구 등을 반영하는데, 이들은 우리 인생 여정을 목도하는 증인이자 우리의 자아와 영혼을 거울처럼 반영하는 사람들이다. 이세 하우스에서 우리는 관계에 대한 자신의 패턴과 태도, 공포증 및 호불호를 발견할 수 있다.

3 하우스: 관계 기술 발달

3 하우스는 생애 초기에 우리와 환경을 공유하는 사람들과의 관계를 의미한다. 형제자매가 주를 이루지만 사촌과 이웃 친구, 학교 친구도 포함된다. 3 하우스는 관계 기술을 개발하는 데 매우 중요하다. 우리가 또래와 맺는 방식과 그것이 이후 관계에 미치는 영향을 암시하기 때문이다. 첫 또래들의 반응을 통해 우리는 자신이 어떻게 받아들여지는지 거울처럼 비춰 보면서 세상의 반응을 시험해 볼 수 있다. 3 하우스는 우리가 첫 번째로 만나는 사회 집단이다. 관계에 대한 우리의 기대와 성인기 파트너십에서 반복되는 패턴, 심지어 짝을 선택하는 기준 등은 3 하우스의 형제 원형에서 생각보다 많은 영향을 받는다. 3 하우스 커스프에

걸린 별자리, 하우스 룰러 및 하우스 내에 위치한 행성은 형제 또는 대리 형제 인물들과 경험하는 최초의 유대 관계를 보여 준다. 그것은 성인 관계로 이어지는 잠재적 패턴에 영향을 미친다.

7 하우스: 관계에서의 책임과 헌신

7 하우스는 전통적으로 결혼의 하우스로 불리며, 계약과 법률 문제와도 관련이 있다. 전통 시대에 결혼은 계약 관계였다. 그러므로 7 하우스 영역은 어떤 점에서 실용적이고 전략적이었다. 고전 점성학자들은 파트너와 결혼 조건을 프로파일링하는 데 7 하우스를 사용했다. 현대 사회에서 7 하우스는 외부 권위의 서약이나 승인 여부와 관계없이 전념하는 관계의 하우스로 간주된다. 현대 관점에서 7 하우스는 파트너의 특징뿐만 아니라 우리가 단짝에게서 발견하는 매력적인 자질을 나타낸다. 그 특성은 대개 아직 성격에 통합되지 않은 자아의 간과된 측면이기도 하다. 우리는 그것을 타인의 긍정적이거나 부정적인 특성으로 인식한다. 그래서 7 하우스를 '공공연한 적'의 하우스라고도 부른다. 7 하우스는 우리의 반려자가 있는 곳이며, 최소 그들의 특성을 알려 주는 곳이다.

11 하우스: 영혼의 단짝들을 만나는 곳

11 하우스는 우리 자신과 우리가 사랑하는 사람들, 나아가 인류 가족을 위해 더 나은 미래를 소망하는 곳이다. 11 하우스의 기초는 우정에 있다. 우리는 흔히 친구를 사귀는 데 선택의 폭이 넓다고 생각한다. 하

지만 형제간의 해묵은 경쟁이나 파트너와의 미해결 감정은 우리의 성인 관계를 방해할 수 있다. 11 하우스의 이상은 공동체에 참가하고 공공 이익에 이바지하는 데 있다. 우정은 우리의 경계를 확장하며 성장과 탐험을 장려한다. 11 하우스의 관계는 익숙한 가족 영역의 밖에서 형성된다. 피가 아닌 영혼으로 맺어진 동지들이다. 11 하우스에서 우리는 공동체의 시민이자 집단 속의 개인으로서 더 큰 가족에 소속된다. 11 하우스는 민주주의의 영역이다. 그러나 민주주의의 성공은 인간관계에 대한 우리의 신뢰와 타인에 대한 우리의 무의식적인 기대에 달려 있다. 관계의 세 하우스는 형제애에서 민주주의로의 여정을 거쳐 11 하우스에 모인다.

이 세 하우스를 통과하는 외행성 트랜짓은 우리의 관계 경험에 오랜 기간 영향을 미치며, 일생에 걸쳐 관계 패턴을 형성한다. 외행성은 오랜 기간 이 하우스들을 통과하기 때문에 우리의 동등한 관계에 강력한 영향을 미친다. 인생 초기에 오는 트랜짓일수록 더욱 그렇다. 프로그레스드 문(progressed Moon)은 첫 번째 주기(0~27세)에 관계 하우스들을 통과하면서 관계에 대한 정서적 영향과 반응을 기록으로 남긴다. 프로그레스드 문의 두 번째 주기(27-55년)에는 첫 번째 주기의 반응을 회상한다. 성인기에 관계의 하우스들을 통과하는 행성 트랜짓은 관계 패턴에 초점을 맞추면서 관계 경험에 대한 의식화를 촉구한다.

대인 관계 하우스: 심장의 신화

이 범주에는 5, 6, 7, 8 하우스가 포함된다. 이 하우스들은 자기애에서 친밀감, 자율성에서 상호 의존성까지의 발달과정을 상징한다. 또한 가족 체계 너머의 개인의 심리적 성숙과 성인기 파트너십의 형성 과정을 추적한다. 발달과정의 일환으로서 각 하우스는 관계에서 중요한 통과 의례를 상징한다. 이러한 통과 의례 과정을 다음의 신화들을 통해 살펴보도록 하자.

5 하우스: 나르키소스와 에코

모든 불 하우스의 커스프(1, 5, 9)는 재탄생 또는 존재의 새로운 단계로 가는 통과 의례의 유형을 암시한다. 5 하우스 커스프는 익숙한 세계와 미지의 세계 사이의 중간 지대다. 가족 체계 너머의 넓은 세계를 발견하는 여명기에 비유할 수 있다. 가족 영역 밖에서 타인과 관계를 맺는 첫 경험은 대개 격정적이고 흥미진진하다. 때로는 분노와 두려움을 주기도 한다. 고전 점성학에서는 금성이 5 하우스에서 기뻐한다고 보았다. 대인 관계 하우스를 가로지르는 여정의 첫 시작과 잘 맞는 이미지다.

심리 발달 단계 중 4 하우스에서 5 하우스로 전환하는 시기에 개인은 안전한 가족의 둥지에서 분리되어 나온다. 영웅이 자신의 타고난 권리를 주장하고자 세상에 등장하는 장면을 연상할 수 있다. '추방'은 영웅 신화의 단골 주제다. 마찬가지로 5 하우스는 우리가 의식적인 개별화 작업을 계속해 나가기 위해 가족과 집이라는 최초로 소속된 곳에서 분리해 나오는 것을 말해 준다. 영웅 신화의 후반부는 대개 고향 집에 돌아가는 것으로 마무리가 되지만, 먼저 영웅은 조상으로부터 물려받은 상속을 주장하기 위해 길을 떠나야만 한다.

우리의 초기 관계는 자기 반영의 도구이기도 하다. 꼭 동등한 관계나 진지한 관계일 필요는 없다. 파트너는 우리의 창의적인 탐구를 북돋는 촉매 역할을 한다. 따라서 5 하우스는 '연애'의 영역으로도 알려져 있다. 연애는 외부에 존재하는 정서적 애착 대상일 수도 있고, 자기 안에서 떠오르는 영웅적 부분을 반영할 수도 있다. 5 하우스의 로맨스는 단순한 연애가 아니다. 그것은 강렬한 성애와 열정을 일으켜 모험에 뛰어들도록 만든다. 로맨스는 사랑 이야기다. 첫사랑이든 비련의 사랑이든 짝사랑이든 5 하우스 지형은 우리가 로맨스를 창조하고 사랑 이야기를 써 내려가는 방식을 보여 준다. 5 하우스에서 우리는 관계를 통해 자신을 거울처럼 바라볼 수 있다. 그러나 그 과정은 아직 동등하지 않다. 사랑이 삶으로 들어오면 우리는 도전을 받는다. 익숙한 곳을 떠나 가족이 아닌 타인에게 정서적 애착을 갖도록 우리를 자극한다. 5 하우스 관계는 창조성과 자기표현을 지지하거나 부정하는 데 초점이 맞춰져 있다. 그러나 그 관계가 항상 동등한 것은 아니다. 자기애는 고대 그리스에서 필라우티아로 불렸는데, 나르키소스 신화에 그 교훈이 잘 나타나 있다.

5 하우스는 타인과 자기의 차이점을 발견하면서 자기애를 함양하는 곳이다. 타인을 자기와 분리된 존재로 간주할 때 우리는 건강한 자기애를 모델링하고 자신이 선망하는 자질을 반영할 수 있다. 그러나 그 반영이 타인을 배제한 채 자아에 대한 자화자찬으로만 나타난다면 바로 나르시시즘이 된다. 창의성과 자기표현은 5 하우스의 기본 원리다. 여기에

는 세상과 나누고 싶은 우리의 상상력과 독창성이 있다. 그런데 창의적이고 독창적인 자기를 나누려면 청중이 필요하다. '청중(audience)'이라는 단어는 '듣기'를 의미하는 라틴어 '아우디엔티아(audientia)'에서 유래한다. 5 하우스의 통과 의례는 청중을 자기 일부로 내면화해 경청하는 것이다. 그럼으로써 우리는 자신의 특별함은 물론 타인의 특별함에도 감탄할 수 있게 된다. 하지만 청중을 외부에서만 찾는다면 나르키소스 신화를 반복하면서 자신의 특별함을 나누는 대신 그저 반영되기만을 바랄 것이다. 그리스 신화가 목소리 없이 메아리만 치는 에코와 나르키소스를 짝지은 것은 매우 흥미로운 지점이다.

나르키소스의 어머니는 리리오페라고 하는 님프였다. 홍수의 급류에 휩쓸려 떠내려 가는 그녀를 강의 신이 강간해 낳은 아이가 바로 나르키소스였다. 나르키소스가 어릴 때 리리오페는 예지자 티레시아스를 찾아가 아들이 장수할 수 있는지 물었다. 티레시아스는 나르키소스가 자기 자신을 알지 못한다면 장수할 것이라고 대답했다. 그러나 운명은 그렇게 흘러가지 않았다. 청년이 된 나르키소스는 자신의 아름다움에 우쭐했다. 자신의 빼어난 미모에 완전히 매혹되어 관계에는 전혀 관심을 두지 않았다. 어떤 아가씨도 나르키소스의 가슴에 사랑의 불을 지필 수 없었다.

어느 날 사냥을 나온 나르키소스는 숲에서 길을 잃고 산의 님프 에코와 마주쳤다. 수다스러움 때문에 결혼의 여신 헤라의 저주를 받은 에코는 하고 싶은 말을 하지 못하고 다만 남이 한 말만 부분적으로 반복할 수 있었다. 에코는 나르키소스의 미모에 반해 그를 껴안으려 했다. 나르키소스는 "당신의 품에 안기느니 차라리 죽고 말 거야!"라며 차갑고 매정하게 그녀를 밀어냈다. 그러나 에코는 "당신의 품에…, 죽고 말 거야."

라는 대답만 할 수 있었다. 매몰찬 거절에도 불구하고 나르키소스에게 반한 에코는 그의 중독적인 매력에서 헤어 나오지 못했다.

나르키소스에게 퇴짜를 맞은 또 다른 님프는 복수의 여신 네메시스를 찾아가 탄원했다. "부디 그가 자신이 사랑하는 사람을 가질 수 없게 해 주세요!" 어느 날 나르키소스는 물에 비친 자기 모습을 보고 사랑에 빠졌다. 그렇게 그는 자기애의 활활 타는 불에 숨을 거두었다. 신화는 짝 사랑과 불공평한 사랑의 파괴적인 힘을 자세히 묘사하고 있다. 5 하우스의 사랑은 우리가 창조적인 자기를 통해 타인에게 표현할 수 있는 사랑이다. 하지만 만일 우리가 타인의 투사에 기꺼이 참여하지 못한다면 자기의 반영에 갇힐 것이다. 5 하우스는 자신의 투사를 내재화하고 타인에게 반영된 우리의 이미지를 성찰하게 함으로써 우리를 자기 인식의 과정으로 인도한다. 다른 사람들이 우리에게 반영하고 투사하는 이미지를 관리하면서 모니터링하고 의식화하는 것은 우리 자신에게 달려 있다.

5 하우스 내 행성은 우리가 집을 떠나 애정과 의리를 가족에서 타인으로 옮겨가는 자연스러운 방식을 알려 준다. 이 행성들은 우리의 창의적인 재능, 타인의 반응에 대한 갈망, 우리의 낭만적이고 열정적인 이야기를 나타낸다.

6 하우스: 헤스티아와 헤르메스

6 하우스는 흔히 '불평등한 관계의 영역'이라 할 수 있지만, 동시에 의식적인 자기 성찰 과정이 일어나는 곳이기도 하다. 이 영역은 개인이 의식적으로 동등한 관계에 들어갈 준비가 되기 전 일어나는 심리적 과정

을 상징한다. 6 하우스의 일상적인 의례를 통해 우리는 일관된 자아 경험을 형성하면서 일상생활을 공유하기 위한 길을 닦는다. 6 하우스의 일과 봉사는 우리의 웰빙 유지를 위한 것이며 자기 성찰 과정을 통해 강화된다. 또한 관계 속에서 우리의 자기감을 인식하는 데 도움을 준다. 6 하우스에서 우리는 여신 헤스티아의 영역에 연결된다.

6 하우스는 헤스티아의 신성한 공간이다. 그곳에서 우리는 내적 자기에 집중하게 된다. 올림푸스의 세 자매인 헤라, 헤스티아, 데메테르 중 형제에게 범해지지 않은 여성은 오직 헤스티아뿐이었다. 그녀의 공간으로 들어서는 문턱은 굳게 봉인되어 있으며, 그 안에는 타오르는 자아의 불이 신성한 보호를 받고 있다. 헤스티아는 화로의 이미지로 대표된다. 어떤 신도 그녀의 초대 없이는 그 문지방을 가로지를 수 없다. 그녀는 자아의 불가침 측면을 상징한다. 그녀는 가족 치정극에 얽매이거나 다툼에 휘말리지 않는 유일한 신이었다. 자매 헤라는 형제이자 남편인 제우스와 동일시되며, 다른 자매 데메테르는 딸인 페르세포네와 동일시된다. 반면 헤스티아의 정체성은 다른 가족원이 아닌 자기의 내면 핵심에 있었다.

헤스티아는 일상생활에서 집중이 필요한 일을 나타낸다. 그녀가 지배하는 6 하우스 영역에서 우리는 가족과 집단으로부터 개인적인 것을 걸러내게 된다. 분별 과정에 눈뜸으로써 우리의 사적인 자기와 타자 사이의 경계를 의식하게 된다. 헤스티아는 화로를 중심으로 한 신성한 공간을 의미한다. 그 내적 자기의 화로 주변에는 우리의 심리적 문지방을 넘도록 허락받은 손님과 혼령들이 삼삼오오 모여든다.

관계 발달에서 6 하우스 과정은 무엇보다도 우리 내면의 핵심을 탐색하는 데 도움을 준다. 그곳에서 우리는 헤스티아처럼 가족의 독이 침범할 수 없는 자신만의 화로를 찾을 수 있다. 고대 그리스에서는 헤스티아의 전통에 따라 혼인을 치른 신부가 친정집 화로에서 얻은 숯을 시댁으로 가져왔다. 결혼 생활에 신부가 가져오는 유산을 존중한 것이다. 6 하우스가 7 하우스의 결합을 위한 준비 단계라는 것을 나타내는 좋은 예다.

헤르메스는 헤스티아의 문으로 영혼들을 인도하는 안내자다. 헤르메스는 외부 세계의 여행자이며, 헤스티아는 내면의 항해자다. 헤르메스는 형제자매의 후원자이기도 하다. 우리는 형제자매와 일상생활을 공유하면서 자기만의 사생활을 갖는 법을 배운다. 그리고 6 하우스 성인 관계를 통해 자기 사생활을 존중하는 법을 익힌다. 요리하고 식사하고 청소하고 살림을 하는 등 일상 의례를 타인과 공유하는 것은 사적인 자아와 공적인 자아를 변별하는 능력을 개발하는 데 영향을 준다. 6 하우스가 헤르메스와 헤스티아를 연결하듯 우리의 형제자매와 파트너는 우리 내면세계의 안내자 역할을 할 수 있다. 쌍둥이자리와 처녀자리의 룰러인 수성은 3, 6 하우스의 이미지와 관련된다.

형제자매 테마는 우리가 6 하우스에서 만나는 직장 동료 및 성인기의 일상 관계에서 재생된다. 6 하우스 관계는 일과 일상생활을 공유하는 주변 사람들에게 초점을 맞춘다. 여기에는 식료품점 주인, 의사, 수의사 등 우리에게 서비스를 제공해 주는 사람들이나 고객, 환자처럼 우리가 서비스를 제공하는 사람들이 포함된다. 이곳에서 개인은 분별과 경계의 기술을 배우게 된다. 6 하우스는 7 하우스에서 맺는 동등한 관계에 대한 일종의 리허설이라 할 수 있다.

6 하우스는 건강에 대한 욕구; 몸과 마음 및 내면과 외면의 통합적인

웰빙 등을 포함해 여러 수준으로 나타날 수 있다. 5 하우스가 창의력과 상상력의 영역이라면 6 하우스는 기술과 기교의 영역이다. 고전 점성학에서는 질병의 하우스이지만 현대 관점에서는 한계를 인정하고 열심히 노력하는 영역을 의미한다. 즉, 6 하우스는 자기를 갈고닦고 정화하면서 준비를 다 하는 영역이라 할 수 있다.

7 하우스: 헤라와 제우스

점성학에서 7 하우스는 전형적인 관계의 하우스로서 책임과 전념, 친밀감이 수반되는 동등한 관계 경험 과정을 포함한다. 영혼의 관점에서 7 하우스는 상호성과 주고받기, 개인성의 존중을 통해 파트너 각자의 독창성을 포용함으로써 깊은 관계를 형성하는 무대이기도 하다. 전통적으로 7 하우스는 결혼의 하우스라 불린다. 그러나 오늘날에는 교회의 축복이나 국가의 법적 효력 여부와 관계없이 책임을 수반한 계약적이고 공평한 관계를 의미한다. 7 하우스는 부모의 결혼 생활이나 파트너십 패턴을 보여 주기도 한다. 이곳은 성인 관계의 첫 만남이 이루어지는 영역이다. 따라서 부모의 결혼 생활은 개인이 성인기 관계에 대응하는 방식에 큰 영향을 미친다. 사회 문화와 가족의 결혼 신화는 7 하우스의 분위기를 오염시킬 수 있다.

그리스 신화에서 헤라는 결혼의 여신이었다. 그러나 그녀와 오누이 사이인 제우스와의 결혼은 마냥 행복하고 평화로운 결합이라 할 수 없었다. 그들이 벌인 열띤 논쟁과 싸움은 종종 육탄전으로 번지기도 했다. 한번은 헤라가 다른 신들의 도움을 받아 제우스를 가죽끈으로 단단하게 묶어 옴짝달싹할 수 없게 만들었다. 겨우 구조되어 풀려난 제우스는 헤라를 하늘에 매달아 버렸다. 고통으로 신음하던 헤라는 제우스에게 두 번 다시 반항하지 않겠다는 맹세를 한 다음에야 겨우 풀려날 수 있었다. 제우스가 바람을 피울 때마다 헤라는 그에게 정면으로 저항하는 대신 그의 연인들에게 복수의 칼날을 돌렸다. 그리고 제우스가 아테나를 낳았을 때 질투를 느낀 그녀는 홀로 헤파이스토스를 낳았다. 고대 그리스인들은 결혼을 그다지 낭만적으로 보지 않았다. 그래서 신화 속 결혼에도 속임수와 불화의 모티브가 담겨 있다. 결혼 파트너는 자신의 적이기도 했다.

호라리(Horary) 전통에서는 7 하우스를 '공공연한 적'의 하우스로도 보면서 12 하우스가 상징하는 비밀의 적과 구별했다. 7 하우스는 나를 상징하는 1 하우스를 정면으로 마주 보기 때문에 적에게 유리한 지점이다. 우리는 7 하우스 상황을 통해 적에 대한 윤곽을 잡을 수 있다. 이것은 물론 실제 인물로 나타날 수도 있지만, 현대 점성학 맥락에서 7 하우스의 '공공연한 적'은 다름 아닌 우리의 그림자 자아다. 어쩌면 '적'은 파트너와의 의견 충돌이나 가치관의 차이, 불편한 성격적 특성 또는 신념의 불일치를 상징할지도 모른다. 또 어떤 면에서는 우리의 문제 측면이 파트너가 되기도 한다. 7 하우스가 동등한 타인을 의미한다는 점에서 적절한 묘사가 될 수 있다. 또한 우리의 미해결된 경쟁심, 분노의 앙금, 형제자매 사이에 매듭짓지 못한 도전 과제 등이 공공연한 적으로서 파트너를 통해 나타날 수 있다. 형제자매와 직접 해결하지 못한 적개심은 때때로 현재의 파트너를 대상으로 삼아 나타난다. 현대 점성학에서 7 하우스는 외부에 존재하는 파트너는 물론 우리의 내면 파트너에 대한 정보를 알려 준다.

　파트너 관계는 형제자매 관계와 비슷해서 사랑과 경쟁, 매혹과 분노, 친밀감 및 분리에 대한 갈등 감정을 불러일으킨다. 그러나 그것이 곧 친밀한 관계의 본질이기도 하다. 천문학적으로 7 하우스는 태양이 지는 곳이다. 빛이 기울면서 그림자가 길게 드리워지는 황혼은 우리가 어둠을 만날 준비를 하는 지점이다. 파트너는 우리의 깊은 정신을 일깨운다. 그곳에는 현재에 영향을 미치는 이전 관계의 미해결된 문제와 패턴이 잠들어 있다. 결혼 신화는 그것이 우리 자신의 경험이든 가족과 조상의 경험이든 우리의 관계를 통해 재구성되면서 새롭게 만들어진다.

　결혼은 신화다. 현대 맥락에서 전통적인 결혼은 거의 사장되다시피 했다. 그러나 죽은 것은 결혼의 제도와 구조이지 결혼 자체가 아니다. 2010년대에 이루어진 동성 결혼 지지 운동이 좋은 예다. 사람들은 동성 결혼에 동의하지만, 교회는 여전히 반대하고 있다. 결혼은 사회적 제재 여부와 관계없이 두 사람이 맺은 서약이자 계약, 합의다. 결혼은 개별화 과정의 일부이자 통과 의례다. 개인은 자기를 잃지 않은 채 타인과 접촉하면서 희생과 타협, 협력을 배운다. 이러한 과제가 바로 7 하우스 영역에서 의식화된다.

8 하우스: 에로스와 프시케

　8 하우스 영역에서 우리는 자기의 더 깊은 측면이 노출되는 위험이 도사리는 곳으로 들어간다. 그 신비의 영역으로 돌아간다. 사랑이 우리의 강력한 방어선을 뚫고 들어오면 우리는 무방비 상태로 배신과 유기의 위

험에 놓이게 된다. 우리는 생애 최초로 4 하우스 양육자와의 관계를 통해 사랑과 배신의 강력한 유대 관계에 무방비로 노출되는 경험을 했다. 그리고 8 하우스 관계 영역에서 우리는 사랑하는 대상을 잃을 가능성에 다시 한번 직면하게 된다.

8 하우스는 과거의 미해결된 관계의 유령들이 맴도는 묘지다. 조상의 망령, 부모의 결혼 생활 속에 흐르던 저류, 옛 파트너들과 맺은 인연의 파편이 8 하우스 영역 아래에서 계속 살아 꿈틀거리고 있다. 8 하우스는 언제든 다시 떠오를 수 있는 4 하우스의 원가족 콤플렉스 유산을 우리에게 다시 연결해 준다. 8 하우스는 우리가 원가족에게 물려받은 자원을 동료와 파트너, 형제자매와 공유하는 곳이기도 하다.

8 하우스는 저승 세계로 내려가는 여정을 연상시킨다. 신화에서 영웅의 마지막 과업의 하나는 하데스의 영역으로 내려가는 것이다. 과거의 중요한 부분을 회복함으로써 삶과 관계로 나아갈 능력을 부여받는다. 비너스가 프시케에게 준 마지막 임무는 페르세포네가 가진 미(美)의 상자를 받아 돌아오는 것이었다. 페르세포네는 한때 지하 세계로 납치된 어린 처녀에 불과했다. 하지만 이제는 명왕 하데스와 동등한 위치가 되어 지하 세계를 함께 다스리고 있었다. 그녀가 가진 미의 상자는 피랍자에서 동등한 파트너로 이어지는 여정을 상징했다. 프시케는 지하 세계로 여행을 떠나 비너스가 요구한 미의 상자를 가져왔다. 그리고 나서야 사랑하는 에로스와 결혼할 수 있었다.

처음에 프시케는 에로스와 무의식적인 관계를 맺었다. 그녀에게는 에로스의 모습을 볼 권리가 없었기 때문이었다. 비너스는 늘 둘의 관계를 따라다니며 훼방했다. 어머니에게서 분리되지 않은 에로스는 프시케와 함께할 수 없었다. 연인에 대해 알 권리가 없던 프시케는 진정한 관계에 온전히 참여할 수 없었고, 결국 그의 정체를 알기 위해 배신을 감행했다. 아이러니하게도 프시케는 배신을 통해 무의식에서 깨어나 결혼의 진실을 깨달을 수 있었다. 프시케, 에로스, 비너스의 삼각관계는 친밀감을 방어하는 8 하우스의 삼각관계를 연상시킨다. 진실은 배신으로 삼각관계가 깨어질 때 비로소 드러났다. 그리고 지하 세계 하강과 함께 정직하고 진정한 관계를 향한 여정이 시작되었다.

대인 관계의 하우스는 나르시시즘의 자기애 경험에서 역동적으로 살아 움직이는 친밀한 사랑 경험에 이르기까지 일련의 관계 발달 과정을 설명해 준다. 원가족에서 출발하는 이 관계의 하우스들은 원가족 패턴이 되살아날 위험이 도사리는 성인기 삶과 관계 및 새로운 가족 영역으로 이정표를 제시한다.

6장

지는 곳:
다른 반쪽의 지평선

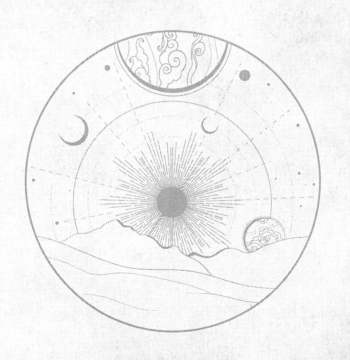

고전 점성학에서는 7 하우스 커스프인 디센던트를 행성들이 지평선 너머로 지는 곳이자 밤 세계와 통하는 문을 여는 지점으로 보았다. '지는 곳'은 보이는 세계에서 보이지 않는 세계로의 이동을 의미한다. 디센던트의 반대편은 행성들이 어둠 속에서 빛의 세계로 떠오르는 지점이다. 어센던트가 자아의 출현이라면 디센던트는 자아의 죽음으로서 신비로운 미지의 세계를 은유한다. 어센던트는 우리가 세상에 보여 주는 페르소나나 가면을 나타낸다. 그러므로 그 가면이 벗겨지는 디센던트는 자기가 아닌 타인을 인식함으로써 개인보다 관계에 집중하게 되는 지점으로 생각할 수 있다. '지는 곳' 디센던트의 별자리는 타인에게 비치는 우리의 미지의 특성을 환기시킨다. 미지의 신비로운 그곳은 혼이 담긴 영역이다. 차트의 서쪽 세계를 여는 관문인 7 하우스는 천궁도의 헤스페리데스라 할 수 있다. '저녁의 딸'로 불리는 헤스페리데스는 빛이 죽기 전 가장 화려한 색을 드러내는 황혼 녘의 님프다. 황혼 무렵, 그림자는 길어지고 우리는 어둠을 만날 준비를 한다. 짧은 시간 동안 지속되는 이 황금빛에서 우리는 타인의 그림자를 볼 수 있다.

  7 하우스는 점성학적으로 개인성과 관계가 수렴하는 곳이다. 은유적으로는 빛이 죽어 가면서 밤으로 전환하는 지점이기도 하다. 시야가 약해지고 희미해지면서 명확하게 보기 어려워진다. 7 하우스의 그림자 이

미지에는 우리 자신의 특성과 매우 유사한 부분이 있다. 종잡을 수 없는 이 그림자 본성이 타인과의 친밀한 접촉을 통해 떠오르면 진정한 영혼의 관계가 가능해진다. 어센던트처럼 디센던트와 7 하우스 역시 천상 세계와 지상 세계, 빛과 어둠, 주지와 미지, 내면과 외면 등 양극으로 상징되는 두 세계의 경계를 구분한다.

커스프에서 지평선은 관계 영역을 열어젖힌다. 비록 관계와 관련된 첫 하우스는 아니지만 동등한 관계와 선택의 자유가 보장되는 영역이다. 7 하우스는 나와 다른 타인을 만나는 장소다. 그 타인은 잃어버린 우리 일부를 보완해 주는 친숙한 사람들로서, 그들과의 관계에는 상호 호혜적인 부분이 있다. 7 하우스 파트너란 결혼 상대자나 인생의 반려자뿐만 아니라 비즈니스 파트너를 비롯한 모든 동등한 일대일 관계의 타인을 의미한다. 우리는 이전의 관계 구조에서 느낀 것과 다른 친밀감과 호감, 친숙함을 파트너에게서 느끼게 된다.

'파트너(Partner)'의 어원 '부분(part)'은 '분리된(apart)' 느낌을 주지만 동시에 결합할 수 있는 여지도 준다. 파트너는 우리의 창조성을 격려해 주는 뮤즈나 우리 자신을 비추는 거울 이미지가 아닌 엄연한 동반자다. 7 하우스에서는 우리의 나르시시즘이 도전받고 자기중심주의가 폭로된다. 자기에 대한 태양 중심적인 관점을 포기하지 않는다면 충만한 관계를 맺을 수 없다. 디센던트를 건넌다는 것은 이제 자기중심적인 세계관의 주장이 통하지 않는 영혼의 중간 지점에 이르렀다는 것을 뜻한다. 7 하우스는 우리를 협력과 타협의 장으로 안내하며 타인의 세계관 안으로 우리를 확장시킨다. 7 하우스는 협력의 하우스지만, 우리의 세계관에 반대하는 사람들과의 관계에서는 갈등을 불러일으키기도 한다. 7 하우스 룰러인 금성은 자기 가치와 가치관을 의미한다. 다른 가치관을 가진 타인을 만날 때 우리의 가치는 시험대에 오르고 의심을 받게 된다.

심리 점성학은 파트너에 대한 7 하우스의 투사(projection) 경향을 강조한다. 이 에너지가 무의식으로 남아 있을 때, 우리는 그것을 주로 다른 사람의 에너지로 간주해 버린다. 융이 말했듯이 투사는 무의식적인 메커니즘이다. 이를 깨닫는 것은 평생의 과제다. 자신의 잃어버린 자질을 더 많이 인식할수록 우리는 관계 발달에서 진정성을 갖출 수 있다. 7 하우스의 신비는 우리 자신과 다르고 반대로 보이는 파트너의 특징이 사실은 우리의 무의식을 부분적으로 반영한다는 데 있다. 7 하우스 파트너는 우리가 잃어버린 자기 반쪽을 다시 만날 수 있도록 자극한다.

7 하우스 커스프에 걸린 별자리는 중요한 특성을 나타낸다. 그 별자리는 종종 파트너의 천궁도에서 매우 두드러지게 나타나기도 한다. 그 속성은 우리가 반려자를 통해 추구하면서 만족감을 느끼는 부분이다. 7 하우스 내 행성은 파트너와의 교류에서 의인화된 원형 패턴을 보여 준다. 일반적으로 7 하우스 특성은 먼저 파트너를 통해 체현되고 나서야 우리의 삶 안에 의식적으로 통합될 수 있다.

내면 파트너

디센던트 별자리를 보면 드러나는 외적 파트너와 보이지 않는 내면의 파트너를 모두 짐작해 볼 수 있다. 남성에게는 내면의 여성성이, 여성에게는 내면의 남성성이 보이지 않는 파트너다. 융은 이 양면성을 각각 아니마와 아니무스로 명명했다. 그는 아니마와 아니무스가 페르소나, 즉 세상에 보여 주는 외적 얼굴에 의해 균형을 이룬다고 제안했다. 본질적으로 아니마와 아니무스는 정신 깊숙이 내재한다. 그 이미지들이 타인의 도움을 받아 의식 위로 올라올 때, 그림자 특성 또한 표면 위로 떠오른다. 7 하우스는 아니마·아니무스와 그림자 원형을 다룬다.

어센던트 또는 페르소나가 세상에 드러나는 자기라면, 디센던트는 어둠 속으로 지는 그림자 자기라 할 수 있다. 우리의 겉모습과 상충하는 친밀한 관계는 우리 안에 잠재된 낯선 자기를 드러나게 한다. 따라서 7 하우스 파트너는 우리의 더 깊은 자기 일부를 인식하게끔 일깨운다. 자기 내면에 잠재된 부분들을 마주할 때(특히 6 하우스에서 이미 준비를 한 상태라면), 힘이 있는 자아는 타인 앞에서 경계 없이 무너지거나 타인이 자신의 그림자 자아를 대신해 살도록 내버려 두지 않는다. 그러나 미성숙한 관계에 있거나 책임을 회피한다면 우리 자신을 완전케 하는 요건을 가진 파트너와 의존적인 관계에 빠질 것이다. 우리는 존재 내부에서 발산하는 거대한 잠재력의 파도에 휩쓸리면서, 남들이 그 잠재력을 대신 가지고 살도록 내버려 두게 된다. 그러면 우리가 이루지 못한 7 하우스 잠재력을 얻은 파트너는 한껏 부풀려지고, 결국 우리는 그것을 못마땅하게 여기며 비난할 것이다.

7 하우스 내 행성은 주로 파트너를 설명하는 데 사용된다. 예를 들어 7 하우스에 토성이 있다면 파트너는 냉담하고 권위적, 통제적이며 끊임없이 노력하는 책임감 강한 사람으로 묘사될 수 있다. 또는 나이가 많거나 전문가나 멘토 같은 사람일지도 모른다. 그리고 차트의 주인은 늦게 결혼할 가능성이 크다. 이러한 특징들은 실제 파트너를 통해 외부로 나

타나기도 하지만 동시에 우리 자아의 잠재된 측면이기도 하다. 7 하우스에 토성이 있는 개인은 책임과 권위, 자율성에 관한 자신의 미해결 문제를 무의식적으로 파트너에게서 추구할 수 있다. 7 하우스 목성은 관대하고 낙천적인 모험가 기질의 파트너로 묘사된다. 심리적으로 이것은 차트 주인의 타고난 지혜가 타인에게 투사된 것으로서, 잘못하면 스승이라 자칭하는 사기꾼, 사이비 현자에게 현혹될 가능성이 있다.

7 하우스는 파트너의 페르소나 뒤에 숨겨진 우리의 낯선 자기의 긍정적, 부정적 부분을 모두 만날 기회를 제공해 준다. 7 하우스에서 우리는 다름을 너그럽게 받아들이는 법을 배우기 시작한다. 서로 상충하는 양극의 팽팽한 긴장을 경험하면서, 우리는 자신의 무의식적 행동을 깨닫게 된다. 이 영역에서 우리는 상대방의 관점을 취함으로써 자신을 객관적으로 바라볼 수 있다. 7 하우스는 비자아를 탐색하는 진지한 성인 관계의 출발점이다. 그러나 태양이 디센던트에 걸려 있는 경우, 칼 융이 그의 논문 '심리적 관계로서의 결혼'에서 주장했듯이 '위기 없는 순조로운 결혼 생활은 개별적 관계로 발전할 수 없다.'

관계 패턴

어센던트는 탄생과 세상으로의 출현을 상징하며, 디센던트는 타인의 세계로의 재탄생을 상징한다. 그곳에서 우리는 관계를 맺을 준비를 한다. 청소년기의 자기애가 누그러지는 초기 성인기에 이르면 관계 맥락에서 자기의 다른 측면을 탐구할 수 있는 여유가 좀 더 생긴다. 그러면서 7

하우스의 특성과 에너지를 훨씬 많이 경험할 수 있게 된다. 우리가 경험한 부모의 결혼 생활과 중요한 관계 경험은 7 하우스 지형도에 저마다의 표시를 남긴다. 따라서 7 하우스 내 행성은 우리가 유아기에 맺은 중요한 관계 역동에서 처음 촉발되었을 가능성이 크다. 우리의 관계 패턴은 상당 부분 성인 관계가 형성되기 전, 부모의 결혼 생활과 형제자매 관계 및 초기 친구 관계 경험을 통해 형태를 갖추고 확립된다.

청소년기는 4 하우스 유년기를 지나 5 하우스에서 상징적으로 나타난다. 7 하우스에 도달할 때쯤 우리는 자기 집착 단계를 지나 마침내 관계를 맺을 준비를 하게 된다. 성인 관계를 통과하는 동안에는 5 하우스의 자기애적 사랑 경험이 여전히 남아 있을 수도 있다. 7 하우스에서는 동등한 성인 관계를 통해 자아 통합 과정에 도움을 받는다.

심리학적으로 우리는 부모의 결혼 생활을 자신의 관계에서 재현한다. 우연의 일치로 자신의 이성 부모를 닮은 사람을 파트너로 선택하거나 부모의 결혼 생활과 비슷한 주제가 반복되는 관계를 맺을 수도 있다. 7 하우스는 동등한 관계가 이루어지는 곳이기 때문에 초기 관계 패턴에 관한 많은 정보가 그곳에 담겨 있다. 7 하우스의 기반에는 부모의 관계 패턴뿐 아니라 사회 문화 배경에서 오는 관습적인 관계 패턴 또한 존재한다. 특히 태양, 달, 토성 또는 MC나 IC의 룰러가 7 하우스 내에 있는 경우 더욱 그렇다. 부모의 경험은 우리의 전반적인 관계 경험에 영향을 준다. 부모의 관계에서 우리가 받은 메시지는 7 하우스 관계에 반향을 일으키며, 부모의 친밀한 접촉 경험은 8 하우스에도 영향을 미친다.

7 하우스 관계는 5 하우스의 연애 관계나 첫사랑과 다르게 전념이 동반된 관계를 목적으로 한다. 전념은 일반적으로 동거, 결혼, 약혼 및 상

호 동의하에 맺은 서약 등의 행위로 의례화된다. 이것은 또한 성인으로서 책임을 기꺼이 받아들이고 깊은 자기 탐색을 준비하고자 하는 강한 의지를 나타낸다. 전념하는 관계가 있는 경우, 디센딘트 앵글은 트랜짓과 프로그레션에 민감하게 반응한다. 7 하우스에 대한 트랜짓과 프로그레션은 동등한 관계 영역에서 일어나는 중요한 발전과 관련이 있다. 그 시기에는 오랫동안 묻혀 있던 관계 패턴이 표면 위로 드러나면서 관계에 변화를 촉구한다.

7 하우스 점성학

7 하우스 해석은 먼저 디센딘트에 걸린 별자리로 시작해 볼 수 있다. 그 별자리는 일대일 관계의 관문과도 같다. 어센딘트의 반대에 위치하는 디센딘트는 우리에게 낯선 경험을 주는 곳이다. 어센딘트의 특성을 따라 살아갈수록 우리는 반대 극성인 디센딘트 성향이 세상을 향해 표류하도록 내버려 두게 된다. 반대로 어센딘트 특성에 대한 거부는 디센딘트 특성의 과장된 표현으로 나타날 수 있다. 디센딘트 별자리는 우리가 타인에게 끌리는 특성을 상징하는데, 대개는 그 성향이 우리 자신의 일부라는 것을 인지하지 못하는 경우가 많다. 따라서 우리의 디센딘트 별자리가 종종 파트너의 태양이나 달 또는 주요 앵글의 별자리와 일치하는 것은 그다지 놀라운 일이 아니다. 아니면 파트너는 해당 별자리의 특성을 잘 나타내는 사람일 가능성이 크다. 디센딘트 별자리의 룰러 역시 중요한 역할을 한다. 차트에서 룰러의 어스펙트가 양호하고 힘을 잘

받고 있다면 7 하우스에 접근이 쉬워진다. 그러나 룰러가 어려운 어스펙트를 받고 있다면 7 하우스의 주요 기능인 관계에 대한 전념, 동등한 파트너십, 타협과 협력 면에서 어려움을 겪을 수 있다.

7 하우스 내 행성은 관계 과정에서 발생하는 원형적인 패턴을 나타낸다. 그것은 우리가 타인에게 이끌리는 특성처럼 외부로 드러나기도 하는데, 그 특성이 이미 자신 안에 잠재되어 있었다는 사실은 훨씬 나중에 깨닫게 된다. 하우스 내 행성은 관계와 파트너에 대한 개인의 태도를 상징한다. 우리는 그 행성들을 보통 타인에게 투사하지만, 일단 자신의 특성으로 인정하면 그 에너지를 훨씬 유용하게 사용할 수 있다. 7 하우스 에너지는 그 특성상 성인기에 이르러 작용한다. 예를 들어 7 하우스에 화성이 있는 사람은 진취적이고 독립적이며 활동적인 사람에게 끌릴 수 있다. 그리고 그 관계를 통해 자신의 화성 에너지를 어떻게 사용할지 반성하게 된다. 나는 얼마나 경쟁력이 있는가? 어떤 방식으로 욕구를 주장하고 분노를 표출하는가? 7 하우스 화성이 파트너를 통해 활성화될 때 이러한 이슈들이 관계에서 대두될 수 있다. 화성은 경쟁, 분노, 독립 등과 관련된 관계 내 패턴과 주제를 다룬다.

만약 7 하우스에 행성이 두 개 이상 있다면 파트너로 인해 복잡한 정신 활동이 야기될 수 있다. 행성들이 뿜어내는 에너지가 매우 강력하기 때문에, 아마도 개인은 행성 원형을 한 번에 하나씩 인식할 것이다. 필자의 내담자 중 수잔이 바로 그런 예였다. 그녀의 7 하우스에는 토성-명왕성이 있었다. 관계 문제로 심리 치료를 시작했던 그녀는 남편을 지배적이고 강압적인 사람으로 묘사했다. 치료 관계를 통해 그녀는 무의식 속 자신의 야망을 알아차렸고, 결혼 후 그만두었던 교사직을 다시 시작했다. 그런데 그 과정에서 자신의 관능적인 힘까지 발견하는 바람에 치료자에게 성적 전이를 일으켰다. 필자가 수잔을 처음으로 만난 것도 바로 그즈음이었다. 필자와 수잔은 7 하우스 행성들을 이용해 전개 과정을 그릴 수 있었다. 그러면서 수잔은 남편에게 자신의 토성 에너지를 투사했듯이 치료사에게 명왕성 에너지를 투사했다는 사실을 분명히 볼 수 있었다.

7 하우스 스텔리움은 훨씬 더 복잡하다. 그 복잡함을 다루는 방법의 하나는 관계와 친밀감에 맞서 방어하는 강력한 자아의식을 동원함으로써 에너지를 1 하우스로 양분화하는 것이다. 또 다른 방법은 그 복합적인 행성 에너지를 천천히 풀어 가는 것이다. 한 번에 한 개씩 각 행성의 원형을 다룬다. 모든 관계에는 저마다 각기 다른 주제가 있다. 수잔의 경우처럼 7 하우스 내 행성들은 각각의 다른 파트너를 상징하거나 한 파트너 안에 있는 서로 다른 측면들로 나타날 수 있다.

7 하우스에 행성이 없을 때는 디센던트 별자리와 그 룰러를 통해 관계 영역에 관한 정보를 얻을 수 있다. 파트너의 영향력이 줄어드는 것은 아니지만 원형 패턴이 그리 강하게 나타나지는 않을 것이다. 7 하우스에 행성이 없고 8 하우스에만 있는 경우, 관계를 맺는 과정이 매우 열정적이면서 극적인 관계로 치달을 수 있다. 그러니까 격정적이고 강한 유대감 때문에 '서로를 알아 가는 단계'가 생략되는 것이다. 이런 관계에는 아무런 완충 지대가 없기 때문에 관계가 시작되자마자 공중분해 될 가능성이 있다. 7 하우스 행성은 관계의 발판을 쌓는 역할을 한다. 따라서 시간을 들여 관계를 맺는 편이 현명하다.

통합되지 않은 7 하우스 행성은 보통 삶의 다른 영역에서 걷잡을 수 없는 미성숙한 형태로 드러난다. 7 하우스 화성을 예로 들어 보자. 이 사람은 다른 인생 영역에서는 굉장히 공격적이거나 치열하게 경쟁하는데, 유독 관계에서는 복종적이고 방향을 잃은 채 방황할지도 모른다. 화성 에너지를 파트너에게 양도한 채 본인은 정작 그 에너지에 접촉하지 못한다. 그런데 파트너십 영역 밖에서는 무절제하고 강압적인 방식으로 화성 에너지를 쏟아 낸다. 당사자는 자기 행동이 미치는 영향을 전혀 모를 뿐더러 본인이 그 에너지를 어떻게 사용하고 있는지 의식하지 못한다.

필자의 한 시너스트리 워크숍에서 모두가 그 예시를 똑똑히 목격했다. 주말 내내 한 여성이 마구잡이로 말을 쏟아 냈다. 다른 사람의 말을 중단하고 끊임없이 자기 말만 하는 행동이 위에서 필자가 묘사한 내용과 일치했다. 그녀를 제지하려는 필자의 노력은 매번 수포로 돌아갔다. 결국 강의 진행 내내 방해를 받았다. 그녀는 자신의 행동을 막으려는 타인의 반응을 전혀 알아차리지 못했다. 그녀가 입을 열 때마다 강의실은 불안한 기운에 휩싸였다. 7 하우스를 탐색할 때 그녀는 자신의 7 하우스에 수성이 있다고 말했다. 강의실에 다시 한번 긴장이 돌았다. 그녀는 "제 남편은 자기가 굉장히 똑똑한 줄 알아서 제게 한마디도 말할 틈을 안 줘요."라고 말을 이었다. 그 말에 강의실이 고요해지면서 모두가 자기 귀를 의심했다. 이어지는 이야기를 통해 그녀가 지금껏 남편의 생각과 지성, 지식에 극도로 위협을 받았다는 사실이 밝혀졌다. 그녀의 수성은 자기의 전체성으로부터 떨어져 나와 대학 교수인 남편을 통해 살아남아 있었다. 그녀는 배우자에게 투사한 자기 수성의 그림자를 아직 통과하지 못한 상태였다. 그녀의 수성 기능은 자기 성격으로부터 사실상 분리되어 삶의 다른 영역에서 무의식적인 행동화로 나타나고 있었다. 그룹

토론을 통해 자신의 무의식 과정에 직면한 그녀는 이내 침울해하며 차분히 생각에 잠겼다.

우리가 7 하우스 행성을 타인에게 투사하면 그 에너지는 우리의 삶에서 제외되고 만다. 파트너를 통해서만 살아있는 그 행성에는 어떤 생동감도 개성도 없다. 직장이나 모임에서 알게 된 어떤 사람이 자신의 파트너와 함께 있는 모습을 볼 때, 우리는 그 사람이 보이는 전혀 다른 성격에 놀라곤 한다. 사교적인 줄 알았던 사람이 파트너와 있을 때는 과묵한 모습을 보인다든지, 태평스럽고 외향적인 친구가 남자친구와 있을 때는 조심스럽고 소심한 모습을 보일 때 우리는 적잖은 충격을 받는다.

7 하우스 내 인터셉션(interception)은 관계에 또 다른 특성을 덧입힌다. 인터셉트 사인은 관계 과정에서 나타나는 이질적인 특성을 상징한다. 이 특성은 보통 7 하우스 커스프의 별자리 특성과 상충한다. 디센던트에서 8 하우스 커스프로의 전환은 관계 발달에서 매우 중요한 과업인데, 인터셉션이 개입되면 그 전환에 방해를 받는다. 디센던트는 우리가 타인에게 끌리는 특성을 알려 주며, 8 하우스 커스프는 우리가 타인과 정서 및 육체적 친밀감을 맺는 방식을 제시해 준다. 보통은 디센던트 별자리가 불 원소일 때, 8 하우스 별자리는 자연스럽게 흙 원소가 된다. 일반적인 차트 휠에서 8 하우스로의 전환은 7 하우스의 가시적인 특성과 이질적이다. 그러나 인터셉션이 있으면 말이 달라진다. 7 하우스에서 발생하는 일부 문제가 정서 및 육체적 친밀감을 확립하는 8 하우스 과정을 지연시킬 수 있다.

7 하우스의 위치 문제는 우리가 그 특성을 타인에게 투사하고 있는지 자기의 전체성으로 통합하고 있는지에 따라 크게 달라진다. 따라서 투

사 현상과 그것이 7 하우스에 적용되는 방식을 살펴보는 것이 중요하다. 주로 초기 성인기에는 투사 과정을 통해 '나는 누구인가'라는 복잡한 문제의 답을 찾아가고 있을 가능성이 크다.

투사

투사란 타인에게서 자신의 무의식적 특성이나 성격을 인식하고 그것에 반응함으로써 무의식을 의식화하는 기제다. 투사는 흔하게 일어난다. 방어 기제로서 투사는 받아들이기 힘든 자신의 무의식적 충동이나 욕망을 방어하고자 타인이나 사물을 향해 느끼는 감정과 정서, 생각 및 행동 등을 뜻한다. 자기와의 연결이 단절된 특성들은 외부 세상에 투사된다. 그러나 투사를 건설적으로 사용한다면 자각을 위한 좋은 방안이될 수도 있다.

투사된 특성이나 태도는 긍정적일 수도 있고 부정적일 수도 있다. 예를 들어 우리가 자기의 창조적인 측면을 부인한다면 우리는 그 살아남지 못한 잠재력을 창의적인 사람들에게 투사할 것이다. 이 과정이 확고할수록 투사를 당하는 대상은 우리의 부적응 문제의 희생양이 되고 만다. 우리는 용납할 수 없는 자신의 특성을 타인에게 돌리며 비난하곤 한다. 이렇게 의식화되지 않은 특성들은 우리의 인식을 왜곡시킨다. 따라서 무의식 상태에 있는 동기나 충동일수록 더 과장된 투사가 일어난다. 이러한 충동이 의식 수준으로 올라오게 되면 자아는 위협을 느끼고 왜곡된 렌즈를 통해 우리의 관점을 필터링한다. 어떤 과장된 특성을 드러내는 타인에게 우리가 강하게 반응하고 있다면, 그것은 투사를 들여다보는 기회가 될 수 있다. 타인의 과장된 특성에 대해 우리 안에서 감정적인 반응 패턴이 계속될 때 우리는 투사를 알아차린다. 다른 사람들이나 상황을 끊임없이 비난하는 것 또한 투사의 신호다. 그 과정에서 우리가 자기의 역할을 인정하지 않을 때 투사가 일어난다. 우리의 무의식은 끊임없이 투사를 하고 있기 때문에 투사 과정이 끝났다고 생각하는 것은 심리적으로 아주 순진한 판단이다. 그러나 투사를 알아차림으로써 우리는 관계의 지평을 넓히고 더 진정한 자기를 회복할 수 있다.

　다음 도표는 투사의 작동 방식을 보여 준다. 'A'라는 태도는 우리가 잘 모르는 자기의 측면으로서 직접적인 접근이 불가능하다. 그러나 그것과 비슷한 특성을 보이는 타인에 의해 A는 AOX로 반영되고 의식으로 올라온다. 우리는 태도 'X'를 의식할 때, 그것을 자신의 일부 'A'가 아닌 타인의 태도 A1으로 인식하는 경향이 있다. 대개 그 타인은 우리의 묻힌 본성과 유사한 속성을 가지고 있기 때문에, 우리는 그 사람을 비난하거나 투사하는 함정에 쉽게 빠진다. 우리가 자신의 무의식적인 태도 A를 인식하고 투사를 걸어 내면 의식의 성장이 일어난다. 자신의 잠들어 있

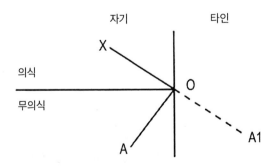

던 특성을 받아들이기 시작하면 무의식적으로 타인을 투사하고 왜곡하는 것도 훨씬 줄어든다.

네이탈 차트에서 투사는 천궁도 전체에 걸쳐 일어난다. 하우스는 투사가 일어나는 심리적 공간이다. 하우스는 타인이 있는 영역을 구분하는데(형제자매는 3 하우스, 자녀는 5 하우스, 직장 동료는 6 하우스, 파트너는 7 하우스 등등), 주로 하우스 내 행성이나 하우스 룰러가 투사되기 쉽다. 하우스의 상황과 배치는 투사를 일으키는 대상에 대한 단서를 제공한다. 투사 과정은 특히 공기 원소와 흡사하다. 따라서 관계의 하우스(3, 7, 11 하우스)는 투사가 보편적으로 일어나는 영역이라 할 수 있다. 관계의 하우스는 타인에 의해 의식화되는 영역이다. 관계에서 파트너에 대한 투사는 7 하우스 행성 및 커스프 별자리와 관련된 특성에 의해 명료하게 나타난다.

파트너에 대한 투사는 대개 단계별로 인식된다. 7 하우스 투사 과정은 크게 3단계로 분류된다. 첫 번째는 신비화 단계다. 이 단계에서는 해당 원형의 긍정적인 면이 우리가 끌리는 대상을 통해 구체화된다. 그 대상의 빛나는 자질은 우리의 경외감을 자아낸다. 투사하는 자질을 처음 접하는 그 순간은 마치 마술처럼 강렬하다. 투사된 행성 에너지는 아직 우리의 무의식 속에 있기 때문에 과장되거나 이상화되면서 강력한 원형의 힘을 지니게 된다. 그래서 초월적이고 심지어는 신성한 느낌마저 든다. 예를 들어 관계의 시작 단계에서 7 하우스 수성은 화려하고 재치 있는 천재로, 토성은 성공 신화의 주인공으로, 명왕성은 자석 같은 매력의 치유자로 보일 수 있다. 태양이 투사되면 파트너를 매력적이고 자신감 있는 따뜻하고 창의적인 사람으로 우러러볼 것이다. 그렇게 매력적이고 활기차고 창의적인 사람은 이제까지 단 한 번도 본 적이 없는 것마냥 상대에게 푹 빠진다. 투사의 첫 단계는 매혹과 매력의 단계다. 여기서 우리는 상대방에게 특별한 자질이 있다고 생각한다.

다음은 쇠퇴 단계다. 한때 매혹적이었던 그 특성이 이제는 성가시고 불편하게 느껴진다. 관계가 계속될수록 해당 원형의 그림자가 드리워진다. 그러면서 예전에는 거부할 수 없이 매력적이었던 그 특성의 부정적인 저류가 표면 위로 드러나기 시작한다. 한때는 신성하게 우러러보았던 그 특성이 이제는 사악한 것으로 전락한다. 전과 후가 극명하게 대조된다. 이 단계에서 나타나는 실망감, 감정적 반응, 비난을 통해 우리는 자신의 투사를 알아차릴 수 있다. 투사된 콤플렉스의 그림자 측면이 드러나면 수성 파트너는 아는 체하는 사람에 불과해 보인다. 쉬지 않고 말을 잇는 상대 때문에 당신은 한마디도 말할 틈이 없다며 불평을 늘어놓을 것이다. 이 단계에서 수성은 피상적이고 무책임한 사람으로, 토성은 차갑고 권위적인 사람, 명왕성은 집착하고 통제하는 사람으로 보일 수 있다. 그리고 한때 카리스마와 창조성이 넘쳤던 태양인은 이제 자기중심적이고 이기적인 거만한 사람이 된다. 7 하우스 행성은 같은 파트너를 통해 해당 원형의 양면을 모두 드러낸다. 우리는 드러난 그림자 측면을 자기 안에 통합할 수 있다. 그러나 또다시 비슷한 파트너를 선택한다면 퇴행하면서 '매혹의 단계'를 되풀이하게 된다.

마지막 단계는 원형의 상충하는 양측 사이의 긴장을 유지하면서, 그 모두가 자신의 일부임을 깨닫는 단계다. 그 특성들을 자기의 것으로 인정하면 통합 과정이 시작된다. 우리는 자신과 파트너 모두에게서 그 콤플렉스의 밝은 면과 어두운 면의 균형을 맞추기 위해 노력한다. 예를 들어 수성이 투사된 경우, 이제 자기만의 의견을 제시하고 자신 있게 의사 소통을 하기 위해 파트너의 의견에 이의를 제기하기 시작한다. 토성은 권위와 절제, 리더십을 갖추게 되며, 명왕성은 자신의 힘과 깊이 및 열정을 존중하게 된다. 또한 태양은 자기 본연의 잠재력을 주장하기 시작하면서 자신만의 창의력과 표현력에 접촉하게 된다. 이 단계에서는 직면과 자기반성, 동등한 관계를 위한 노력이 특징적이다.

파트너에게 씌운 투사를 인정하는 것은 자신의 본질을 되찾는 데 도움이 된다. 그러면서 관계 또한 강화된다. 그러나 그동안 자신이 투사를 통해 파트너의 특성을 부풀렸다는 사실을 인정하는 것은 고통스러울 수 있다. 투사를 인정하면 심리적 관계 역동이 변화함에 따라 정신적 문제를 초래하기도 한다. 커플 중 한 명이 변화하면 상대 파트너는 불안에 휩싸인다. 투사를 멈추면 더 이상 상대를 이상화하지 않기 때문에 상대는 냉담하고 무관심한 느낌을 받게 된다. 그러나 그것은 사실 두 사람 모두가 진정한 관계로 발전할 준비가 되었다는 신호다.

다음 표에는 7 하우스 커스프인 디센던트 별자리에 따라 관계에서 나타날 수 있는 특성들의 예시가 나와 있다. 타인에 대한 투사와 매력 패턴을 자각하기 시작하면 그 에너지가 자연스럽게 약해진다는 사실을 기억하라. 그러면 개인은 타인을 통해 대리 만족하는 대신 7 하우스 행성이나 별자리가 가진 잠재력을 더욱 자유롭게 사용할 수 있다. 투사는 흔히 과장된다. 우리가 투사된 특성을 고수하다 보면 타인에게 느끼는 매력도 왜곡될 것이다. 친밀한 관계에서 일어나는 투사의 깊은 역동이 다음 표에 요약되어 있다.

[관계에서의 투사: 별자리]

투사된 별자리 디센던트 별자리	1단계 이상화 타인에게 느끼는 매력적인 특성	2단계 평가 절하 투사가 약해지면서 드러나는 그림자	3단계 통합 자기 인식을 위해 필요한 일
양자리	자기주장, 솔직함, 독립성, 용기, 기업가적 기량, 대립적, 자립적, 자발적	이기주의, 거만한, 다혈질, 변덕스러운, 나약한, 비겁한, 협력과 공유를 꺼림, 친밀감과 관계로부터 도피	독립성과 자기주장에 대한 욕구, 위험을 감수하고 모험하고자 하는 욕망, 자신답게 살면서 스스로 선택하기
황소자리	느긋한, 안락함과 쾌락과 아름다움에 대한 사랑, 소박함, 생활력, 능력 있는, 관대한	게으른, 둔한, 완고한, 변화를 거부하는, 빈둥거리는, 물질주의, 소유욕, 돈과 소유에 대한 집착	자존감과 자기 가치에 대한 욕구, 미적 감상, 안정과 안전을 소중히 여김, 사랑받을 가치
쌍둥이자리	재미있는, 쾌활한, 다양한 관심사, 광범위한 사고와 지식, 유머 감각, 대화의 능변가	진지한 주제에서 도피, 피상적인, 모순적인, 사기꾼, 신념을 쉽게 번복, 관계에 전념하지 않음	인생에서 다양성을 추구하기, 자유롭고 유연하게 생각 하기, 다양한 방식으로 자기표현 하기
게자리	조건 없는 사랑, 다정다감, 보살피는, 안전하고 보호받는 느낌, 감정 표현을 안전하게 받아 주는, 친절한	감정 기복, 예민한 감정, 쉽게 상처받는, 잘 삐지는, 뾰로통한, 매달리는, 의존성	자신을 돌보고 정서적 안정을 찾고자 하는 욕구, 있는 그대로 수용 받고 소속되는 경험
사자자리	자신감, 흥분, 자석 같은 매력, 포용력, 활기, 밝고 따뜻한, 관심의 중심	연예인, 허세, 관심에 목마른, 나르시시즘, 원대한 이상, 허풍	자신감 있고 창조적인 자기표현의 욕구, 자기 자신과 자신의 창작물을 자랑스럽게 여김
처녀자리	실용성, 봉사 정신, 사려 깊음, 직업 윤리, 질서, 일관성, 프라이버시, 단정한, 분석적인 접근	완벽주의자, 비판가, 일 중독, 내려놓기 힘들어하는, 사소한 것에 지나치게 신경 씀	삶에서 질서와 지속성을 창조하고자 하는 욕구, 목적성 갖기, 타인의 웰빙에 이바지하기

투사된 별자리 디센던트 별자리	1단계 이상화 타인에게 느끼는 매력적인 특성	2단계 평가 절하 투사가 약해지면서 드러나는 그림자	3단계 통합 자기 인식을 위해 필요한 일
천칭자리	평등 정신, 낭만적, 매력적, 예술적, 협력적, 배려심, 평화주의	우유부단, 줏대 없는, 변덕, 이기주의, 무례한, 무심한, 평화 제일주의	관계에서 평화와 평등을 찾고 인정받고자 하는 욕구, 자신의 불균형을 가치 있게 여김
전갈자리	강렬한, 열정적인, 신뢰할 수 있는, 진정성, 정서적 강인함, 카리스마, 깊은 이해심	파워 플레이, 정서적 통제, 소유욕, 질투심, 비밀스러운, 의심 많은, 철회, 냉정한	타인과 솔직하게 마음을 터놓고 친밀감을 나누고 싶은 욕구, 관계를 통한 가장 깊은 수준의 만남
사수자리	낙관주의, 신념, 지혜, 풍부한 인생 경험, 비전, 용기와 희망을 주는, 설득력, 폭넓은 이해	다 안다는 식의 태도, 가르치려 드는, 자기 의견만 고집하는, 독선적인, 영적인 근시안, 조증 행동, 산만함	앎에 대한 욕구, 자신만의 신념 체계 개발하기, 모든 관계에서 진리를 추구하고 탐색하기
염소자리	안정적인, 예측 가능한, 헌신적이고 충실한, 신뢰할 수 있는, 인내심, 아버지 역할, 든든한, 체계적인	꼰대, 지배적인, 엄격한, 차가운, 노는 것보다 일이 우선, 통제와 독재	자신만의 권위를 갖고 자기 안에서 조언을 찾고자 하는 욕구, 자신의 야망과 목표를 인정하기
물병자리	독특한, 미래 지향적, 변화와 새로운 개념에 개방적, 대안적인, 자극과 영감을 주는, 독립적인, 우호적인	땅에 발을 붙이지 못하는, 정서적 분리, 지나친 독립성과 개인주의, 혼돈, 반항적, 전투적인 정치 성향	독특하고 독립적이고 싶은 욕구, 대안적인 삶을 살기, 개인으로 살기, 모든 관계에서 자유를 누리는 것
물고기자리	온화한, 사랑스러운, 민감한, 이타심, 동정심, 내어주는, 영적 감수성, 예술성, 창의성	지나치게 예민한, 혼란스러운, 모호한, 자기희생, 다른 사람들은 돌보면서 스스로 보살피지 못함.	관계에서 창조성과 마술을 느끼기, 영성과 창의성에 대한 추구

투사는 그것이 긍정적이든 부정적이든 불편한 정신의 특성으로부터 자아를 보호하기 위해 고안된 무의식적 과정이라는 점을 알아야 한다. 투사된 특성을 자기의 일부로 인식하기 시작할 때 우리는 묻힌 잠재력을 발휘할 수 있다. 칼 융은 투사를 하는 주체가 개인이 아닌 무의식이라고 주장했다. 따라서 자신의 투사를 인정하는 것은 의식적 행동이라 볼 수 있다. 무의식은 끊임없이 투사를 하기 때문에 이 과정은 계속 진행 중이다.

7장

거울 들여다보기: 디센던트의 특징

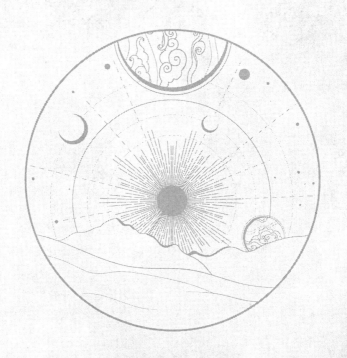

의미 있는 타인, 동반자, 소울메이트, 배우자 등등 우리가 생각하는 반려자에 대한 이미지는 우리의 디센던트 문턱을 맴돈다. 우리가 태어나면서부터 이미 지평선에는 자기의 또 다른 반쪽의 이미지가 드리워져 있었다. 어센던트의 반대편에 있는 별자리는 개인의 성격을 보완한다. 도플갱어 같은 관계의 세계를 거울처럼 들여다봄으로써 우리는 자기의 다른 반쪽을 발견하게 된다. 그 반쪽은 대체로 자신보다는 타인을 통해 좀 더 확실하게 드러난다. 우리는 그 반쪽을 받아들이기도 하지만 때로는 거부하기도 한다. 이끌리면서도 동시에 불편해하는 이러한 양가적인 현상을 투영(reflection)이라고 한다. 7 하우스 커스프에 걸린 별자리는 종종 파트너의 천궁도에서 두드러지게 나타나기도 한다. 그러나 결혼이나 이혼 여부와 상관없이 7 하우스는 근본적으로 자신의 한 부분임을 명심해야 한다. 일례로 브래드 피트의 7 하우스 커스프는 쌍둥이자리인데, 이는 안젤리나의 태양 별자리이기도 하다. 한편 안젤리나의 디센던트 별자리는 염소자리로서, 브래드의 달과 금성을 포함한 네 개 행성과 같은 별자리다. 안젤리나의 태양은 브래드 피트의 디센던트에 컨정션, 브래드의 달은 안젤리나의 디센던트에 컨정션이다. 휘트니 휴스턴과 바비 브라운의 천궁도에서도 이러한 교차 현상이 비슷하게 나타난다. 휘트니의 7번 하우스 커스프는 바비의 달과 같은 처녀자리다. 또 바비의 디센던트는 게자리에 걸려 있는데, 게자리는 휘트니의 노스 노드 별자리이기도 하다.

7 하우스는 우리를 관계의 신비로 안내한다. 우리는 보통 자기와 반대되는 성향에 이끌리는데, 그것은 스스로 의식하지 못하는 자기 안의 또 다른 성향을 부분적으로 반영한다. 7 하우스에는 의식과 무의식의 그림자가 합쳐져 있다. 우리는 7 하우스가 상징하는 파트너에게서 친밀감과 호감, 친숙함을 느끼는데, 이것은 의식 속의 기억에서 나온 감정이 아니다.

파트너는 우리의 동반자이자 영혼의 단짝이자 친밀한 타인이다. 인간의 본성은 자신의 미해결 문제와 콤플렉스를 진흙처럼 빚어 이상적인 파트너를 만드는 경향이 있다. 여기에는 우리 자신의 투사와 환상과 이상 및 부모, 형제자매와 형성한 초기 관계 양식이 재료로 들어간다. 7 하우스는 '동등'의 영역이다. 그래서 파트너는 우리와 비슷한 성격과 특성을 공유한다. 7 하우스는 또한 결합의 하우스이자 분리와 개인성의 영역이기도 하다. 사랑과 관계에 관한 유려한 작품들을 남긴 라이너 마리아 릴케는 다음과 같이 말했다. "사랑이란 두 고독한 영혼이 서로 보호하고 접촉하면서 기쁨을 나누는 것이다." 그것이 바로 7 하우스의 속성이다.

파트너의 별자리: 7 하우스 커스프

이 장은 디센던트 별자리들의 일반적인 특징을 다룬다. 파트너를 분석하기보다는 타인에게 반응하는 우리 안의 특성을 적극적으로 상상해 보고자 한다. 어센던트-디센던트 축 위에서는 우리의 가면 자아와 파트너에게 반영된 그림자 자아가 한데 어울려 춤을 춘다. 그 축은 관계 점성학에서 매우 중요한 역할을 하는데, 때때로 파트너의 천궁도에 있는 중요한 지점과 교차하기도 한다. 자신의 디센던트를 성찰하고 그 기저에 있는 패턴을 인식함으로써 우리는 과거에서 벗어나 현재에 튼튼한 뿌리를 내릴 수 있다. 7 하우스 특성은 우리의 어센던트 성격과 많이 달라 보일지라도 사실은 우리의 본성에 단짝과 같은 성격 부분이다.

양자리 디센던트(천칭자리 어센던트)

당신이 타인에게서 끌리는 특성은 적극성과 솔직함, 독립성, 자립성, 용기, 대담한 성격 등이다. 처음에 당신은 상대방의 생명력과 거침없이 솔직한 언행에 반한다. 그러나 상대에 대한 투사가 계속되면 당신이 동경하던 그 자유로운 영혼의 용감한 사람은 제멋대로에 무책임하고 자기중심적인 모습을 드러낼 것이다. 7 하우스 양자리의 빛과 그림자가 당신을 관계로 끌어당기면 당신은 용기를 내어 모험과 위험에 뛰어들 수 있게 된다. 그러면서 자신이 소중히 여기는 가치와 욕망을 주장하게 될 것이다.

관계를 통해 타인을 만족시키려 애쓰다가는 자신의 자립심과 열정적인 정신을 위험에 빠뜨릴 수 있다. 따라서 누구를 만나든지 간에 자기를 잃지 않는 것이 중요하다. 어센던트가 천칭자리인 당신은 본능적으로 파트너의 야망과 목표를 지지한다. 상대방은 당신에게 자신만의 의지력과 욕구를 가지고 삶의 역경에서 단호해지는 법을 가르쳐 줄 것이다. 은유적으로 표현하자면 당신의 결혼 상대자는 바로 자신의 '용기'와 '자기 확신'이다. 당신의 본성은 즉흥적이어서 넘치는 열정과 역동으로 빠르게 관계를 맺는다. 그런데 모험과 위험에 뛰어들 자유 없이 책임과 헌신만 있는 관계라면 그 열정의 불은 순식간에 꺼져 버리고 만다. 그러므로 자기답게 살고자 하는 당신의 욕구를 흔쾌히 받아들이는 사람과 관계를 맺는 것이 좋다.

황소자리 디센던트(전갈자리 어센던트)

당신은 상대방의 인내심과 믿음직스러운 모습에 매력을 느낀다. 상대의 확고한 모습은 당신에게 온기를 주며, 항상 시간을 지키는 그의 태도는 당신에게 큰 힘을 준다. 그의 관대한 성품은 굉장히 매혹적이다. 인생의 좋은 것들을 만끽하는 그의 재능은 당신에게 편안함을 안겨 준다. 당신은 땅에 두 발을 굳게 딛고 있는 안정적인 파트너를 통해 삶의 균형을 찾고자 한다. 그래서 당신의 삶을 지탱해 줄 자립적이고 생활력이 강한 사람에게 이끌린다. 그런데 안전제일을 추구하는 평온한 그 상대가 강한 소유욕과 융통성 없는 모습을 보인다면, 그것은 투사가 확실하다. 한때는 기분 좋아 보이던 것이 이제는 허랑방탕으로 보이거나 상대의 한결같은 성향이 지루하게 느껴진다면, 그것은 곧 자신의 관계에서 안정감과 자산, 자원을 숙고할 때가 되었다는 뜻이다.

몸과 관능, 애착 및 쾌락은 관계를 지속하는 데 중요한 요소다. 당신은 관계를 통해 '내 것'과 '네 것'을 분별하는 법을 배우게 된다. 자원의 공유에는 갈등의 소지가 다분하기 때문이다. 자원의 교환은 관계에서 느끼는 애착과 신뢰감과 직접적으로 비례한다. 파트너와 자원을 공유하는 능력은 친밀한 관계를 맺는 능력과 긴밀하게 얽혀 있다. 아이러니하게도 당신 자신의 내면에서 안정적인 기초석을 찾고 나면 자유롭게 다양한 관계와 우정을 누릴 수 있을 것이다.

쌍둥이자리 디센던트(사수자리 어센던트)

당신은 상대방의 젊은 에너지와 다재다능한 끼, 당신을 웃게 하는 그의 기막힌 흉내와 재미있는 농담에 이끌린다. 당신의 관심을 끌면서 끊임없이 생각할 거리를 주는 사람에게서 매력을 느낀다. 당신은 상대의 재빠른 적응력과 현란한 의사소통 기술, 재치와 장난기 등을 동경한다. 관계를 통해 당신은 의미를 발견하고 자신만의 지적 능력과 스토리텔링 능력을 찾게 될 것이다. 가장 중요한 것은 관계에서 함께할 때와 떨어질 때를 잘 조정하는 것이다.

아마 당신은 평등, 공유, 관계성 등과 같은 개념에 편안함을 느끼지만, 친밀감이나 일관된 정서의 영역에는 다소 불편함을 느낄 것이다. 호기심과 탐구 정신이 강한 당신은 자연스럽게 관계에서도 다양한 가능성을 실험하고자 한다. 당신은 감정적, 물리적, 심리적으로 자신만의 넓은 공간이 필요하다. 그것이 충족되기만 하면 관계에 편안하게 정착하고 전념할 수 있다. 지성, 대화 기술, 적응력 등은 당신이 동경하는 자질이자 타인에게서 느끼는 매력적인 특성이다. 파트너의 도움을 받아 자기 안에서도 그 특성들을 발견할 수 있다. 당신은 자신의 이론에서 빠진 퍼즐 조각을 함께 찾아 줄 사람들을 만날 것이다. 타인과의 신념과 생각의 교류를 통해 당신은 자신만의 이야기를 찾을 수 있다.

게자리 디센던트(염소자리 어센던트)

민감한 감수성, 보살핌, 가족에 대한 주제는 당신의 관계에 중요한 근간이다. 당신은 감성적이고 따뜻한 사람, 보호 본능이 강한 사람, 당신의 욕구에 공감하고 반응해 주는 사람에게 반한다. 그런데 투사의 그림자가 본색을 드러내면 그 보호 본능은 숨 막히는 골칫거리로, 민감한 감수성은 불안으로 느껴질 것이다. 당신은 보살핌을 사랑으로, 걱정을 열정으로 착각할 수 있다. 관계에서 정서적인 불균등은 큰 고통을 준다. 하지만 그 경험을 통해 당신은 상대로부터 분리하고 분별하는 어려운 과제를 배울 수 있다. 어머니 및 가족과의 관계, 유아기에 경험한 애착 및 양육 패턴은 이후 성인기 관계에서 재현된다.

당신은 파트너의 다정다감함과 친절함, 자상함, 돌봄, 풍부한 감정 표현 등에 매력을 느낀다. 일단 파트너와 유대 관계가 형성되고 나면 전통적인 가정생활을 함께 꾸리고 싶어 한다. 관계를 통해 당신은 자신에 대한 엄격한 잣대를 내려놓으면서 소속감을 찾게 된다. 그리고 내면의 안정감을 찾아 세상에 단단히 닻을 내릴 것이다.

사자자리 디센던트(물병자리 어센던트)

당신은 타인의 타고난 재능과 긍정적인 인생관, 쾌활한 성격, 열정적인 창조성에 가장 먼저 이끌린다. 그들의 즉흥성과 자연스러움, 매력적이고 넓은 마음 씀씀이를 동경한다. 그런데 그 특성의 그림자가 드러나면 상대는 타인을 배제한 채 자기에게만 몰두하면서 관계에 해를 끼칠 것이다. 한때는 영화배우처럼 재능 있고 쾌활했던 상대가 이기적이고 오만한 모습을 보이기 시작한다면, 그것은 투사가 분명하다. 그러니 이제는 당신 자신에게 집중하고 자기만의 창의성과 표현에 자신감을 가져야 한다.

7 하우스 사자자리의 사람들은 무딘 관계에도 열정을 불어넣을 줄 안다. 당신은 천성적으로 감정을 숨김없이 드러내며, 두근거림이 식은 관계에는 쉽게 흥미를 잃어버린다. 그러므로 당신의 즉흥성과 창조성, 내면 아이를 끌어내 줄 수 있는 사람, 또는 당신만큼 삶에 열정과 열의를 가진 사람과의 관계가 필요하다. 창조성과 자신감 넘치는 상대와의 관계를 통해 당신은 자기만의 독창적인 재능에 접촉하게 된다. 따라서 상대방의 재능과 능력을 동경하는 데 그칠 것이 아니라 그에게서 영감을 받아 자신만의 재능을 찾는 것이 중요하다. 그들은 당신이 창조적인 재능을 발견하고 개발할 수 있도록 기꺼이 도울 것이다.

처녀자리 디센던트(물고기자리 어센던트)

당신은 타인의 겸손함과 자기 절제, 근면 성실, 웰빙 의식을 동경한다. 그들은 현실적이고 중심을 잘 지키는 사람들이다. 그러니 당신을 삶에 집중하게 도와주는 그들에게 빠져들 수밖에 없다. 그러나 투사의 그림자가 드러날수록 당신의 파트너는 당신의 불완전함을 포용하기보다 날카로운 비판의 날을 세우기 시작할 것이다. 관계에서 의례와 일과는 당신에게 매우 중요한 부분이다. 따라서 당신은 매일의 일과를 파트너와 나누고 싶어 한다. 하루를 마무리하는 시간에 파트너는 당신이 그날 있었던 일을 이야기하고 정리하는 데 도움을 줄 것이다. 파트너는 당신의 이야기를 세심하게 경청하면서 그날의 남은 긴장을 해소하도록 돕는다.

성인 관계를 통해 당신은 자신의 사적인 세계와 타인의 내밀한 세계를 연결하는 지점을 탐색하게 된다. 그러면서 분별력을 기르고 삶에서 일어나는 혼돈을 바로잡는 법을 배운다. 사람들과 관계를 맺고 소통하는 것은 삶의 우선순위를 정하는 데 도움을 준다. 당신은 사람들의 비판에 예민하다. 그런데 당신에게 가장 비판적인 사람은 바로 당신 자신일지도 모른다. 당신은 타인의 근면 성실한 태도와 집중력에 매력을 느낀다. 그들의 겸손한 태도에 매료되면서 겉모습 아래 감춰진 더 많은 가치를 본다. 바로 그 미묘한 관능과 범접할 수 없는 분위기가 당신을 매혹한다.

천칭자리 디센던트(양자리 어센던트)

당신은 타인의 세련된 교양과 느긋한 매력, 사교적인 성향에 매력을 느낀다. 그들의 로맨틱한 이상과 약간의 환상, 유유자적하는 삶과 다정한 열정은 당신의 마음을 사로잡는다. 그런데 상대방의 이러한 특성에 매료되면 그 이면의 그림자도 보게 될 것이다. 그들의 매력적인 사교성은 알고 보면 당신이 처음 생각했던 것과 달리 이타적이지 않고 자기중심적이라는 사실을 깨닫게 된다. 도회적인 세련미로 치장된 껍데기 아래에는 무례함과 얄팍한 교양이 숨겨져 있을지도 모른다. 결과적으로 당신은 삶의 균형을 찾게 해 주는 관계, 천사와 악마 같은 자신의 이중성을 모두 나눌 수 있는 상대에 끌리게 된다.

당신은 관계에 대한 소망과 이상에는 익숙하지만, 실제로 전념하는 관계는 굉장히 낯설어한다. 여타 공기 원소 별자리처럼 가까운 파트너십에서도 적정한 공간과 거리가 필요하다. 당신은 타인이 지닌 공정한 태도와 외교적인 수완, 미적 감각, 예술에 대한 안목, 사교성 등을 동경한다. 천칭자리 디센던트의 룰러는 천사처럼 순수한 얼굴을 한 금성이다. 따라서 관계에서도 정신적이고 플라토닉한 사랑과 세속적이고 관능적인 사랑 둘 다를 통합하는 것이 중요하다.

전갈자리 디센던트(황소자리 어센던트)

강렬함에 끌리는 당신은 깊은 감정과 열정, 강한 인격을 가진 타인의 매력에 빠진다. 상대방이 자아내는 신비한 분위기와 비밀스럽고 어두운 분위기는 당신의 마음을 사로잡는다. 하지만 관계에서 욕구가 좌절되거나 배신감을 느낄 때, 당신의 불같은 열정은 얼음장처럼 차가워진다. 짜릿한 열정과 질투심 사이에서 괴로워하다가 강렬한 친밀감과 소유욕에 휩싸인다. 이러한 관계의 빛과 그림자를 통과하는 동안 당신은 복잡미묘한 감정과 깊은 합일감, 친밀감을 이해하게 될 것이다. 7 하우스 커스프에 걸린 전갈자리는 당신의 강렬한 정서와 콤플렉스와 부정적 감정을 관계의 수면 위로 떠오르게 한다.

타인의 솔직함과 진정성, 강렬함에 이끌리는 당신에게는 깊이 있고 열정적인 파트너가 어울린다. 당신은 깊이 연결되면서도 집착하지 않는 사랑을 원한다. 또한 당신은 상대방의 치유적인 성격에 매력을 느끼기 때문에 관계에서도 성장과 변형이 일어나는 성역을 만들고자 한다. 파트너십을 통한 창조의 힘은 바로 당신 자신 안에 있다. 그러므로 당신의 가치를 동등하게 존중해주는 관계에 있을 때 자원의 깊은 재탄생이 일어날 것이다.

사수자리 디센던트(쌍둥이자리 어센던트)

당신은 독립적이고 자유로운 영혼의 사람에게 이끌린다. 큰 그림을 보도록 격려하는 낙천적인 사람, 당신의 생각을 이해해 주는 사람, 희망을 심어 주는 진솔한 사람에게서 저항할 수 없는 매력을 느낀다. 그러나 시간이 지날수록 당신은 상대의 현명한 스승 이미지 이면에 있는 독단적이고 편견에 사로잡힌 모습을 직면하게 될 것이다. 당신은 살면서 수많은 지혜로운 사람들을 만나겠지만, 아는 체 자만하는 사람들 또한 수없이 만날 것이다. 7 하우스의 사수자리가 끌어당기는 관계를 통해 당신은 안전한 경계 너머 먼 곳으로 뻗어나가 인생의 넓은 지평을 바라보게 된다. 파트너는 외국인이거나 당신과 다른 세대의 사람, 또는 완전히 다른 배경을 가진 사람일 수도 있다. 당신은 문화, 사회, 교육적으로 다른 성장 환경을 가진 사람에게 매력을 느낀다.

넓은 도량과 선견지명, 이상주의, 자유, 도덕적이고 윤리적인 언행, 특히 독립적인 태도와 삶에 대한 열정, 진리와 의미를 추구하는 삶은 당신이 동경하고 매력적으로 느끼는 자질이다. 당신은 이러한 특성들을 마음 깊이 소중하게 여긴다. 관계를 통해 당신은 자신만의 진리를 찾고 자기를 믿는 법을 배우게 될 것이다.

당신의 디센던트 별자리는 안정감과 인내심, 성숙미, 전통을 존중하는 태도 등등을 상징한다. 당신은 상대방의 야망과 근면 성실한 태도, 자기를 낮추는 별난 유머 감각에 매력을 느낀다. 그러나 그가 던지는 농담조의 자기 비하 이면에는 비관적이고 냉소적인 성향이 숨겨져 있을지도 모른다. 당신의 높은 야망과 우수성에 대한 갈망, 자율성과 초연함 사이의 미묘한 줄다리기는 관계에서 중요한 역할을 하게 될 것이다. 당신은 자기의 권위와 한계를 인식하면서 현실 세계를 경험하는 데 도움을 줄 관계에 매력을 느낀다.

꾸준한 자기 관리와 책임감, 근검절약 정신, 인내심, 권위, 유능함, 성공에 대한 현실적인 감각 등은 사실 당신의 다정다감한 성격 안에 존재하는 부분이다. 당신은 파트너와 성공한 삶을 나누면서 함께 노력해 일군 성과의 보상을 받고 싶어 한다. 그리고 자신의 성취를 인정받기를 원한다. 따라서 당신은 어느 정도 나이가 든 상태에서 친밀한 관계를 맺거나 연상의 파트너를 선택할 수도 있다. 달리 설명하자면 당신은 관계에 성숙과 가치를 불어넣는다. 그리고 그것에 대한 마땅한 존중과 인정을 받아야만 한다. 그러니 나이가 들수록 당신의 관계는 완벽해질 것이다. 염소자리 디센던트를 가진 당신은 권위와 능력을 갖춘 사람들에게 매력을 느낀다. 그들은 당신이 성공적으로 인생을 관리하고 건설할 수 있도록 가르쳐 줄 것이다.

물병자리 디센던트(사자자리 어센던트)

당신은 상대방의 개방적인 성격과 원만한 교우 관계, 호기심, 독립심과 평등 정신 등을 높이 평가한다. 우정과 결혼 생활을 병행하면서 친구와 연인 사이의 미묘한 차이를 구분하는 것은 당신에게 매우 중요한 과업이다. 당신의 관계에서는 동료애와 책임감이 독립심과 유대감만큼이나 중요하다. 우정과 관계를 통해 당신은 자신과 타인의 개성 및 서로 다른 의견과 관점을 존중하는 법을 배울 것이다.

당신은 독립적이고 인본주의적인 사람, 지적 호기심이 강한 사람, 독특한 개성을 가진 사람, 세상이 정한 틀에 갇혀 있지 않고 타인의 시선을 신경 쓰지 않는 사람들을 흠모한다. 제도권 바깥의 아웃사이더를 선택한 그들의 용기와 능력에 호감을 느낀다. 그러나 그 특성들에 대한 투사가 계속된다면 한때 매력적이었던 그 반항심은 무모함으로, 독창적이고 실험적인 정신은 지나치게 시대를 앞선 급진주의로 변모할 것이다. 물병자리 7 하우스를 가진 당신은 관계의 도움을 받아 자신의 개성과 독립심을 탐색하면서, 상대를 밀어내거나 관계를 끊어 내지 않고도 자신만의 공간을 주장하는 법을 배우게 된다. 동료 및 파트너와의 관계를 통해 당신은 자신만의 독창성과 독특함을 발견할 것이다.

물고기자리 디센던트(처녀자리 어센던트)

물고기자리 디센던트는 흔히 관계에서 혼돈과 모호함을 경험한다. 당신의 파트너와 친한 친구들은 인생이란 질서정연하지 않으며 정해진 대로 흐르지 않다는 것을 받아들이는 사람들이다. 당신은 관계에서 친밀감과 깊은 연결감을 느끼며 헌신을 다하기 때문에 경계가 다소 부족할 수 있다. 또한 혼자 떨어져 있는 상황을 힘들어할지도 모른다. 당신은 파트너의 감정에 깊이 공감하고 그의 요구에 귀 기울이며 상대의 불안을 보듬는 데 뛰어난 재능을 갖고 있다. 하지만 그러다 보면 상대에게 정서적으로 분리되지 못하고 자신의 욕구를 뒷전으로 제쳐 놓게 되면서, 얽매이고 오해받는 느낌을 받을 수 있다.

당신은 상대방의 민감한 감수성과 시적인 표현력, 온화한 삶의 접근 방식, 생명체에 대한 세심한 관심과 연민심에 매력을 느낀다. 그러나 인간의 본성이란 항상 완벽하지 않아서, 현실 세계의 그림자가 곧 그 틈을 비집고 나타나기 마련이다. 창의적이고 몽상적인 천재로 동경했던 상대는 사실 생활력 없이 방향을 잃고 혼란스러워하는 사람일 수도 있다. 그 사람의 대단한 상상력도 나중에는 현실 도피로밖에 보이지 않게 된다. 하지만 이것은 관계를 통해 당신이 자신만의 영성과 창조적인 자기를 발견하기 위해 반드시 경험해야 할 과정이다. 당신이 추구하는 숭고함과 자신만의 창조성은 관계와 파트너를 통해 더욱 명료해질 것이다.

8장

타인과의 조우: 7 하우스 안의 행성

7 하우스 안에 있는 행성들은 차트 주인이 태어난 순간 이미 지평선 너머로 지고 있거나 넘어갈 채비를 하고 있었다. 눈에 보이는 객관적인 '낮' 세계에서 보이지 않는 주관적인 '밤' 세계로 전환하는 중이었다. 두 세계 사이의 경계에 존재하는 이 행성들은 비전과 목적을 재조정하면서 낯선 존재 방식에 훨씬 더 민감하게 반응한다. 이를 '황혼' 단계에 비유할 수 있다. 7 하우스에 있는 행성들은 희미해지는 빛에 드리워진 그림자와 색채의 변화, 강렬한 타자성의 경험에 더 수용적이다.

고대인들은 경계라는 공간을 두 존재 방식 사이의 교차로로 인식했다. 그 역치점은 신성이 모습을 드러내는 지점일 수도 있다. 그러므로 우리는 그 교차로에 있는 별자리와 상징을 특별히 더 경계하면서 받아들일 가능성이 크다. 7 하우스의 분위기는 과도기와 같다. 그래서 이 영역에 있는 행성은 우연히 마주치는 신성에 더욱 주의를 기울이면서 민감하게 반응한다. 행성 원형이 체현된 누군가가 지평선 위에 있으면 강렬한 반응이 일어난다. 매력 또는 혐오감을 느낄 수도 있다. 이러한 모든 반응은 전부 우리 내면 자기로부터 일어난 반응이다. 7 하우스 그림자 속의 낯선 이는 우리 안의 무언가를 일깨운다. 외부 이미지가 내면의 상황을 거울처럼 비출 때 계시처럼 갑작스러운 인식이 일어난다. 그러면 우리 안의 신성이 꿈틀거리며 움직인다.

7 하우스에는 우리가 인생 길목에서 마주치는 타인들의 매혹적이고 절망적인 이야기가 모두 담겨 있다. 그 타인들은 우리 안에 잠들어 있는 신성을 흔들어 깨운다. 점성학적으로 말하자면 그들은 7 하우스 황혼녘의 행성이 의인화된 사람들이다. 만찬에 낯선 방문자를 위한 자리를 마련한다고 상상해 보자. 그는 어떤 사람일까?

7 하우스 내 행성은 파트너나 동등한 관계의 타인에게 투사되는 경향이 있다. 그 투사는 우리 자신 안의 원형과 접촉하는 것을 막을 수도 있다. 천궁도는 타인이 아닌 바로 자신의 특성을 상징한다. 그러므로 7 하우스 행성 에너지를 자신의 것으로 받아들이고 존중하는 노력이 필요하다. 만일 그 에너지가 투사된 채로 남아 있다면, 우리는 타인에게 힘을 실어 주고 그들을 과대평가하게 된다. 내면과 외부 상황 사이에 균형이 없다면 주인 의식을 놓고 알력 다툼이 일어날 수 있다. 차트 주인이 직접 사용하는 7 하우스 행성 에너지는 강력하고 효과적이다. 왜냐면 눈에 띄는 지평선 위, '자기'의 반대쪽에 위치하면서 우리의 자아정체성에 도전을 제기하기 때문이다. 이 지평선은 관계를 통한 '나다움'의 추구를 나타내며 우리를 자기와 타자라는 양극에 초대한다.

7 하우스 태양

당신이 태어날 무렵, 황혼의 태양은 그림자를 길게 드리우며 서쪽 지평선으로 넘어갈 준비를 하고 있었다. 은유적으로 표현하자면 당신은 빛과 그림자의 상호 작용을 잘 안다. 당신의 자아정체성은 거울처럼 반영적이다. 타인과 자신을 동일시하면서 타인의 빛에 비친 자기 반영을 보는 경향이 있다. 태양은 본질적으로 밝고 빛나지만, 이곳에서는 빛을 거둘 준비를 한다. 여전히 따뜻한 햇볕과 빛이 있긴 하지만, 그 빛은 이제 내적이고 창의적인 단계에 이르렀다.

7 하우스 태양은 타인이 가진 자석 같은 매력, 창의성, 카리스마에 반응한다. 또한 자신이 닮고 싶은 자신감 넘치는 성격에 이끌린다. 당신은 타인의 태양 자질에 끌리지만, 그의 그림자에 자신이 가려진 느낌 또한 받을 것이다. 당신의 자아정체성과 자신감이 일식처럼 가려지면 파트너를 자신보다 더 창의적이고 활기차고 자기 확신이 강한 사람으로 보게 된다. 당신은 무의식적으로 파트너에게 힘과 영웅심, 위대한 성취 등의 자질을 부여하면서 상대적으로 당신의 자기 감각을 약하고 불확실하고 불안정한 상태로 내버려 둘 것이다.

빛을 발하는 태양의 권리를 포기하면 결국에는 파트너에게 환멸을 느끼게 된다. 자신의 매력을 되찾기 전까지는 말이다. 자신이 의식하지 못한 것을 파트너가 실현하면서 살 때 당신 안에는 원망과 비난이 쌓인다. 자아도취와 나르시시즘의 그림자가 모습을 드러내면, 그것은 당신이 자신만의 창의성과 자신감을 회복해야 한다는 분명한 신호다. 자신의 인정받을 권리를 주장하면서 파트너와 공평하게 무대를 나눠 쓰는 법을 배우는 것이 가장 좋다. 7 하우스 태양은 관계 맺는 과정을 통해 자신의 창의성과 정체성을 찾는다. 태양은 또한 아버지 원형이기도 하다. 이 배치는 아버지 관련 주제가 관계 영역에 등장할 수 있음을 시사한다. 파트너는 당신의 미해결된 아버지 문제, 특히 편애나 인정 욕구 이슈 등을 유발할 수 있다. 당신의 자아정체성이 충분한 인정과 지지를 받고 파트너 또한 자유로운 창의성의 추구를 보장받을 때 관계는 균형을 이룬다.

그 관계의 중심은 두 사람이 서로의 창의적인 프로젝트를 진심으로 응원하는 데 있다.

7 하우스 달

당신이 태어난 시각에는 양육과 배려, 감수성과 공감의 상징인 달빛이 지평선 너머로 지고 있었다. 당신은 끌리는 사람들 앞에서 돌봄과 양육의 자질을 발휘한다. 그러나 썰물에 휩쓸리듯이 보호자나 양육자 역할을 맡거나 반대로 보호와 보살핌을 받는 역할을 담당한다면 당신의 독립 욕구는 그들에 가려지고 말 것이다. 7 하우스 달은 의존과 공생 및 양육 이슈가 미묘하게 복합된 관계를 암시한다. 당신은 지지와 정서적 보호를 느낄 수 있는 상호 의존적인 관계를 원한다. 하지만 그렇다고 목을 조이듯 무력함을 주는 관계를 바라는 것은 아니다. 만약 당신이 달의 정서적인 무게를 인식하지 않는다면 당신 빼고 파트너만 감정을 마음껏 표현하게 될 수 있다. 그것은 결국 사랑과 지지의 결핍감으로 이어진다.

어머니 원형상은 당신에게 강력한 영향력을 미친다. 어쩌면 어머니와 미해결된 문제가 현재 관계를 지배할지도 모른다. 무의식적으로 어머니의 관계 패턴을 자신의 성인 관계에서 재현할 수 있다. 7 하우스 달이 있을 때 다음과 같은 질문을 스스로 해 볼 수 있다. "파트너에게 투사하는 대신 나는 내 자신에게 어떤 엄마 역할을 할 수 있을까? 나의 욕구를 어떻게 잘 돌볼 수 있을까?" 7 하우스에 달이 있으면 상대의 욕구를 당사자보다도 먼저 알아차리는 데 익숙하다. 결국에는 마음이 약해져서 상대를 돌보게 된다. 투사의 그림자가 드리워지면 당신은 파트너에게 완전히 의존하거나 정서적으로 주는 입장에만 있다고 느끼게 된다. 그때부터 당신은 파트너에게 정서적 지지와 상호 의존을 요구하기 시작할 것이다.

정서적, 재정적으로 자기 자신을 돌볼 수 있을 때 진정한 파트너를 보는 눈이 생긴다. 당신은 그 운명의 상대를 첫눈에 알아볼 수 있다. 마치 평생 알고 지내 왔던 사이처럼 그가 친숙하게 느껴지기 때문이다. 당신의 친한 동지들은 당신을 다정하게 대하면서 큰 힘이 되어 줄 것이다. 그들은 당신의 가족이다.

7 하우스 수성

수성은 정신적 차원의 파트너 관계로 의인화된다. 다양한 관심사를 가진 아이디어 지향적인 사람과의 소통을 의미하기도 한다. 7 하우스는 마음의 모임과도 같다. 수성이 투사되면 당신은 자신보다 우수한 지성을 가진 것처럼 보이는 명랑한 달변가에게 이끌릴 것이다. 그들은 당신이 자신만의 의사소통 기술과 지성을 알아차릴 수 있도록 용기를 북돋는다. 수성이 투사된 상대는 영리하고 재치가 넘치며 사교적이고 활발하다. 그들은 늘 흥미진진하고 참신한 생각을 떠올린다. 그런데 일단 매력이 걷히고 나면 당신은 비논리적이고 수다스럽고 불안한 모습을 그들에게서 발견할 것이다. 그러나 파트너와 생각을 공유하면서 동등하게 소통하고 파트너가 당신의 말을 경청하기 전까지는 그 진실에 도달할 수 없다. 당신은 관계에서 다양성과 정신적인 자극을 추구한다. 그래서 다재다능해 보이는 사람을 관계에 끌어당긴다. 그런데 알고 보면 상대는 여러 방면에 다재다능하지만 특별한 전문성이 없는 피상적인 사람일지도 모른다. 수성에는 공유가 필요하다. 그러므로 각 파트너는 자기 생각을 말로 표현하고 공평하게 돌아가며 비평할 기회를 나눠야 한다.

수성은 또한 형제자매 관계와 우애를 상징한다. 7 하우스 수성은 미해결된 형제자매 문제가 성인 관계로 이어질 가능성을 시사한다. 파트너는 우리의 형제자매 관계에서 확립된 어린 시절 패턴을 상기시킬 수 있다. 그러므로 형제자매와의 초기 의사소통 패턴이 현재의 관계에 침투하지 않도록 주의해야 한다. 우리가 선택한 파트너와 형제자매는 서로 묘하게 닮은 구석이 있다. 매너리즘이나 이름이 비슷하다든가 태양이나 달 별자리가 서로 겹칠 수도 있다. 이런 점들을 미루어 우리는 친밀한 관계 속에서 형제와 동료를 찾고 있는지도 모른다.

7 하우스 금성

7 하우스에서 자기 집에 있는 금성은 관계 내지는 적어도 관계에 관한 생각을 자연스럽게 일으킨다. 당신은 관계에 대한 자신만의 이상과 기대 및 기준을 가지고 있다. 그러나 궁극적으로 당신은 아름다움과 조화, 동반자 관계, 공정성, 무엇보다도 공유와 평등을 중요하게 여긴다. 그러나 당신이 자신의 자기 감각과 접촉하지 않는다면 평화를 깨기 두려워 자기 표현을 안 하는 사람, 외모는 뛰어나지만 인격의 깊이가 부족한 사람 등 건강하지 않은 금성을 표상하는 타인을 끌어당길 수 있다. 표면적 아름다움에 투사된 금성은 결국 퇴색되고 만다. 사랑과 미에 대한 내적 이상을 키우는 영혼이 부재하기 때문이다. '미녀와 야수' 이야기는 표면적 아름다움으로 가치를 회복하려는 평가 절하 된 금성의 대표적인 예다. 동

등한 관계는 미녀가 야수에게 연민을 가질 때 마침내 이루어질 수 있었다.

7 하우스 금성은 자매 및 여자친구와의 미해결 문제가 성인 관계에 침투할 가능성을 시사한다. 또는 파트너의 자매가 둘의 관계에 얽힐 수도 있다. 당신은 친밀감에 대한 방어 기제로 삼각관계에 휘말릴지도 모른다. 묻혀 있던 자기 가치를 발굴해 내면 자신을 더 소중히 여기면서 관계에서도 힘든 감정을 터놓고 얘기할 수 있게 된다. 당신은 협력과 타협을 초석으로 한 관계를 구축하고 싶어 한다. 당신이 이상적으로 여기는 사교적이고 아름다운 관계를 통해 두 사람은 동등하게 서로를 도우며 조화롭고 심미적인 환경을 창조할 것이다.

7 하우스 화성

화끈하고 경쟁하기 좋아하는 화성에게 7 하우스는 참으로 어색한 곳이다. 당신이 관계를 맺으면 협력과 공유, 타협에 대한 학습 곡선이 가파르게 일어난다. 당신은 날카로운 반응을 유발하는 경쟁적이고 독립적인 파트너를 끌어당긴다. 분노와 적개심은 관계에서 다루기 쉽지 않은 부분이다. 하지만 7 하우스 화성은 이 또한 관계 영역의 일부임을 암시한다. 관계에서 공격적인 행동에 직면할 때 당신은 다양한 방식으로 반응한다.

- 예를 들어 타인에게 모든 힘이 있다고 믿고 자기 권한을 포기할 수 있다.
- 어떤 관계에서든 선두를 차지하기 위해 빠르게 경쟁에 돌입한다.
- 다른 사람이 자신을 위협하지 못하도록 철회해 버린다.

이 모든 시나리오는 주체적이기보다는 반응적이다. 그래서 결국에는 주요 관계에서 고립감을 느끼게 만든다. 분노와 경쟁은 관계의 자연스러운 일부다. 자신의 욕망과 독립을 추구한다고 해서 관계에 파국이 오는 것은 아니다. 오히려 관계에 도움이 될 수도 있다.

파트너의 분노하는 모습만 보느라 자신의 숨겨진 분노를 보지 못한다면, 정작 상황을 도발하면서 파트너와 공모하는 사람이 바로 자신이라는 사실을 깨닫지 못할 것이다. 이 패턴이 계속되면 상황을 전환할 의지가 꺾인 채 무력감에 빠지게 된다. 자신만의 추진력과 결단력을 포기해 버리면 결국 좌절감만 커질 뿐이다. 파트너와 함께 경쟁하는 것, 때로는 이기고 때로는 지기도 하는 건강한 경쟁은 치유적이다. 당신의 파트너는 라이벌이지만 동시에 절친한 친구이기도 하다. 한편 이 배치는 형제 또는 남성 인물과의 미해결 갈등이 현재 관계에 미치는 영향을 시사한다. 파트너는 당신이 원하는 바를 추구하도록 기꺼이 응원해 줄 것이다. 그러니 당신이 원하는 것과 필요한 도움을 파트너에게 말하자.

7 하우스 목성

목성이 7 하우스에 있으면 윤리와 도덕, 철학 및 영성이 관계에서 강조된다. 믿음과 진리는 당신의 관계에서 매우 중요한 주제다. 만약 지혜롭고 철학적인 자신의 본성을 성찰하지 않은 채 내버려 둔다면, 당신은 모든 답을 제시해 줄 전문가 타인에게 이끌릴 것이다. 답이 당신 안에 있다는 사실을 모른 채 말이다. 자기 안에서 또는 자신을 위해 진리를 찾기보다는 여사제나 구루, 예언자 같은 파트너에게 무의식적으로 이끌릴 수도 있다. 당신이 더 배우고 여행하고 의식화하면 할수록 파트너의 지식은 그리 대단해 보이지 않을 것이다. 교사와 사랑에 빠진 학생이 이 배치의 전형적인 예다. 그러나 그 교사가 조언과 지식을 얻고자 그들에게 의지한다는 것을 깨달을 것이다.

당신은 자유로운 영혼들에게서 매력을 느낀다. 어쩌면 당신은 관계에서 안정을 찾지 못한 채 방황할지도 모른다. 당신의 관계 영역에는 평생 학생, 방랑자, 여행자, 자유로운 영혼들이 심심치 않게 등장한다. 당신은 성장과 확장에 대한 강한 열정과 욕망을 품고 있다. 따라서 자유롭게 여행하고 탐험할 시간을 충분히 갖기 전까지는 관계에 정착하는 것이 다소 어렵게 느껴질 수 있다. 당신은 외국을 동경한다. 그래서 파트너와 함께 여행을 떠난다든가 소울메이트와 해외 동거를 한다든가 외국인과 결혼을 할 수도 있다. 당신이 원가족으로부터 물려받은 신념을 넘어서려면 파트너의 자극이 필요하다. 그렇지만 파트너의 전통과 신념, 의식을 무작정 받아들이기보다는 자기만의 신념을 추구해야 할 것이다.

당신은 파트너와 친밀한 타인을 통해 자신만의 철학과 영성을 발견하고 내면의 소리와 진리에 의지하는 법을 배우게 된다. 또한 당신은 이질적인 신념과 문화, 종교의 다양성, 대안적 진리 및 대체 현실을 포용하는 관계를 추구한다. 그렇지 않으면 독단과 특권의식, 편견의 그림자가 관계의 틈으로 스며들 것이다. 당신에게는 삶의 의미를 찾도록 격려해 주고 자기 발전과 성장을 허용해 주는 관계가 중요하다. 진정한 소울메이트와 함께할 때, 당신은 삶이 확장하면서 의도한 대로 펼쳐지는 만족감을 만끽하게 될 것이다.

이 배치에서는 토성이 의미하는 안전과 안정감, 구조, 통제 등이 파트너에 의해 체현된다. 만일 당신이 명확한 자기 기준 없이 파트너의 기준에 따라 살려 한다면, 파트너는 권위주의자, 냉혈한, 제한적인 사람, 책임감이 지나치게 강한 사람 또는 통제적인 사람으로 나타날 것이다. 혹시 파트너가 자신을 너무 제약한다고 느끼면서 그의 엄격함을 비난하지는 않는가? 무의식적으로 당신은 파트너에게 규칙과 경계를 설정하는 역할을 맡겨 버렸을지도 모른다. 그러면 당신은 불만족스럽고 헛헛한 느낌만을 받게 된다. 자신보다 더 세상 물정에 밝고 능력 있어 보이는 사람들을 만날 때 당신 안의 토성 원형이 깨어난다. 사실 그것은 자기 규율을 따르고 스스로 운명을 통제하고자 하는 당신의 욕구를 반영한다.

타인의 통제적인 행동이 당신을 억누르고 자유롭지 못하게 한다고 느끼는가? 그렇다면 관계에 애를 쓰는 대신 세상에 자신의 위치를 찾는 데 주력하는 것이 좋다. 자신에게 무엇이 옳은지 알지 못하고 통제력이 부족한 상태는 파트너의 통제적인 행동을 더 부추길 뿐이다. 비즈니스 파트너는 당신에게 딱 맞는 역할이다. 그러나 먼저 파트너와 대등한 위치인지 확인할 필요가 있다. 당신은 파트너의 성공을 돕는 데 빈틈이 없는 싹싹한 사람이다. 하지만 먼저 동등한 파트너로서 존중을 받아야만 한다. 말없이 성실하게 일하는 파트너로만 남아 있다 보면 당신이 한 일들이 과소평가되고 인정받지 못한다는 느낌을 받게 될 것이다.

당신은 사람들을 만날 때 그들이 당신을 비판하거나 통제하고 지배하려 든다는 생각에 불안해할 수 있다. 그러면서 관계 과정이나 안전한 관게 맺기가 늦춰질지도 모른다. 그러나 궁극적으로 파트너는 당신이 본래 가진 성숙하고 현명한 영혼을 거울처럼 비출 것이다. 시간이 지날수록 당신은 자신의 권위와 영적인 지혜를 존중하게 된다. 토성은 선형적인 시간을 나타낸다. 따라서 관계에 혼이 깃드는 데는 오랜 시간이 걸릴지도 모른다. 그러나 시간이 흐를수록 그 관계는 더 견고하고 안정적이면서 서로를 돕는 관계가 될 것이다.

---

7 하우스 카이런

7 하우스 카이런을 가진 당신은 도움이 필요한 사람들 앞에서 유독 마음이 약해진다. 당신의 가슴 한편에는 사회의 주변인, 실향민, 상처 입은 사람, 절망 속에 있는 사람들을 위한 피난처가 있다. 신화 속 카이런 역시 고향과 집이 없는 처지였다. 그는 버림받고 혼자 남겨진 느낌을 너무나 잘 알고 있었기 때문에 피난처를 찾아온 난민들을 가련하게 여기며 따뜻하게 보살펴 주었다. 카이런의 동굴 집에 머무른 젊은이들은 불행을 극복하고 영웅이 되는 법을 배워서 각자의 소명을 찾아 나섰다. 상처 입거나 버림받은 사람들을 돌보는 것은 당신의 타고난 본성이지만, 조력자나 치유자, 관리인 역할에 지나치게 치중하면서 동등한 파트너십을 간과하지는 말아야 한다. 조력자와 파트너 사이의 균형, 타인에게 도움을 주려는 욕구와 자기를 돌보고자 하는 욕구 사이의 긴장을 잘 유지하는 것이 당신의 주요 과제다.

당신은 멘토나 치유자 타입이나 현명하고 배려심이 깊어 보이는 사람에게 끌릴 수 있다. 하지만 그들의 이면을 뒤집어 보면 사적인 관계를 맺는 능력에 문제가 있을지도 모른다. 또는 관계에서 당신은 파트너의 상처를 보듬는 치유자 내지는 도우미 역할을 재현하기 쉽다. 그러므로 동등한 관계와 상호 교환에 대해 곰곰이 생각해 볼 필요가 있다. 왜냐하면 이 점성학적 패턴은 돕는 것과 파트너십 사이에서 혼란스러워하는 경향을 암시하기 때문이다. 당신이 어린 시절에 경험한 소외감과 정서적 유기의 상처는 성인 관계에 다시 나타나 치유받을 수 있다. 7 하우스 카이런은 관계 영역에서 자신의 소외감을 치유하는 영웅적 행위를 상징한다. 그 치유는 당신의 상처를 보듬는 다정한 파트너와의 관계를 통해 일어난다. 그러면 당신은 더 이상 배제되거나 거부당한다는 느낌 없이 관계에 소속될 수 있을 것이다. 당신의 영혼의 단짝들은 진정한 은둔자처럼 아마 공동체의 중심이 아닌 주변부에 머물 것이다.

7 하우스 천왕성

천왕성은 미지의 새로운 세계로 가는 관문을 열어 준다. 이 에너지가 의인화되면 개성과 독창성, 분리 성향이 강해진다. 어쩌면 당신의 삶에 독특한 사람들이 예기치 못한 순간에 갑자기 들어올 수 있다. 천왕성 에너지는 벼락처럼 갑자기 찾아온다. 7 하우스 천왕성은 번개처럼 짜릿한 사람과의 예기치 않은 만남을 시사한다. 그런데 사건이 우연히 일어나겠는가? 어쩌면 당신은 진보적이고 독립적으로 살고 싶은 욕구를 내버려 두고 있는 것일지도 모른다. 따라서 남다르고 싶은 당신의 무의식적 충동은 비범한 이단아들에게 투영될 수 있다. 관계에 전념할 준비가 되려면 먼저 당신의 마음을 들뜨게 하는 충동과 모험에 충분한 열정을 쏟아야 한다.

자신만의 공간을 갖는 것은 천왕성 에너지의 공통적인 주제다. 여기서 공간이란 물리적, 정서적, 심리적 공간을 모두 아우른다. 만약에 당신이 이 욕구를 부인한다면, 자유와 공간을 기꺼이 허용하지만 책임감이 부족한 사람들을 끌어당길 수 있다. 또는 관계를 맺었다 끊었다 하는 주제가 당신의 관계에서 반복될 수 있다. 당신은 누군가와 사이가 가까워진다 싶으면 한편으로 도망치고 싶은 기분에 사로잡힌다. 그런데 막상 파트너가 멀리 떨어져 있을 때는 가까이 있고 싶어 한다. 당신은 자유의 욕구와 관계의 욕구를 서로 조화할 수 없다고 느낄지도 모른다. 이 자유-연결 딜레마는 유기 불안에서 나오는 방어 기제일 수 있다. 과잉 경계와 불안 역시 방어의 또 다른 증상이다. 유기의 주제는 종종 관계를 맺는 데 불안감을 조장한다. 분리와 소외에 대한 두려움은 어쩌면 이전 경험의 잔재일 수도 있다. 그러나 분리에 대한 갈망은 천왕성의 진정한 본성이기도 하다. 당신은 관계를 통해 분리와 유기의 차이를 배울 것이다.

개성과 자유의 균형은 곧 틀에 얽매이지 않는 관계도 괜찮다는 것을 의미한다. 그것이 진정한 의미의 결혼이기도 하다. 당신의 관계는 개인의 공간과 자유를 허용하는 관계다. 어쩌면 당신의 친밀한 타인은 사회의 이단아일지도 모른다. 흥미진진하고 모험을 사랑하는 그들은 당신이 개성 있는 사람이 될 수 있도록 용기와 영감을 불어넣을 것이다.

7 하우스 해왕성

해왕성의 마법에 걸리면 우리는 현실 너머를 꿈꾸는 풍부한 감수성의 이상주의자 영혼들을 찾게 된다. 그런데 그들은 좀처럼 잡히지 않는 모호한 사람들이기도 하다. 해왕성의 세계는 창의성과 마법, 낭만, 영감의 소리와 생생한 색채로 가득 차 있다. 동시에 신기루와 환상의 세계이기도 하다. 상상과 환영, 창의성과 혼돈은 종이 한 장 차이다. 타인의 창의성과 영적인 자질에 매력을 느끼는 당신은 그들의 숨겨진 잠재력을 실현해 주고 싶은 충동에 사로잡힐 수 있다. 그것을 낭만적이거나 영적인 사랑으로 착각하면서 타인의 진정한 자질을 살려 주려고 애쓴다. 그런데 그러다 보면 정작 당신 자신의 자질과는 접촉이 끊어지게 된다.

이타적인 봉사의 에너지 해왕성이 관계에 얽히면 흔히 자아를 부정하고 자아정체성과 창의성을 상실한다. 이 단계에서 당신은 스스로 창조적이고 영적인 자아를 회복해야 할 필요성을 깨달을 것이다. 당신이든 당신의 파트너든 어느 한 사람이 숭배의 대상이 되면 그 위치에서 떨어지는 것은 시간문제일 뿐이다.

당신의 감수성과 영성은 관계를 통해 고양되지만 한편으로는 당신을 타인의 드라마에 얽히기 쉽게 만든다. 당신은 도움을 원하지 않는 파트너를 애써 도우려다 절망감에 빠질 수도 있고, 자기혐오에 빠진 파트너와 사랑에 빠질 수도 있다. 어떻게 하면 당신의 낭만적인 면을 버리지 않으면서도 관계에 좀 더 현실적인 기대를 가질 수 있을까? 그것은 당신이 불행한 결말의 로맨스를 더 이상 원하지 않게 될 때, 완전무결한 영성을 타인이 아닌 자신의 창의성과 영적 추구에서 찾을 때 비로소 가능하다.

당신이 자신의 진정한 자질을 성찰할수록 그것은 현실이 될 것이다. 해왕성은 한계가 없다. 그런데 7 하우스는 동등한 관계의 영역이다. 그래서 이 조합은 쉽지 않다. 경계가 모호하면 타인에게 마음이 약해지기 때문이다. 비록 심리적인 어려움을 겪는다 할지라도 당신은 자기 성찰과 자기 수용을 통해 깊이 사랑하는 영적인 관계를 맺을 수 있다.

7 하우스 명왕성

당신은 깊이를 알 수 없는 미스터리한 타인에게 이끌린다. 관계를 통해 당신은 자신의 깊은 정서를 탐색하는 데 도움을 받는다. 그러므로 당신은 매우 강렬한 사람에게 끌릴 가능성이 크다. 저 안에 있는 당신의 깊고 열정적인 면을 끌어내는 치유적인 사람에게 매력을 느낀다. 그런데 만일 상대방에게 조종당하는 느낌이 든다거나 그의 신비한 힘에 포로가 되어 빨려 들어가는 느낌이 든다면, 그것은 동등하고 친밀한 관계를 맺을 줄 모르는 타인에게 당신의 힘을 넘겨주고 있다는 경고일지도 모른다. 관계 과정을 통해 당신은 자신과 파트너의 어둡고 억압된 감정을 드러내고 다루는 법을 배우게 된다. 힘의 공유, 특히 돈이나 섹스와 같은 공유 자원을 다루는 법을 배우는 것도 꼭 필요하다.

명왕성 플루토는 저승의 신이다. 혹시 당신의 관계 주제가 플루토와 페르세포네의 관계 같지는 않은가? 관계에서 일어나는 강박적인 감정에 당신의 순수하고 순진한 부분이 강탈당한 경험이 있는가? 파트너는 당신의 어둡고 통제할 수 없는 감정을 표면 위로 드러나게 할 것이다. 아니면 당신은 스스로 알지 못하는 사이에 자신의 어두운 감정을 파트너에게 투사할 수도 있다. 만일 당신이 자신의 어두운 감정을 존중함으로써 신뢰 관계에 저승의 신을 초대한다면, 그와 함께 변형과 진실성, 친밀감이 함께 찾아올 것이다. 깊고 취약한 감정까지 공유함으로써 당신은 더욱 친밀한 관계를 맺을 수 있다.

당신의 관계는 신뢰와 배신의 주제를 환기한다. 파트너의 배신은 너무나 괴로운 경험이지만 동시에 당신의 진정한 정서적 삶을 깨운다. 그곳에서 당신은 내면의 정서적 힘을 발견할 수 있다. 아마도 당신은 부정적인 감정을 통제하려고 노력할 것이다. 하지만 감정을 묻어 두기만 하면 오히려 파트너의 강박적이고 통제적인 반응을 표면 위로 촉발할 뿐이다. 친밀감을 찾으면 당신은 가장 깊은 감정을 표현하고 자신의 취약한 부분마저도 파트너와 나눌 수 있는 용기를 얻게 된다. 순진무구한 페르세포네는 비록 플루토에게 납치당한 신세였지만 결국에는 파트너로서 그와 동등한 자리에 앉았다. 이처럼 자신의 지하 세계를 존중하면 관계에서도 평등이라는 큰 기회를 얻을 수 있다. 명왕성은 진실성과 정직, 취약성, 신뢰를 요구한다. 7 하우스 명왕성은 그 특성들을 친밀한 관계에서 존중할 것을 제안한다.

9장

친밀감:
8 하우스

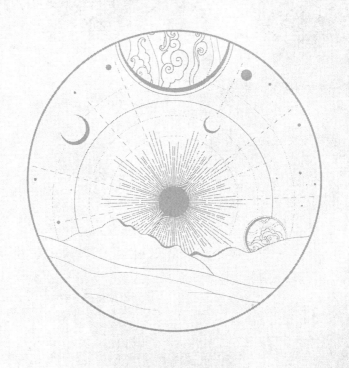

점성학에서 죽음의 하우스는 결혼의 하우스 다음으로 이어진다. 로맨스로 최고의 조합은 아니지만 결혼에 대한 술집 농담으로는 좋은 안줏거리가 되는 영역이다. 전통적으로 '죽음이 우리를 갈라놓을 때까지'라는 혼인 서약은 평생을 함께하자는 부부의 맹세였다. 두 배우자를 갈라놓는 힘, 죽음은 결혼에 대한 진지한 전념을 강조한다. 결혼에 대한 태도와 접근 방식은 오늘날 크게 바뀌었지만, 죽음의 8 하우스가 상징하는 친밀한 관계의 복잡미묘한 특징들은 여전히 그대로 남아 있다.

　친밀함과 죽음이라는 신비한 결합은 좀처럼 이해하기 쉽지 않다. 8 하우스의 깊이 또한 난해하기는 마찬가지다. 고전 점성학에서 8 하우스는 '흉(凶)'으로 간주하는 4개의 하우스 중 하나였다. 해당 하우스들이 실제로 흉하거나 흉한 일이 발생하는 영역이라는 뜻은 아니다. 단지 프톨레미 점성학파에 따르면 생명력의 상징인 어센던트와 나란한 각도를 이루지 않는 하우스들이기 때문이다. 어센던트와 퀸컹스 각을 이루는 8 하우스는 개인의 성격과 충돌하는 지점이다. 죽음의 하우스 지형은 쉽게 매핑하거나 기록을 남길 수 없다. 그곳의 내력은 비밀 일기나 기밀 기록, 미공개로 부쳐진 사건 파일 등에 보관된다. 차트의 구석에 위치한 8 하우스는 항상 수수께끼의 영역이었다. 그런데 현대 점성학은 그곳의 비밀을 전달하는 색다른 방법을 찾아냈다.

고전 점성학자들에게 8 하우스는 주로 죽음과 손실, 특히 상속이나 빚처럼 상실로 인한 이익을 살펴보는 영역이었다. 이 하우스는 타인의 돈과 자산, 타인의 죽음이나 불행으로부터 얻는 상속이나 이득을 뜻했다. 죽음과 부채의 의미는 여전히 담보 대출과 분할 상환 같은 단어들로 이어진다. '분할 상환'의 현대적 의미는 빚을 나누어 서서히 갚는다는 뜻이지만, 예전에는 사망 후 상속세의 징수를 의미했다. 담보 대출(mortgage)과 분할 상환(amortize) 단어의 어근 'mort'는 죽음을 의미하지만, 'amortize'의 'amor'는 사랑을 뜻하기도 한다. 죽음, 빚, 사랑이 뒤섞인 이 신비한 혼합체는 친밀함과 번영이 관련된 8 하우스를 통해 현대 점성학으로 옮겨졌다. 심리 점성학은 8 하우스의 금기를 상세하게 설명하면서 자아의 소멸과 친밀감, 섹스와 권력, 사랑과 상실 사이에 연결 고리를 적용했다. 죽음의 변형 과정은 친밀한 관계에서 두 파트너가 경험하는 변화와 관련이 있다. 파트너 개개인이 각각 변화하기도 하지만, 변형을 통해 두 사람이 결합된 제3의 개체가 형성된다. 죽음은 문자 그대로의 죽음이 아니다. 삶으로부터 돌아서 내면의 영혼으로 향하는 변화를 의미한다. 8 하우스는 친밀한 관계의 통과 의례를 통해 혼을 창조하는 곳이다.

자원의 공유와 세금 징수 등의 전통적인 의미와 함께, 8 하우스는 친밀감에 대한 개인의 정서적 편안함 수준을 드러낸다. 정서적 개방성과 폐쇄성은 우리가 사랑하는 사람과 자원을 공유하는 방식을 알려 주는 지표다. 8 하우스는 성병, 섹스, 세금 및 죽음의 하우스로 알려져 있는데, 이러한 주요 키워드에는 또 다른 해석을 적용할 수 있다. 성병이란 성적으로 전염된 부채일 수 있다. 사랑과 신뢰에 섹스와 돈이 얽힌 8 하우스 주제처럼 말이다. 신뢰의 봉인이 깨지면 공동 재정도 무너진다. 필자의 경험에 따르면 8 하우스 특성들은 상당 부분 자원의 결속이나 결렬을 드러낸다. 수익성 공동 사업이든 예상치 못한 상속이든, 이혼 합의나 재산 분할이든 말이다. 2 하우스와 그 반대편에 있는 8 하우스는 내 것과 우리 것이라는 자연스러운 양극성을 형성한다. 육체적, 경제적, 정서적인 나의 소유를 파트너와 공유하면 우리의 소유가 된다.

2 하우스는 나와 나의 몸을 연결하는 발달 과정을 탐색한다. 따라서 8 하우스는 나의 관능과 육체를 타인과 공유하는 방식과 관련이 있다. 고전 점성학에서는 성적 행위를 5 하우스와 관련시켰지만, 현대 점성학에서는 그것을 8 하우스 일부로 보기도 한다. 5 하우스는 레크리에이션과 출산의 장이다. 확실히 섹스는 쾌락을 주는 즐거운 행위다. 5 하우스는 또한 어린이를 관장하기 때문에 섹스를 생식 활동으로 여기기도 한다. 8 하우스의 섹스는 친밀함과 영혼을 나누는 수단이다. 성교는 단순히 성적 결합만을 의미하는 것이 아니라 영적인 결합을 의미한다. 마찬가지로 섹스는 지배의 수단이 되거나 돈으로 교환될 수도 있다. 8 하우스에서는 섹스가 죽음 및 부채와 융합된다. 오르가즘이 그 대표적인 상징이다. 절정 상태에 이르면 의식적인 자각이 일시적으로 붕괴하고 완전한 내맡김이 일어난다. 의식적인 삶으로 다시 돌아가기 전까지는 말이다. 프랑스어로 오르가즘은 'le petit mort', 직역하면 '작은 죽음'이라는 뜻이다.

필자의 내담자 중에 이 진퇴양난을 몸소 보여 준 그랜트라는 고객이 있었다. 그의 8 하우스 커스프는 천칭자리였고, 해왕성-태양 컨정션이 8 하우스 안에 있었다. 8 하우스 룰러인 금성은 전갈자리로서 9 하우스에서 토성과 컨정선했다. 그랜트는 영적 수행을 위해 성인기 대부분을 독신으로 보내고 있었다. 초월에 대한 욕구가 그의 차트에 여러모로 반영되어 있었다. 특히 8 하우스 태양-해왕성 컨정선은 독신을 정화의 수단으로 여기는 그의 태도를 잘 설명해 주었다. 친밀한 관계에 자신을 내맡겨 버리는 해왕성의 자기희생 충동은 독신주의라는 영적 수행으로 나타났다. 금욕과 독신주의를 따르면 어린 시절에 겪은 고통스러운 무관심이나 버림받는 상처에 직면하지 않아도 됐기 때문이었다. 그는 성적인 접촉을 초월하는 수행을 통해 감정적인 접촉에서 벗어날 수 있었다. 그러나 과거의 상처받은 감정은 여전히 그의 안에 잠든 채 웅크리고 있었다.

그가 필자를 찾아왔을 때, 프로그레스드 화성이 그의 네이탈 태양-해왕성을 컨정선하고 있었다. 그는 아쉬람에서 한동안 알고 지내던 여성을 몹시 갈망하고 있었다. 그녀에 대한 성적 끌림과 사랑의 감정을 행동으로 옮기고 싶은 충동은 걷잡을 수 없이 커져만 갔다. 그동안의 영적 수행을 고려하면 이렇게 강렬한 감정은 자신도 어이가 없었다. 죄책감과 분노가 성적 욕망과 뒤얽혔다. 때때로 그는 자신의 충동을 제어할 수 없다는 사실에 분노를 터뜨렸고 어쩔 줄 몰라 하면서 격분했다.

그랜트에게 8 하우스 과정을 이해시키는 작업은 큰 도움이 되었다. 영적 수행이 자신을 신성한 영역으로 인도하기보다는 도리어 회피하게 했다는 사실을 마침내 그도 이해했다. 이제 자기 내면 깊은 곳의 소리가 또 다른 통과 의례로 그를 초대하고 있었다. 그동안 경건한 독신주의를 고수하면서 거부해 왔던 성적 관계를 탐구하도록 말이다. 9 하우스에 있는 그의 금성-토성은 신의 사랑에 초점을 맞추면서 사랑에 대한 엄격한 철학이 되었다. 영성에 대한 헌신은 그의 타고난 성향이었으나, 그는 그것을 친밀감을 피하는 방어 기제로 사용했다. 아이러니하게도 8 하우스 친밀함에 대한 탐구는 그가 진정으로 신성을 만나는 데 필요한 통과 의례였다.

8 하우스는 신비(mystery)와 통달(mastery)의 하우스다. 우리가 세상에 참여하고 관계를 맺으면서 가장 깊은 내면의 자기에게 진실해지는 곳이다. 8 하우스가 상징하는 외부 장소나 내면의 공간은 주로 어둡고 불길한 풍경으로 그려진다. 8 하우스에서는 친밀감과 생존의 원초적인 공포가 한데 뒤섞인다. 그 공포는 주로 상실이나 유기에 대한 두려움으로 경험된다. 그런데 상실의 고통은 사실 애착과 연결되어 있다. 8 하우스 관계는 신뢰와 진실성에 달려 있다. 그 관계는 인생의 반려자나 연인, 섹스 파트너뿐만 아니라 상호 자원을 공유하는 비즈니스 관계, 프라이버시를 존중하는 치료사-내담자 관계 등을 상징할 수도 있다. 친밀감은 상실을 수반한다. 상실은 곧 발견을 암시한다. 그리고 발견은 변형으로 이어진다. 바로 8 하우스에서 돌고 도는 신성한 순환이다.

친밀함과 진실성

라틴어 'intima'에서 유래한 '친밀한(intimate)'이라는 단어는 내향적인, 내밀한, 내재적인, 본질적인 등으로 정의된다. 하루는 어느 한 학생이 친밀함(intimacy)을 '내 안을 보기(into-me-see)'라고 말한 적이 있다. 친밀함은 긴밀한 관계를 의미한다. 친밀한 관계에는 자기의 가장 내밀한 차원이 관여하기 때문에, 우리는 그 관계를 통해 자기를 알아 가는 내적 경험을 얻을 수 있다. 친밀감은 자기와의 관계에서 시작된다.

친밀함을 나누는 것은 우리 안에 꼭꼭 봉인된 정신 속 금고를 열게 한다. 그 안에는 소중하지만 취약한, 때로는 상처 입고 비밀스럽게 숨겨진 내용물이 들어 있다. 다시 꺼내서 공유하기 꺼려지는 것들이다. 점성학자 데인 루디야르는 모든 8 하우스 문제에 내포된 세 가지 주요 요인 중 하나로서 신뢰를 들었다. 친밀감은 진실성과 신뢰에 기반한다. 8 하우스는 교환의 영역이기 때문에 신뢰가 꼭 필요하다. 예를 들어 주식 시장에 자산을 맡길 때, 우리는 그 돈을 되찾을 수 있을 뿐 아니라 재산이 늘어날 것이라고 믿는다. 마찬가지로 우리가 사랑을 파트너십에 맡길 때는 파트너와 사랑을 나누면서 그 가치를 키울 것이라는 믿음이 있다. 8 하우스 영역은 신성하고 원시적이다. 그 잠재력은 우리가 다시 친밀감을 나누고 취약해질 때, 자신을 노출할 때 완전히 깨어난다.

삶은 분리로 인해 끊어진다. 출생은 그 자체로 초월적이고 공생적인 하나의 상태에서 분리되는 단절의 경험이다. 우리는 어른이 되어 또 다른 원시적 분리와 상실을 마주하게 된다. 성년기의 친밀한 접촉은 잠들어 있던 그 분리의 기억을 다시 일깨운다. 그러므로 친밀감에는 분리의 공포가 채색되어 있다. 상실과 분리라는 원시적인 감정에는 슬픔이 함께한다. 그래서 분리에 대한 의식적인 기억이 없다고 하더라도 우리는 소외된 느낌을 받을 수 있다. 이것은 관계에서 유대감과 친밀감이 최고조일 때 우리가 이별의 슬픔과 고통을 동시에 느끼는 이유를 설명해 준다. 정서적, 성적 친밀함을 통해 우리는 초기 경험의 잔류로 남아 있는 외로움과 슬픔, 학대의 감정을 재발견한다.

친밀해지는 데는 배신의 위험이 따른다. 여러모로 배신은 에로틱한 결합의 핵심적인 부분이다. 개인을 무기력하고 의존적으로 만들었던 초기 경험의 상처를 해결하기 위해서는 반드시 배신이 필요하다. 배신의 경험은 변형적인 과정이 될 수 있다. 우리는 배신을 통해 무력한 정서를 뚫고 나가 독립적인 성인의 관점을 가지는 기회로 삼을 수 있다. 배신이 성찰의 도구가 되면 무의식을 의식으로 이끈다. 배신감은 죽음과도 같은 감정이지만 8 하우스의 통과 의례로서 우리를 내면의 힘과 자원에 다시 연결해 주기도 한다. 그 결과 우리는 자기를 더 신뢰하게 되고 자신이 죽음 앞에서도 살아남을 수 있다는 것을 깨닫게 된다. 그 과정을 통해 우리는 더 강해진다. 죽음에 직면하면 되돌릴 수 없는 변화가 일어난다. 그 변화가 늘 분명하게 드러나는 것은 아니지만, 우리는 그것을 항상 느낄 수 있다. 지하 세계는 이제 더 이상 두려움의 대상이 아니다.

8 하우스의 친숙한 키워드인 배신, 죽음, 정서적 친밀감, 질투, 사랑, 열정, 소유욕, 힘, 분노, 재탄생, 성적 친밀감, 공유 자원, 변형, 신뢰, 연합 등은 8 하우스 발달과정의 모든 측면을 설명해 준다. 발달의 초기 단계에서는 정서적 친밀감과 사랑, 열정, 성적 친밀감 및 자원 공유에 대한 각성이 일어난다. 그런데 그 융화가 무의식 상태에 머물러 있다면 배신감이나 죽음 같은 감정, 질투, 소유욕, 파워 게임, 분노 등이 표출되는 단계로 이어진다. 이 강력한 감정 상태를 의식적인 노력으로 극복한다면 다음 단계에 도달할 수 있다. 바로 재탄생과 변형, 신뢰 및 연합의 단계다. 이제 친밀함이란 내면과 외면의 진정한 결합을 상징한다.

필자의 경험에 따르면 8 하우스 에피소드들은 한꺼번에 몰려서 일어나는 경우가 다반사다. 예를 들어 비슷한 시기에 연이은 가족의 사망은 드물지 않게 일어난다. 죽음과 배신이 동시에 일어나면 심리적 방어가 무너지고 무의식 안에 있던 것들이 밖으로 불쑥 튀어나올 위험이 있다. 필자는 임상에서 그것을 여러 번 분명하게 경험했다. 필자의 초기 내담 자인 재닛이 그중 한 예였다. 그녀가 겪은 일련의 상황은 늘 이 8 하우스 주제를 필자에게 상기시킨다.

재닛의 8 하우스 커스프는 전갈자리였고, 어센던트와 8 하우스의 룰 러인 화성은 8 하우스 전갈자리에 있었다. 8 하우스의 뉴 룰러인 명왕성 은 물병자리 달과 어퍼지션하면서 화성과 T-스퀘어를 이뤘다. 사수자리 금성 역시 8 하우스 안에 있었다. 화성과 금성은 각각 양쪽 커스프에 가 까이 있어서 마치 8 하우스의 앞문과 뒷문을 지키는 문지기와도 같았 다. 트랜짓 명왕성이 재닛의 화성을 건드리자 네이탈 차트의 T-스퀘어가 다시 점화되면서 일련의 상실과 배신 사건이 터졌다. 모든 일은 순식간 에 일어났다. 재닛은 3년 동안 상실과 슬픔과 우울의 시간을 보내면서 그 비극에서 벗어나려고 발버둥 쳤다.

당시 재닛은 자궁 적출 수술 때문에 병원에 입원해 있었다. 그 짧은 몇 주 동안 그녀는 어머니의 죽음과 절친한 동성 친구의 사망 소식을 연 달아 들었다. 설상가상으로 남편은 그동안 바람을 피우고 있었다는 사 실을 고백하면서 이제는 그녀를 떠나 상간녀와 함께 살고 싶다는 청천벽 력 같은 말을 했다. 어머니의 죽음에 대한 슬픔이 순식간에 배신감과 분 노, 무기력감과 뒤얽혔다. 그 후 몇 년 동안이나 재닛은 우울증과 불신 으로 얼룩진 시간을 보내야 했다.

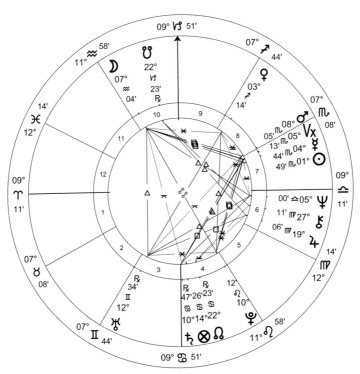

재닛, 1944년 10월 25일 오후 4시 45분, 호주 웨스턴오스트레일리아주 퍼스

　재닛은 학대를 일삼던 아버지를 폭군으로 묘사했다. 반면 그녀의 어머니는 받는 것 없이 주기만 하는 사람이었다. 이러한 가족 유산은 재닛의 결혼 생활에 그대로 스며들었다. 그녀는 남편에게 전적으로 의존하고 있었다. 자신을 희생해 가면서 남편이 추구하는 꿈을 돕고 지원했다. 재닛의 어린 시절은 부모의 착취적인 관계와 아버지가 저지른 여성 학대의 아픈 기억으로 점철되어 있었다. 그 때문에 재닛의 생명력과 독립심은 줄곧 굳게 닫힌 상태였다. 그런데 트랜짓 명왕성이 네이탈 차트의 8 하우스 화성을 통과하면서 달과 원래 자리의 명왕성에도 스퀘어하자 그

복합적인 사건이 한 번에 터졌다. 상실을 암시하는 천궁도 배치는 실로 비극적이었다. 그러나 이 트랜짓 기간에 재닛은 자신의 화성 원형에 대한 태도를 완전히 변형했다. 독립적으로 변한 그녀는 자신의 욕구를 단호하게 주장하기 시작했다. 그것은 전에 없던 활력과 자신만의 일을 할 용기, 그리고 자기만의 진리를 따르고자 하는 열망으로 나타났다. 재닛의 경험은 부모의 유산이 재정적, 정서적, 도덕적으로 우리에게 강력한 영향을 미친다는 사실을 주지시킨다.

유산

죽음의 하우스에는 유산 상속이라는 또 다른 측면이 있다. 물론 물려받은 유산이 자신의 속성과 잘 맞지 않을 수도 있다. 하지만 우리는 유산에 직면하는 과정을 통해 진정한 생득권을 찾는다. 상속의 하우스로서 8 하우스 영역은 심리적, 감정적 또는 재정적인 가족 유산을 주장하는 곳이다. 8 하우스에 묻혀 있는 조상 유산을 발굴하는 것은 결코 간단한 일이 아니다. 대물림된 돈, 섹스, 사랑에 대한 태도는 탐지하기 매우 어렵기 때문이다. 8 하우스는 지하 세계와 관련이 있기 때문에, 과거의 보이지 않는 대물림과 유산은 직접적이기보다 은유적으로 나타난다. 그래서 우리는 8 하우스를 죽은 자와 소통하는 곳으로 상상해 볼 수 있다. 이 영역은 집안의 비밀이 숨겨진 곳이기도 하다. 그리고 그 비밀은 우리가 유산을 되찾는 데 큰 도움을 준다. 고대 사람들은 지하 세계를 보물이 묻혀 있는 보고로 믿었다는 것을 명심하자.

이 하우스에는 돈, 유언장, 욕망에 관한 가족 문제나 유산이 숨겨져 있을지도 모른다. 가족 내 과거 문제로는 돈을 통한 정서적 조작, 부채, 상속 분쟁, 가족의 금전적 손실 또는 재정적 통제에 대한 뿌리 깊은 감정 등이 포함된다. 빚이나 대출과 관련해 당신이 물려받은 태도는 어떠한가? 당신의 가족은 자원 공유에 어떤 접근 방식을 취했는가?

8 하우스는 가족의 양면성이 하나로 합쳐지는 곳이다. 심리학적으로 8 하우스는 가족 간의 친근함과 친밀함이 충분했는지 부족했는지 알려 준다. 따라서 이곳에 있는 행성은 가족 유산뿐 아니라 가족의 비밀 동맹과 금기를 설명해 주기도 한다. 8 하우스에는 대물림된 가계의 득과 실이 묻혀 있다. 이러한 득실은 상속금이나 부채와 같은 가족의 재정적 문제일 수도 있다. 그런데 정서에 기반한 득실도 상당히 많다.

친밀함의 지표인 8 하우스는 개인이 성장 과정에서 경험한 부모의 친밀감 정도를 나타낸다. 우리는 부모가 돈과 자원과 관련해 서로를 어떻게 신뢰하는지 관찰한다. 돈에 대한 논쟁은 단순히 돈 문제가 아니라 사랑과 인정을 받지 못한다는 느낌, 헛헛한 느낌 때문일 수 있다. 원가족 내 분위기는 우리가 사랑하는 사람과 자원을 나누는 방식에 영향을 준다. 그리고 그것은 성인 생활의 재정적, 정서적 신뢰에 영향을 미친다. 초기 발달 단계의 애착, 정서적 안정감 및 부모 문제가 해결되지 않은 경우, 성인기 친밀한 관계를 통해 재경험할 가능성이 크다. 우리는 파트너와 심리적, 정서적, 재정적 등 모든 면에서 관계를 맺는다.

망자의 유언은 남아 있는 사람들의 정서적 안녕에 영향을 미친다. 유산, 유언, 상속, 공유 자원 및 가족 신뢰 관련 사안들이 모두 이 영역에 속한다. 8 하우스의 유언이란 이미 세상을 떠났지만 여전히 감정적, 경제적 통제력을 행사하는 망자의 유언을 의미한다. 인간은 죽을지라도 관계는 죽지 않는다. 그들의 욕망은 유언을 통해 살아 있기 때문이다.

금기

'금기(taboo)'는 통가 출신의 쿡 선장이 만들어 낸 단어로서 '금지된 것'을 의미한다. 금기를 정하는 이유는 대체로 그것이 미경험자에게 위험할 수 있기 때문이다. 금기는 신성시되거나 특별한 목적을 위해 제한된 것으로서 신비함을 자아낸다. 금기란 신성한 목적을 위해 헌신하는 것, 또는 우리의 의식으로는 알 수 없는 더 큰 목적을 위해 자신을 바치고 희생하는 것이다. 심리학적으로 우리에게 가장 친숙한 금기는 근친상간 금기다. 이것은 부모에 대한 퇴행적인 욕망으로부터 정신 에너지의 방향을 전환하는 기능을 한다. 금기가 없으면 개인의 정신은 활성화되지 않은 채 미성숙한 퇴행 상태로 남아 있을 수 있다. 금기는 정신의 개별화를 촉진한다.

금기는 정신생활에 필수적이다. 친밀함에 대해서도 무의식적인 금기가 존재한다. 친밀함은 개인의 비밀과 가족의 수치, 문화적 편견을 드러내기 때문이다. 그러나 친밀함은 개별화 과정의 일부이므로 결코 피할 수 없다. 4 하우스의 근친상간 금기는 가족에서 나와 영웅적인 자기상을 개발하도록 용기를 준다. 8 하우스의 친밀함은 잠재적으로 초월적 자기의 자물쇠를 연다. 친밀한 만남은 신성하다. 왜냐하면 우리를 타인 앞에 벌거벗은 진실한 모습으로 마주하게 하기 때문이다. 친근함이 의식적이고 체계적이라면, 친밀함은 본질적으로 무의식적이며 교훈적이다. 그것은 동등성에 기반한 7 하우스와 의존성에 기반한 8 하우스를 구분하는 데 도움을 준다. 친밀함은 욕망과 분노, 사랑과 상실, 결합과 죽음에 대한 본능적인 감정으로의 회귀를 의미한다. 성인 관계에서는 이러한 위험한 모순을 의식적으로 다룰 수 있다.

8 하우스 표면 아래에는 본능과 처리되지 않은 감정이 도사리고 있다. 우리의 정신은 그것을 위험으로 여기며 통제하고 관리하려 하지만, 감정적 압박이 방어 기제를 약화하는 틈에 그것은 폭발하며 분출된다. 부정적인 감정은 이 영역의 참모습 중 하나다. 혹시 그 감정을 입 밖으로 내거나 누구에게도 들켜서는 안 된다는 판단이 든다면, 그것은 곧 해묵은 감정을 해방하고 변형해야 한다는 신호다. 우리의 판단은 부정적인 감정을 궁지에 몰아넣으려 애쓰지만, 그것은 언젠가 터질 감정의 폭발을 지연시키는 것에 불과하다. 그러한 감정 중 하나가 바로 질투다.

질투는 관계에서 일어나는 진실한 감정이다. 현재 관계에서 느끼는 질투나 격렬한 감정은 파트너가 이전 관계에서 나눈 친밀감에 대한 반응일 때가 많다. 파트너의 자녀 양육비나 위자료 문제, 그의 전 배우자에게서 걸려 오는 전화 통화 등은 우리에게 홀로 남겨지거나 뒤로 밀려나는 느낌을 준다. 그뿐만 아니라 초기 발달 단계에서 우리가 경험했던 무력감과 두려움, 심지어는 버림받은 기억이나 홀로 남겨진 기억을 촉발하기도 한다. 현재 관계에서 나누는 친밀감은 함께할 미래를 꿈꾸게도 하고 우리의 과거를 들추어내기도 한다. 그럼으로써 우리는 친밀한 관계를 성인으로서 다룰 수 있게 된다.

삼각관계는 친밀한 결합의 깊은 곳에서 떠오른다. 그곳에서 가족과 어

린 시절 교우 관계에서 경험한 옛 삼각관계가 메아리로 돌아온다. 삼각
관계의 영향을 받지 않는 커플은 거의 없다. 그것은 제3의 인물이나 자
녀, 일, 여가 활동, 프로젝트 등등이 될 수 있다. 물론 삼각관계가 항상
비참한 결말을 부르는 것은 아니다. 오히려 관계를 변형하고 서로에 대
한 사랑을 강화할 수도 있다. 때때로 삼각 구도에 끼어든 '타자'는 환상
의 인물이 될 수도 있다. 이러한 이미지와 감정을 파트너와 충분히 공유
하면 관계에서 친밀감을 높일 수 있다.

사랑, 죽음, 그리고 권력: 에로스와 타나토스

프로이트 학파는 에로스와 타나토스라는 신화적 인물을 결합하여 인
간의 강력한 본능적 추동 두 가지를 의인화했다. 생존, 섹스 및 창조적
삶에 대한 추동 에로스와 대조되는 타나토스는 죽음과 자기 파괴의 충
동을 상징한다. 두 신이 만나는 곳이 바로 8 하우스다. 지그문트 프로이
트는 8 하우스 쌍둥이자리에 달과 토성을 가지고 있었다. 그의 이론에
영감이 된 삶과 죽음의 대립을 대표하는 이미지라 할 수 있다. 이는 그의
성인 관계에 지대한 영향을 미친 복잡한 형제 관계와도 무관하지 않다.
　타나토스는 죽음의 본능이다. 타나토스의 고통은 우리의 구별되고 분
리된 자기에 빛을 밝혀 준다. 그리고 죽음 같은 고통은 우리로 하여금
개성을 되찾고 삶의 반대편을 수용할 수 있도록 길을 열어 준다. 타나토
스의 긍정적인 면은 고독과 분리다. 고통스럽지만 우리를 해방해 주는
힘이다. 한편 타나토스의 부정적인 면은 상실에 대한 두려움이다. 타나
토스 경험은 삶의 본질적인 원형이기 때문에 누구도 피해 갈 수 없다.

우리는 다양한 방식으로 이 원형을 경험한다. 절망, 우울, 억압된 분노, 리비도의 상실, 결합을 끊어 내는 모든 과정이 여기 포함된다.

에로스의 본성은 열정이다. 그런데 열정이 있는 곳에는 그 동반자인 고통이 함께하기 마련이다. 고통의 정도는 진정한 사랑을 일으키는 촉매제가 되기도 한다. 에로스의 영역에 들어가는 것은 양극의 땅에 들어가는 것이다. 에로스의 추동은 대립하는 양극을 하나로 합치는 것이지 파괴하는 것이 아니다. 하나가 됨으로써 자아정체성을 잃으면 대립은 사라지지만 결국에는 관계를 정체시킨다. 위험을 감수하지 않는다면 얻는 것도 없다. 대립하는 양극을 화합하는 것은 에로스가 하는 일이자 8 하우스의 변형 경험이기도 하다.

섹스와 힘은 8 하우스의 친밀감과 관련이 있다. 따라서 성행위는 사랑이나 권력의 표현이 될 수 있다. 감정과 결합된 성행위는 우리를 온전한 내맡김으로 이끈다. 타인에게 자신을 내맡긴다는 뜻이 아니라 타인으로 인해 내맡김이 일어난다는 뜻이다. 그런데 힘과 섹스는 친밀감을 피하기 위한 수단으로 사용될 수도 있다. 변태 성욕은 대립하는 양극의 결합을 거부함으로써 자신을 친밀함의 가능성으로부터 분리하는 것이다. 변태 성욕, 성기능 장애, 발기 부전, 자위, 문란한 성생활, 금욕 등은 모두 친밀감을 피하기 위한 파워 이슈일 수 있다. 이런 식으로 섹스는 에로스의 사랑스럽고 친밀한 영역이 아닌 타나토스의 영역이 되기도 한다.

섹스와 마찬가지로 돈과 소유 역시 친밀감에 대한 강력한 방어 수단이 될 수 있다. 사실 친밀한 관계는 공유를 의미한다. 차, 집, 은행 계좌 등을 포함해서 말이다. 친밀한 관계를 맺으면 각자가 아닌 두 사람의 관계로 세상에서 돈과 가치를 얻는다. 관계 전이나 관계 중에 얻은 개인 자산을 계속 자기 혼자 통제하려고 하면 친밀감을 유지하는 데 문제가 될 수 있다. 자원 공유의 거부는 곧 자신을 파트너와 공유하지 않겠다는 의미일지도 모른다.

빚은 권력 투쟁에 빠지는 또 다른 방식이다. 친밀한 관계에서 자기 노출을 두려워한다면 성인 관계의 세계에 들어가는 대신 파산 법원과 세무 관리와 함께 유아기 의존성을 재현하는 경향으로 나타날 수 있다. 빚에 대한 무력감 뒤에는 흔히 친밀한 관계에 대한 두려움이 숨겨져 있다. 친밀감에 대한 이해가 결여된 우리 사회가 유독 빚에 관심이 많은 것은 그다지 놀라운 일이 아니다.

맬컴의 8 하우스에는 명왕성, 금성, 화성이 있었다. 그는 지하 거래를 하다 마약 혐의로 기소당했다. 경찰의 감시 없이는 다른 주로 이동하는 것이 금지되었다. 게다가 그에겐 상당한 재정적 빚까지 있었다. 그는 경찰과 파산 법원에 사로잡혀 꼼짝 못 하는 무력한 죄수가 된 기분에 휩싸였다. 맬컴은 강렬하고 가까운 관계에 늘 생존의 위협을 느꼈다. 그래서 자신의 집중력과 힘을 글자 그대로 지하 세계에 사용했다. 그러나 그가 지하 세계에서 불법 비즈니스로 파트너십을 맺고 신뢰했던 사람들은 결국 그를 배신했다. 그가 친밀한 관계에서 두려워했던 일이 그대로 일어난 것이다. 맬컴은 친밀한 관계의 고통에서 벗어나고자 파괴적인 일에 몸을 담았지만, 바로 그 선택으로 인해 자신이 그토록 두려워하던 무력감을 현실로 만들었다.

사랑과 변형

결혼식은 두 사람이 추구하는 신성을 다루는 의식이다. 결혼 입문 의식의 일부인 결혼반지, 신성한 서약 및 기타 상징들은 문화에 따라 다양하다. 연금술에서 신비로운 결혼은 라틴어로 코니운크티오(coniunctio), 즉 컨정선을 의미한다. 정반대의 두 속성이 화학적으로 융합되어 새로운 형태로 나타나는 것을 상징한다. 그런데 결합은 그 정반대 속성이 녹아 갈등과 대립이 하나로 융합될 때 일어난다. 친밀한 관계에서는 외적 결합을 통해 내적 결합이 이루어짐으로써 변형이 일어난다. 에로스의 변형은 우리가 받은 과거의 상처를 어루만지면서 연인, 소울메이트, 영혼의 친구가 다른 곳이 아닌 바로 우리 자신 안에 있음을 깨닫게 한다. 깊은 사랑으로 나눔을 갈망하고 자신을 신뢰할 때, 우리는 상실에 대한 두려움 없이 자기 것을 기꺼이 내어 줄 수 있다.

유휴 공간: 8 하우스 점성학

전통 점성술에서는 8 하우스를 유휴 공간으로 보면서 그 안에 위치한 행성 역시 비효율적인 것으로 여겼다. 눈에 잘 띄는 지평선 위에 있었던 행성도 이곳에 오면 아래로 떨어지기 시작하면서 디센던트로 끌려가는 모양새를 하게 된다. 8 하우스는 영웅이 하강하는 장소를 상징한다. 태양의 힘이 서서히 죽음을 맞이하는 것은 '낮'이 상징하는 자기 또는 자아의 죽음을 은유한다. 8 하우스에 있는 행성은 유휴 상태로 보일 수 있지만 비활성 상태는 아니다. 어쩌면 내적으로는 더 활발해질 수 있다.

8 하우스에 들어가기

8 하우스 입구에는 가파른 내리막길이 있다. 이 영역을 건널 때는 넘어질 수 있기 때문에 조심스럽게 발을 딛는 것이 현명하다. 그러나 지형을 익히려면 때때로 넘어지는 경험도 필요하다.

8 하우스 커스프에 걸린 별자리는 마음속 자물쇠를 열고 친밀한 관계를 형성하는 우리의 태도를 상징한다. 또한 우리가 타인에게서 느끼거나 타인이 우리에게서 느끼는 카리스마나 자석 같은 매력, 매혹적인 특성들을 암시한다. 성적 및 정서적 친밀감에 대한 우리의 태도 역시 커스프 별자리에 나타난다. 이러한 특성들은 우리가 유전으로 물려받았지만 원가족에서 무시되거나 잘 사용하지 못했던 특성일 수 있다.

커스프 별자리는 친밀감에 대한 방어 수단으로도 사용될 수 있다. 예를 들어 물 원소 별자리는 더 깊은 개입으로부터 자신을 보호하기 위해 무의식적으로 상대방을 돌보려 할 것이다. 예를 들어 게자리는 양육으로, 전갈자리는 강렬함으로, 물고기자리는 연민심으로 진정한 친밀감을 대체할 수 있다. 한편 공기 원소 별자리들은 관계가 깊어지는 것을 피하고자 이데올로기를 사용할지도 모른다. 쌍둥이자리는 호기심, 천칭자리는 질문, 물병자리는 견해를 통해 자기 노출을 효과적으로 방지할 수 있다. 불 원소의 경우, 열정과 관대함으로 친밀함을 방어한다. 예를 들어 양자리의 독립성, 사자자리의 자기애, 사수자리의 신념은 개인을 친밀한 관계로 이끌 뿐만 아니라 멀어지게도 만든다. 흙 원소의 실용주의와 구조에 대한 욕구 역시 친밀감을 방해할 수 있다. 예를 들어 황소자리는 저항으로, 처녀자리는 분석으로, 염소자리는 경제관념 등으로 친밀감을 받아들이는 대신 차단해 버린다. 용기, 인내, 친절, 관대함 등 각 별자리가 상징하는 미덕은 동등한 관계와 공유와 친밀감으로부터 개인을 보호하는 방어 수단이 될 수 있다.

7 하우스와 8 하우스는 둘 다 성인 관계 영역에 초점을 맞춘다. 따라서 두 하우스 커스프 별자리의 조합에 주목하는 것이 좋다. 7 하우스 커스프에서 분명하게 드러났던 특징이 8 하우스에서는 가려지기 때문이다. 7 하우스에 인터셉션이 없는 한 7-8 하우스 커스프 별자리는 원소적으로 어울리지 않는다. 이는 7 하우스 관계의 지형이 8 하우스의 그것과 본질적으로 다르다는 것을 의미한다. 연금술적으로 말하자면 관계를 맺은 두 사람은 무의식의 물속으로 깊이 잠긴다.

8 하우스 커스프 별자리는 우리가 갈망하는 것에 도달하게 하는 열쇠이자 자기의 취약한 부분을 보호하는 자물쇠다. 그 별자리는 우리가 친밀한 관계에서 필요로 하는 특성일 뿐 아니라 친밀감을 통해 표면으로 드러나는 것을 상징한다. 우리를 끌어당기는 동시에 내면의 깊은 두려움을 자아낸다는 점에서 그 별자리의 상징은 양면적이다. 7 하우스 커스프에서 8 하우스 커스프로 자연스럽게 넘어가는 별자리 진행을 유심히 살펴보라.

8 하우스에 들어서면 우리는 행성이 상징하는 원형적 충동을 발견하게 된다. 8 하우스에 있는 행성은 우리의 의식이 알아차리기 힘든 숨겨진 충동과 잠재적인 콤플렉스를 상징한다. 친밀한 만남은 그 행성의 강

한 욕구와 충동뿐만 아니라 그것의 그림자 측면을 함께 일깨운다. 8 하우스 행성은 생애 초기에 어머니와 맺은 유대감과 친밀한 만남을 통해 활성화된다. 그 행성 원형은 기능적이든 그렇지 않든 사적인 관계에서 초기 애착에 대한 기억을 불러일으키며 재생된다.

8 하우스 행성은 친밀한 만남에서 우리가 바라는 욕구를 나타내기도 하지만 친밀감을 피할 때 우리가 사용하는 복잡한 방식을 알려 주기도 한다. 예를 들어 8 하우스 목성이 상징하는 관대함은 친밀감을 피하는 데 사용될 수 있다. 늘 베푸는 입장에 있으면 파트너가 자신에게 가까이 다가오는 것을 막을 수 있다. 달의 양육 본능은 어쩌면 개인이 간절히 바라면서도 두려워하는 영역을 방어하는 데 활용될지도 모른다. 파트너의 엄마 역할을 하면 그와 동등한 관계를 맺지 않아도 되기 때문이다. 그리고 양육을 통해 상대방에게 자신의 취약한 면이 드러나지 않도록 방어할 수 있다. 8 하우스 화성은 아마 늘 뭔가를 하고 있거나 경쟁심이나 리더십을 발휘하고 있을 것이다. 화성의 그 모든 행동과 에너지는 노출과 취약성에 대한 무의식적인 방어일지도 모른다. 8 하우스 행성은 우리가 성적, 정서적, 재정적으로 타인과 결합하는 방식에 대한 풍부한 상징을 제시해 준다. 또 상대방에 대한 우리의 신뢰는 물론 개인으로서의 정체성과 분리를 포용하면서 관계에서 하나가 되는 방식을 알려 준다.

8 하우스는 3개의 물 원소 하우스 중 하나로서 조상의 유산은 물론 파트너의 조상이 미치는 영향까지 상징한다. 8 하우스의 결합은 중심의 대상을 원가족에서 파트너로 옮기는 상호 과제를 포함한다. 8 하우스는 또한 부모가 결혼 생활이나 관계에서 보인 친밀함 수준을 설명해 준다. 그리고 그 하우스 안의 행성은 우리가 부모의 관계에서 물려받은 친밀

감 문제를 상징한다. 우리가 충심의 대상을 부모에서 8 하우스 파트너로 옮길 때, 흔히 가족의 비밀과 패턴이 의식의 수면 위로 드러난다.

필자는 8 하우스에 있는 행성들이 오늘날 우리가 이해하는 '유휴 상태'라는 단어와 그다지 어울리지 않는다고 생각한다. 그러나 그 행성 에너지는 여전히 신비하고 조심스럽고 은밀하다. 관계 맥락에서 8 하우스 행성이란 우리가 깊이 느끼고 상상할 수는 있지만 쉽게 표현되기 힘든 특성이라 할 수 있다.

8 하우스 태양

부친의 가계를 통해 내려온 정서적, 심리적, 재정적 특성을 상징한다. 또한 아버지나 부계 가족사와 관련된 비밀이나 부인을 모두 고려해 볼 수 있다. 왜냐하면 아버지와의 관계는 우리가 성인 생활에서 경험하는 편안함 및 친밀감과 관련이 있기 때문이다. 태양은 8 하우스를 통과해 내려가면서 점점 그 빛을 잃어 가기 시작한다. 이는 친밀감을 통해 자기의 어두운 면을 만나고 통합하는 과정을 은유적으로 나타낸다. 그럼으로써 정체성의 초점이 자아에서 타자로 옮겨 가고, 깊은 연결을 맺을 수 있게 된다.

8 하우스 달

8 하우스 달은 친밀감에 대한 깊고 근본적인 욕구를 상징한다. 달은 관계에 공생을 불러일으키기 때문에 그 의존성을 파트너에게 전이할 수

있다. 파트너가 자신의 욕구를 알아차리고 채워 주기를 바란다. 8 하우스 달을 가진 사람들은 파트너에게 극도로 민감하며 정서적으로 반응한다. 마치 자녀에 대한 엄마의 직감처럼 파트너의 모든 일거수일투족을 직감하고 느낄 수 있다. 하지만 이들의 발달 과제는 바로 자신의 욕구를 돌보는 데 있다. 8 하우스 달에는 모성애와 가족 감정의 폐허에서 나와 친밀감을 회복하라는 어려운 과제가 주어진다. 성인기의 안전과 안정감은 친밀한 관계와 상호 공유를 통해 찾을 수 있다. 어머니와 아들의 심리적 결혼을 상징하는 '오이디푸스 콤플렉스' 개념을 제시한 지그문트 프로이트 역시 8 하우스에 달을 가지고 있었다.

8 하우스 수성

사생활을 존중하고 개인적인 감정을 헤아리는 태도는 가족과의 초기 관계에서 시작된다. 그에 따라 개인은 친밀감에 대한 수용 능력을 발달시키기도 하고 거부하기도 한다. 진심 어린 경청과 정직한 의사소통은 부모와의 관계에서 처음으로 모델링된다. 따라서 부모가 상호 작용 패턴에서 보인 진실성과 성실성은 개인이 관계에서 나타내는 개방성과 정직성에 큰 영향을 미친다. 본질적으로 수성 머큐리는 지하 세계의 안내자였다. 8 하우스 수성은 관계에서 말이나 표현으로 드러나지 않은 것에 강한 호기심을 보인다. 친밀감을 개발함에 따라 8 하우스에서 수성이 상징하는 의사소통은 이심전심하는 교감이 될 수 있다. 비유적으로 말하자면 수성은 자신에게 쓰는 연애편지와 같다.

8 하우스 금성

고전 점성학에 따르면 2 하우스의 룰러 금성은 8 하우스에서 힘을 잃는다. 이 말이 다소 불길하게 들릴 수도 있지만, 그것은 곧 금성이 자신의 본성과 맞지 않는 불편한 곳으로 관심을 돌린다는 것을 암시한다. 평화의 화신 금성은 이제 자기 안에 숨겨진 불화와 갈등에 직면해야 한다. 8 하우스 금성은 가족으로부터 대물림된 미완의 결합, 단절된 관계, 배신, 치정, 삼각관계 등을 시사한다. 따라서 이들이 경험하는 친밀감에 대한 회피나 어려움은 가족 콤플렉스와 관련이 있을 수 있다. 8 하우스 금성의 여정은 가족 관계의 과거사와 대대로 내려온 유산을 파헤치고자 이들을 자기와 타인의 지하 세계로 데려간다. 금성은 관계에서 일어나는 음모와 복잡한 문제들을 통해 친밀감과 사랑을 발견한다.

8 하우스 화성

부모가 결혼 생활에서 드러냈던 욕망과 섹슈얼리티는 개인이 성인 관계에서 느끼는 편안함 수준에 영향을 미친다. 8 하우스 화성에는 욕망과 독립, 섹스와 친밀감이 날실과 씨실로 함께 엮여 있다. 이러한 주제를 다룰 때 가장 먼저 실마리를 찾을 수 있는 곳이 바로 부모의 관계다. 화성은 본래 경쟁과 대립을 일삼는다. 결과를 위해 고군분투하고 자기 뜻대로 되지 않을 때는 가차 없이 갈등을 일으킨다. 그런데 8 하우스에 초대된 화성은 파트너와 가장 깊은 차원을 공유하면서 개인적인 욕망보다는 관계를 우선시하게 된다. 관계의 더 깊은 욕구를 위해 개인적인 목표와 야망을 양보하는 것이다.

8 하우스 목성

8 하우스 목성은 다문화적인 가족 유산을 말해 준다. 필자는 이 배치를 가진 사람 중 가족원의 상실로 유산을 물려받은 경우를 여러 차례 보았다. 하지만 어떻게 보면 자신의 욕망에 충실한 사람에게 풍부한 유산이 따라오는 법이다. 이들에게는 신비한 방식으로 유산이 찾아온다. 그것은 비단 물질적 자원뿐 아니라 사고방식, 철학 및 낙관주의 등 정신적 유산까지 의미한다. 이들의 아량과 관용은 종종 시험을 받는다. 또한 자기만의 가치를 찾기 위해 가족으로부터 물려받은 가치의 한계를 넘어서야 하는 경우도 많다. 파트너는 재정적, 감정적, 심리적 어떤 면에서든 이들에게 유용한 자원을 줄 수 있다. 이들은 자신의 고국이나 문화적 배경을 넘어선 곳이나 외국인을 통해 친밀감을 발견할 것이다.

8 하우스 토성

8 하우스 토성은 가족 상속 이슈를 시사한다. 아마도 부당하게 분할되거나 잘못 관리된 상속 문제, 또는 부모의 심한 통제가 따르는 유산을 의미할지도 모른다. 정서적으로는 친밀감이나 애정을 표현하는 데 어려움을 겪을 수 있다. 그것은 어쩌면 이들이 부모의 결혼생활에서 처음으로 경험한 특징이기도 할 것이다. 정서적 친밀감과 재정적 가치에 대한 가족의 표현 방식은 시간이 지날수록 뚜렷한 결과로 드러난다. 한편 친

밀감이나 섹스, 자원 공유, 정서적 친밀감 등에 대한 두려움은 시간이 지날수록 누그러질 것이다. 가까운 관계에서 노력과 전념을 다 하면 성인기에 친밀감을 얻을 수 있다. 통제와 권위에 대한 욕구는 이제 친밀한 관계에 집중된다.

8 하우스 카이런

이들이 물려받은 카이런 유산은 다양한 요인의 영향을 받았겠지만, 아마도 근본적인 증상은 가족의 이동이나 큰 변화로 인해 형성되었을 가능성이 크다. 어쩌면 이민이나 이혼, 별거, 사별 등의 사건이 가족 내 정서적, 재정적 손실에 원인을 제공했을지도 모른다. 소외와 권리 박탈을 경험한 8 하우스 카이런은 친밀한 관계를 통해 자신의 속내를 털어놓고 깊은 치유를 얻는다. 이러한 경험은 파트너의 상처를 통해 일어날 수도 있다. 고통과 괴로움을 호소하는 사람이 누구든 간에 친밀함을 통해서 치유가 일어나는 것이다. 비록 전통과 틀에 얽매이지 않은 비주류 관계라 할지라도 이들의 관계는 사람들에게 희망과 위안을 전해 준다.

8 하우스 천왕성

점성학에서 천왕성은 해방, 독립, 분리를 상징하는 원형이다. 그래서 천왕성에게 이 친밀함의 영역은 영 편하지 않다. 이들은 생애 초기에 부모의 결혼 생활에서 분리나 긴장을 경험했거나 친밀함을 회피하는 패턴을 보였을지도 모른다. 파트너십에 융화된 천왕성 에너지는 독특하고 흥미진진한 분위기를 관계에 불어넣으며 넘치는 열정과 특별한 경험을 선사한다. 그러나 연결이 끊어질 때, 8 하우스 천왕성은 차갑게 분리되어 버린다. 천왕성은 특유의 재빠르게 차단하고 분리하는 능력으로 정서적, 성적 친밀감을 방어한다. 따라서 이들의 친밀한 관계는 예측하기가 매우 어렵다. 이들의 관계에서는 충분한 공간과 자유와 거리가 필요하다. 그러면 두 파트너의 강한 개성이 드러날 것이다.

8 하우스 해왕성

해왕성은 신성을 갈망한다. 8 하우스에서 해왕성의 욕망은 관계로 옮겨져 이상적인 타인을 찾아 헤매게 만든다. 이유는 다양하겠지만, 그 이상적인 타인은 현실에 없거나 닿을 수 없는 상대일 지도 모른다. 상상의 영역에서 상대를 찾는 것은 일상적인 관계에 실망할 것에 대한 심리적 방어다. 어쩌면 이들은 은밀하고 불가사의한 가족사가 있거나 인생에 무언가 빠지거나 사라진 게 있다는 느낌에 사로잡혀 있을지도 모른다. 무언가 빠져 있다는 비현실적인 감각은 이들의 성인 관계에 그대로 이어진다. 해왕성이 상징하는 합일과 영적 능력에 대한 열망은 8 하우스에서 감정적 접촉, 성생활, 영적인 관계 및 창조적인 파트너십을 통해 채워질 수 있다. 하지만 그것이 지속되지 않을 때는 큰 실망이 뒤따른다. 만약에 적절한 정서적, 성적, 심리적 경계가 없다면 해왕성의 무경계 에너지는 이들에게 배신감과 이용당한 느낌만을 남길 것이다. 진정한 친밀감은 두 사람이 경계가 있는 영적, 창의적 관계에서 함께 노력할 때 찾을 수 있다.

8 하우스 명왕성은 친밀한 관계를 맺는 능력에 영향을 미치는 가족의 비밀이나 유산 등을 암시할 수 있다. 어쩌면 부모의 결혼 생활은 배신이나 빚, 상실로 점철되어 있었을지 모른다. 이 상징들이 드러나면 가족 비사에 묻혀 있던 금기와 비밀이 개인의 친밀한 관계에서 다시 깨어날 것이다. 페르세포네나 프시케처럼 애정 관계에서 지하 세계를 향한 여정이 촉발될 수 있다. 그 지하 세계 여행이란 진실과 진정성을 찾는 과정이다. 열정과 고통, 모 아니면 도, 사랑과 상실은 모두 뜨겁고 쓰라린 관계를 맺는 데 필요한 부분이다. 신뢰와 사랑과 친밀감은 그저 주어지는 것이 아니다. 자기의 진실에 직면하고 파트너 앞에서 가면을 벗는 용기를 낼 때 찾을 수 있다.

8 하우스 트랜짓

8 하우스 트랜짓은 흔히 옛 상처를 다시 벌어지게 만든다. 고통과 불안에 시달리다 점성 상담을 찾아오는 내담자들은 대개 복잡한 감정과 혼란을 호소하며 조언을 구한다. 점성가가 내담자의 이야기와 호소 문제에 경청하면서 판단 없이 그를 신뢰하고 정서적으로 접촉할 때, 점성가와 내담자 사이에 친밀감이 형성된다. 그리고 두 사람의 관계는 8 하우스 영역으로 들어간다.

느리게 움직이는 트랜짓 외행성(토성에서 명왕성까지)이 8 하우스 행성에 어스펙트하면 해당 행성 원형의 가장 취약한 부분을 표면 위로 끌어올릴 것이다. 특히 외행성이 8 하우스 안의 내행성을 트랜짓할 때 신뢰와 배신, 소유욕과 질투, 상실, 죽음과 사별, 성기능 장애, 비밀, 수치심, 삼각관계 문제 등이 의식 위로 떠오를 수 있다. 트랜짓은 우리의 어두운 유아기 감정을 인식하고 변형할 기회이기도 하다. 이때 분노에 찬 내면 아이가 해방되어 개별화의 길을 가려 할 수 있다.

우리가 만약 트랜짓을 잠재력의 발견 시기로 본다면 8 하우스 트랜짓을 친밀한 결합의 잠재력을 의식화하는 기회로 볼 수 있다. 그러나 이러한 변형은 흔히 고통스러운 슬픔과 상실감을 동반한다.

8 하우스의 잠재력은 우리가 어느 정도 성숙해지는 성인이 되기 전까지는 함부로 평가될 수 없다. 유년기 8 하우스는 주로 우리를 매혹하는 삶의 신비로 나타난다. 8 하우스 트랜짓은 표면 아래의 보이지 않는 세계와 오컬트를 탐구하도록 우리를 이끈다. 청소년기에 8 하우스는 성적 욕망을 자각하게 하면서 점점 더 강력한 영향력을 미치기 시작한다. 따라서 이 시기에 오는 8 하우스 트랜짓은 그러한 감정을 더욱 강화할 수 있다. 성인기에 맞이하는 8 하우스 트랜짓은 외로움과 상실로 물든 유아기의 상처를 다시 의식으로 불러와 변형을 일으킨다. 8 하우스에서 우리는 각자 안에 꿈틀거리는 강력한 에로스의 모습을 만난다. 사랑이 피어날 때 에로스 신은 우리 안에서 각성한다. 그는 또한 우리가 잃어버린 반쪽을 내재화할 수 있도록 고통스러운 상극의 땅으로 우리를 인도한다.

7 하우스에 있는 내행성의 프로그레션(태양, 화성, 금성)이 8 하우스로 들어가는 것 또한 자기 발달을 나타내는 강력한 지표다. 프로그레스드

행성은 느리게 움직이기 때문에 8 하우스에 오랫동안 머물게 된다. 이렇게 발달해 가는 행성 원형은 친밀한 만남의 영역과 그 안에서 일어나는 정신적 변형에 초점을 맞춘다. 8 하우스를 통과하는 세컨더리 프로그레스드 문은 상실감과 체념의 영역에서 일어나는 정서적 발달에 초점을 둔다. 그럼으로써 우리는 성인 관계에 온전히 참여할 수 있게 된다. 프로그레션이 일어나는 2년에서 2년 반 동안은 의식화되지 못한 채 억압되어 있던 무의식과의 강렬한 만남이 일어난다. 8 하우스를 지나는 달의 프로그레션을 통해 우리는 더 이상 자기 삶의 일부가 아닌 것을 내려놓고 자신의 깊은 감정 세계로 침잠하게 된다.

성인기에 오는 8 하우스 프로그레션은 어린 시절부터 남아 있던 자의식 문제를 현재의 관계로 다시 가져온다. 동시에 친밀한 관계는 더욱 성숙하고 깊어진다. 트랜짓은 또한 가까운 관계의 발달과 함께 일어나면서 우리의 삶을 더욱 생생한 경험으로 변형하는 데 도움을 주기도 한다. 죽음과 같은 유아기 분리의 고통스러운 상처를 다시 꺼내 다룰 때 생명력과 리비도가 깨어난다. 새로운 성장의 기회는 표면 아래 깊은 곳에 있다.

10장

행운과 우정: 11 하우스

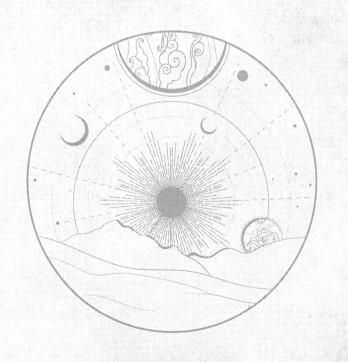

전통적으로 11 하우스는 고대 그리스에서 긍정적인 영혼을 뜻하는 '선한 다이몬(daimon)'이 거주하는 곳으로 알려져 있었다. 즉, 선의의 정신이 깃든 호의적인 하우스로 여겨졌다. 그곳은 운명의 수레바퀴가 상승하는 지점으로서 삶에 대한 믿음과 편안한 분위기가 고취되는 곳이었다. 선한 영혼이 힘을 북돋아 주는 11 하우스에서 기뻐하는 목성은 청원자들의 목표와 희망, 소원을 축복해 준다. 그러니 행운이 배가되지 않을 수 없다. 필자는 11 하우스를 상징하는 친구들이 바로 그 선한 영혼의 대행자가 아닐까 생각한다.

우정의 정신

11 하우스의 이상은 가족의 혈연을 넘어 영혼의 동질성으로 맺어진 공동체와 관계의 힘에 초점을 둔다. 이곳에는 우리의 진정한 모습을 알아봐 주는 지지자와 동맹자, 후원자, 친구들이 있다. 그들은 우리의 내면을 꿰뚫어 보며 우리가 진정한 자신을 볼 수 있도록 도움을 준다. 우정은 우리의 경계를 확장하면서 성장과 자아 발견의 길로 우리를 인도한다. 11 하우스의 '선한 다이몬'이란 바로 친구들이 주는 희망이 아닐까?

친구들이 우리에게서 최고의 모습을 봐 줄 때 우리는 희망을 얻는다.

우정 어린 소통이 주는 선물은 바로 희망이다. 친구들은 인생에서 우리가 가진 고유의 특성을 알아봐 줄 뿐 아니라 우리 내면에 잠재된 최고의 자질에 대한 믿음을 심어 준다. 희망이 있는 사회는 곧 스스로 신뢰하는 사회다.

- Graham Little, 『Friendship: Being Ourselves With Others』

우정을 맺는 데는 폭넓은 선택권이 있다. 그렇지만 우정 관계에서도 우리는 형제자매나 어린 시절의 친구, 심지어 성인이 되어 만난 파트너 등 과거 관계의 잔해를 발견할 수 있다. 11 하우스는 영혼의 친구들을 만나는 장소이자 우정을 통해 과거의 상처를 치유할 수 있는 곳이기도 하다. 형제자매 관계를 비롯한 여러 관계에서 형성된 우리의 역할과 위치는 자연스럽게 더 넓은 공동체 관계로 확장된다. 우리가 사회에 미치는 영향과 사회가 우리에게 미치는 영향은 우리가 최초로 맺은 관계 경험과 연결되어 있다. 영혼의 친구들을 만나는 11 하우스에서 우리는 더 큰 공동체의 시민이 된다.

5-11 하우스 양극을 가로질러 우리는 판단이나 수치심 없이 영혼의 깊은 곳을 드러내는 심오한 우정 '필리아'를 만나게 된다. 고전 점성학에서 5 하우스는 행운의 집으로 통했다. 스쳐 지나가는 관계와 놀이와 창의성을 통해 우리의 독창성을 다른 사람들과 나눌 수 있는 공간이 열린다. 우리의 친구들은 그 과정을 반영하고 목도한다. 그곳은 교감의 장소이자 고독의 장소가 될 수 있다.

칼 융은 그의 자서전『기억, 꿈, 회상』의 서문에서 밝히기를 자신의 인생사는 주로 내면세계에 초점이 맞춰져 있으며, 언급할 가치가 있는 사건이나 여행 대부분이 내면세계에 관한 것이라고 강조했다. 타인과의 관계를 회상하면서 그는 다음과 같이 말했다.

> 어떤 사람들은 마치 내 기억 속에 이미 자리 잡고 있던 것 같은 느낌을 준다. 처음부터 내 운명의 두루마리에 그들의 이름이 적혀 있기라도 한 것처럼 말이다. 그래서 그런 타인과의 첫 만남은 일종의 회상과도 같다.
>
> — 칼 융, 『기억, 꿈, 회상』

소울메이트를 만날 때 우리는 그의 어떤 특징에서 마치 자신의 일부인 듯한 느낌을 받는다. 11 하우스 관계는 소울메이트나 영혼의 친구와 같은 친근한 느낌을 주기 때문이다. 그리고 우리 안에서 일어나는 공유 정신은 친구 및 동료 관계라는 유대감으로 결속을 다지게 한다. 이 하우스에서 우리는 더 큰 가족, 더 큰 집단 속 개인이라는 소속감을 찾게 된다.

고대 그리스에서 폴리스는 도시를 의미하면서 동시에 도시 국가 정신을 뜻하기도 했다. 그리스인들은 일찍이 권력과 영향력을 공유하는 실험을 시도했다. 민주주의가 꽃피우고 시민의 권리가 존중받았다. 11 하우스는 정치적인 영역으로도 볼 수 있다. 이곳에서 개인은 다른 사람들과 민주적으로 동료 관계와 협력 관계를 맺으면서 평등을 추구하는 집단정신과 연결된다. 11 하우스의 관계가 성공하는 데는 과거의 관계 경험과 인간관계에 대한 믿음, 타인에 대한 기대 등이 영향을 미친다. 이곳에서 우리는 영혼의 동지들을 만난다. 열정을 나누고 서로의 성공을 지켜봐 주면서 무거운 짐을 공유하는 그들은 우리의 동료, 경쟁자, 라이벌, 동료, 지인 및 소중한 친구들이다.

친구는 우리 가슴속에 있다. 이탈리아 철학가 마르실리오 피치노 (1433~1499)가 말한 좋은 삶의 레시피 재료에는 '우정의 조미료'가 들어간다.

커스프 별자리

모든 커스프 별자리는 하우스로 들어가는 입구와도 같다. 그것은 하우스의 문을 여는 데 도움을 준다. 그 별자리의 룰러는 문 앞을 지키는 수호자와 같으므로 역시 중요하게 다뤄야 한다. 친구와 지인을 통해 드러날 수 있는 11 하우스 특성을 간단히 살펴보도록 하자. 그 특성들은 우리가 우정을 통해 찾고자 희망하는 미덕과 이상이기도 하다.

11 하우스 양자리 커스프

친구들은 당신이 새로운 시도를 하고 새로운 길을 떠날 용기를 준다. 또한 당신이 바라는 것을 성취하는 데 온 힘을 다할 수 있도록 도전 의식을 북돋아 준다. 그래서 당신은 그들과 함께 탐구 정신과 창업 정신을 나누고 싶어 한다. 어린 시절, 당신은 패거리와 위험한 모험을 감행했을지도 모른다. 성인이 되어서는 활동적이고 도전 정신이 가득한 사람들을 친구로 삼게 된다. 친구들은 당신에게 자신감과 용기를 불어넣는다.

당신 안에 숨겨진 기사도를 알아보는 그들은 당신의 목에 용자의 메달을 걸어 줄 것이다.

친구들은 당신에게 투지를 불어넣는 한편 경쟁심에 불을 붙일 수도 있다. 당신이 건강한 경쟁 방식을 찾아 정직하게 임할 수 있다면 더할 나위 없이 훌륭하다. 친구들은 당신이 동등한 사람들과 경쟁 게임이나 도전적인 모험을 즐기면서 왁자지껄 놀 수 있는 곳을 찾도록 북돋는다. 골프나 테니스, 댄스, 보드게임 등등 무엇이 되었든 경쟁을 통해 당신은 친구를 만나고 관계를 맺는다. 처음에는 경쟁에서 이기는 것이 목표였다 해도 결과적으로 당신은 관계를 맺고 우정을 쌓게 될 것이다. 그 접촉에서 창조된 에너지는 당신과 친구들이 함께 팀을 꾸리거나 기업을 세우거나 모험을 시작하도록 고무할 것이다.

11 하우스 황소자리 커스프

우정을 통해 당신은 자존감을 개발한다. 믿음직스럽고 한결같은 성품을 가진 당신은 친구들에게 소중하고 든든한 벗이 될 수 있다. 당신에게 안정감과 자원을 제공해 주는 친구들은 값을 매길 수 없는 귀중한 상품과도 같다. 비록 가족은 아니지만, 그들은 당신이 소중히 여기는 핵심적인 관계 집단이다. 견고한 지지 네트워크와 믿음직스러운 조언, 확고한 평가 기준을 제공해 주는 친구들은 당신에게 안정감의 시금석과도 같다. 어려운 시련이 닥칠 때, 당신은 폭풍우가 지나갈 때까지 안전한 항구를 내어 주는 친구들에게서 위안을 구한다.

당신은 친구들과 강한 애착을 형성하면서 그들에게 흔쾌히 자기 감각과 자원을 투자한다. 그래서 친구들이 앞으로 나아가거나 새로운 관계를 맺고 싶어 할 때, 당신은 충격을 받을지도 모른다. 그러나 진정한 친구는 멀리 떨어져 있다 하더라도 여전히 당신을 소중하고 감사하게 여길 것이다. 황소자리는 소유와 소유권을 관장한다. 당신은 그 이슈를 우정의 장으로 가져온다. 이 말은 곧, 친구에게 돈을 빌려주는 것을 조심하라는 경고이기도 하다. 아니면 당신이 빌려주는 귀중한 보물과 힘들게 얻은 자원이 그들에게는 별로 소중하지 않을 수도 있다는 점을 경고한다. 친구들은 당신이 어떤 것에 가치와 관심을 두는지 일깨워 준다.

----

11 하우스 쌍둥이자리 커스프

당신에게 친구는 형제자매와도 같다. 평소에도 친구와 호형호제하고 친언니 친동생 같다는 표현을 할지도 모른다. 당신은 아마 피를 나눈 형제자매와도 느낄 수 없던 친밀한 유대감을 친구에게서 느낄 것이다. 형제 관계에 깔린 애착의 보편성은 여러 지역사회 프로그램도 인정하는 부분이다. 예를 들어 권리를 박탈당하거나 소외된 사람들을 돕는 자원봉사 조직 중에는 '빅 브라더스'나 '브라더스 앤 시스터즈'처럼 형제자매를 모델로 한 이름이 많다. 친구들은 당신의 형제자매 관계에 고리가 됨으로써 당신이 그 관계의 상처를 치유하고 기념하는 데 도움을 줄 것이다.

11 하우스 쌍둥이자리 커스프는 다양한 친구 및 지인을 사귀고 커뮤니티에 참여하기 좋아하는 성향을 암시한다. 친구들은 당신이 모든 가능성을 자유롭게 탐색할 수 있도록 돕는다. 친근하고 개방적인 매너가 몸에 배인 당신은 많은 이들과 교제하면서 넓은 교우 관계를 쌓고 동맹

을 맺는다. 당신의 친구들은 놀이 친구이자 삶이라는 무대를 함께 나누는 동료 연기자와 같다. 그들은 당신의 참모습을 알아보고 이해하며 함께 소통하는 법을 안다. 당신은 그들과 대화하고 소통하면서 삶의 호기심을 나눌 것이다.

11 하우스 게자리 커스프

이 조합에서는 게자리의 특성인 양육과 보호가 우정의 영역으로 들어온다. 진정한 친구들은 당신에게 큰 의지와 소속감을 준다. 그들은 불안정하고 불확실한 삶에서 안전한 피난처를 제공해 주는 사람들이다. 당신은 친구들의 욕구를 본능적으로 알아차리며, 그들이 도움의 손길과 든든한 어깨, 피난처를 필요로 할 때 함께해 준다. 그러나 이런 성향이 항상 유익한 것만은 아니다. 우정은 상호 의존성을 기반으로 하지만, 평등과 개성도 필요한 법이다. 당신은 사람을 보는 눈이 있다. 그러니 때때로 그 직감을 존중할 필요가 있다. 한편 당신은 새로운 집단에서 사람들을 만날 때 수줍음과 불안감을 느낀다. 어쩌면 속이 메스꺼워지는 느낌을 받을 수도 있다.

11 하우스 게자리 커스프에서는 가족과 친구가 교차한다. 사회적 상황에서 당신은 집단원들을 돌보는 역할을 도맡을지도 모른다. 그러나 당신의 과제는 '독박 육아'가 아니라 그룹에 소속되는 것이다. 당신은 사람들과 교제할 때 따뜻하고 개방적인 분위기를 자아낸다. 사실 당신에게는 큰 사회적 모임이 필요하지 않다. 대신 소수의 가족 같은 절친한 친구들과 소속감을 주는 모임만 있으면 된다. 친구들은 당신을 지지하면

서, 당신이 굳이 그들을 돌보지 않아도 괜찮다는 안심을 줄 것이다. 그런 사람들이 바로 당신의 영혼을 어루만지는 진정한 친구다.

11 하우스 사자자리 커스프

사자자리는 심장을 다스린다. 그것은 친구들이 우러러보는 당신의 특성을 상징하기도 한다. 당신의 따뜻하고 관대한 성품은 타인에게 매력적으로 비춰진다. 청소년 시절의 당신에게는 아마도 인기가 중요했을 것이다. 하지만 성인이 되면서 우정의 진정한 가치를 깨닫게 된다. 과거에는 사람들의 인정과 환호를 추구했을지라도 지금 당신에게 더 중요한 것은 당신의 창의성을 알아보는 친구들과 함께 놀고 협력하는 것이다. 친구들은 당신의 자신감을 고취하고 당신의 성취에 박수를 보낸다. 그리고 당신을 높이 지지할 것이다.

당신의 진정한 친구들은 삶의 공동 창작자다. 그들은 당신과 노동을 분담하고 승리를 목도하고 평가를 나눈다. 만약 당신이 연약한 자기 감각을 부풀리기 위해 친구들을 곁에 둔다면 그들이 투사하는 가짜 삶을 살게 될지도 모른다. 그러므로 친구는 숭배자가 아니라 드라마를 공유하고 함께 대본을 쓰는 동지라는 사실을 명심해야 한다. 당신은 친구와의 상호 작용과 우정을 통해 자신을 표현하면서 교우 관계에서 첫사랑을 싹틔울 수도 있다. 친구들은 당신이 인생에서 중요한 전환을 맞이할 때 도움을 준다. 당신이 충실해야 할 중요한 곳이 어디인지 상기시켜 주기 때문이다. 처음 학교에 입학할 때, 독립할 때, 결혼하고 첫 아이를 낳을 때 당신의 곁에는 항상 친구들이 있었다. 친구들은 당신이 창조하는 삶을 옆에서 지켜봐 줄 것이다.

11 하우스 처녀자리 커스프

당신에게는 사생활을 존중해 주는 친구, 때때로 혼자 쉬고 싶어 하는 당신의 욕구를 이해해 주는 친구가 필요하다. 어린 시절, 당신은 혼자 시간을 보내고자 하는 욕구 때문에 어쩌면 냉담한 성격으로 오해받았을지도 모른다. 다른 아이들처럼 쉽게 사교적이지 못하다 보니 사회적 상황에서 자기를 비판하는 성향이 강해졌을 수 있다. 당신에게는 타인에 대한 강한 봉사 의식이 있다. 당신의 진정한 친구 역시 필요한 순간에 당신을 돌보아 주는 사람이다. 그러므로 자신이 바라는 것을 반드시 친구에게 알려야 한다.

당신의 우정은 성실과 신뢰, 존중, 자신감과 믿음을 기반으로 한다. 어떤 면에서 진정한 우정은 신성하다. 당신은 의리 있고 세심한 친구이지만, 동시에 고독을 필요로 한다. 그것이 없으면 아무리 서로 지지하고 격려하는 관계라 해도 숨이 막힌다. 진정한 친구는 사생활에 대한 당신의 욕구를 존중해 줄 것이다. 그것이 바로 당신에게 온전함을 느끼게 해 줄 신뢰와 상호 존중에 기반한 우정이다. 그러니 우정에 일관성을 유지하면서 친구들과 매일매일의 활동과 경험을 공유하는 것이 중요하다. 그들은 당신이 긴장을 풀고 세상일의 풍파를 털어놓는 데 도움을 줄 것이다.

파트너십과 우정, 이 둘은 같을까? 당신에게 스스로 물어봐야 할 질문이다. 당신은 친구와 파트너가 될 수 있고, 또 파트너와 친구가 될 수 있다. 물론 둘 사이에는 겹치는 부분이 많다. 그러나 타협의 문제나 시간과 자원의 전념 수준, 생활 방식 이슈는 각기 다를 것이다. 그러므로 둘의 차이를 고려하면서 그 사이에 적절한 경계를 만드는 것이 중요하다. 관계 맺기는 당신의 자연스러운 본능이기 때문에, 아마 자연스럽게 사교 생활에 끌릴 것이다. 진정한 친구들은 상대를 기쁘게 해 주고 싶어 하는 당신의 마음을 이용하지 않는다. 그들은 당신의 타고난 환대 기술과 사람들을 하나로 모으는 능력을 격려할 것이다.

당신은 모험심이 많아서 아마 여러 사교 활동에 참여하고 있을 것이다. 그런데 그렇게 사회 활동을 하면서도 자신만의 공간과 적절한 거리에 대한 욕구는 잘 충족하고 있는가? 당신은 사람들을 사랑하지만, 또한 자신만의 계획을 따르고 싶어 한다. 따라서 건강한 우정을 유지하기 위해서는 자신만의 시간과 친구를 위한 시간 사이에서 균형을 찾아야 한다. 우정은 관계 맺는 법을 가르쳐 주기도 하지만, 당신이 이기적이거나 무례하다는 죄책감 없이 자기 일에 집중할 수 있도록 충분히 분리되는 법을 알려 주기도 한다. 친구들은 당신의 모험에 동참하면서 당신의 여행과 성장, 삶의 경험을 곁에서 지켜봐 줄 것이다.

11 하우스 전갈자리 커스프

잔잔한 물은 깊숙이 흐르는 법이다. 강렬하고 깊은 감정과 친밀감이 당신의 우정을 채색한다. 진정한 친구는 당신이 필요할 때 함께 있어 주는 사람이다. 당신 역시 그들의 중요한 순간에 곁에 머문다. 내성적이고 믿음직스러운 당신은 친구가 정직을 요구할 때 기꺼이 진실을 말할 것이다. 우정은 신성한 영역이다. 그래서 당신은 가까운 친구들의 비밀과 친밀함을 존중한다. 한편 당신은 친구가 관련된 삼각관계나 음모에 휘말릴 수도 있다. 그러므로 친구에게 신뢰를 줄 때는 당신의 날카로운 분별력을 잃지 않는 편이 현명하다.

당신은 여럿이 있는 패거리보다 소수의 친한 친구를 선호한다. 당신에게는 변치 않고 힘이 되는 깊은 우정을 나누는 능력이 있다. 친구들과 함께 성공과 성취, 위기와 비극을 나누면 나눌수록 유대감은 더욱 강해질 것이다. 당신에게 우정은 매우 사적인 영역이다. 그래서 때로는 친밀감과 우정 사이에 선을 긋는 것이 어렵게 느껴진다. 그러나 친구와 연인은 똑같지 않다. 친구와 연인 사이에 정서적 경계가 꼭 필요하다는 사실을 당신도 차차 배울 것이다.

11 하우스 사수자리 커스프

당신은 어린 시절, 자신과 다른 이질적인 사람들에게 끌렸을 것이다. 아마 이국적인 사람들에게 더 큰 흥미를 느꼈을지도 모른다. 어린 시절 친구들은 당신의 방랑벽과 삶에 대한 호기심을 응원했을 것이다. 당신의 친구들은 어쩌면 지구 반대편에서 왔거나 문화 배경이 다른 사람들일 수 있다. 당신은 폭넓고 관용적인 친구들과 자신의 철학과 이상, 가치를 나누고 싶어 한다. 당신에게는 먼 곳을 내다보고 넓은 마음과 넉넉한 가슴을 가진 친구들이 필요하다. 편견과 윤리 의식의 부재는 당신을 절망하게 하지만, 오히려 인류 문제에 대한 지역 사회의 인식을 높이는 방향으로 당신을 이끌기도 한다. 당신은 인생의 큰 그림을 공유하고 큰 질문의 답을 찾는 데 도움을 주는 친구, 인생의 여정을 함께 할 친구를 필요로 한다.

당신은 커뮤니티, 특히 인간의 가치와 도덕을 옹호하는 사회단체를 중요하게 여긴다. 또한 윤리를 수호하고 철학적 아이디어를 지지하고 영적 이상과 지식을 추구하는 그룹에 끌리기도 한다. 대체로 당신은 커뮤니티에서 환영받는다. 자기의 신념을 솔직하게 말하고 그 신념에 따라 행동하기 때문이다. 종교 공동체, 대학, 여행길, 소속 팀 등등 어디서 우정을 나누든 간에 당신의 정신과 낙관주의는 사람들에게 큰 힘을 준다.

11 하우스 염소자리 커스프

이 복잡하고 혼란스러운 세상에서 의지할 대상이 있다는 것은 실로 대단한 일이다. 당신을 실망시키지 않을 친구, 동료 또는 팀원이 바로 그러한 사람들이다. 당신의 진정한 친구들은 책임감이 강하고 충실하다. 따라서 당신에겐 많은 친구가 필요하지 않을 수 있다. 그보다는 의지하고 신뢰할 수 있는 동지가 매우 중요하다. 어릴 때부터 당신에게는 연상이거나 성숙한 친구들이 많았을 것이다. 당신은 그들의 풍부한 세상 경험과 노련함에 매력을 느꼈을 것이다. 성인이 된 이후, 당신은 친구들과 함께 공동의 가치와 목표, 야망을 나눈다.

당신은 사람들에 대한 의무감이 강하다. 그런데 그러한 의무감 때문에 동등한 친구 관계가 아닌 부모 역할을 자처하면 오히려 우정에 방해가 될 수도 있다. 만약에 친구들이 스스로 져야 하는 책임을 당신이 지고 있다면 그 사실을 깨닫는 데 의식적인 자각이 필요하다. 우정과 의무 사이에 균형을 맞출 때, 당신은 우정의 의리와 끈끈한 연결을 경험하게 될 것이다. 때때로 당신은 자기에 대한 높은 기대 때문에 관계에서 방어적으로 행동하기도 한다. 친구들과 함께하면서 당신은 완벽하지 않더라도 진정한 자기가 되는 법을 배울 것이다.

---

11 하우스 물병자리 커스프

자유롭고 혁신적인 이상으로 유명한 물병자리는 분명히 주류에 속하지 않는 사람들에게 매력을 느낄 것이다. 우정은 일종의 모험으로서 위험을 감수할 가치가 있다. 당신에게 필요한 우정은 자기답게 살 수 있는 자유, 판단 없이 실험할 수 있는 충분한 공간, 규칙을 어기는 것이 허용되는 우정이다. 이러한 조건이 충족되기만 하면 당신은 진실하고 헌신적인 친구가 될 것이다. 당신은 누군가의 기대에 부응해야 한다고 느낄 때 관계에서 물러나거나 멀어지려 할지도 모른다. 잠시 친구들과 떨어지게 될지라도 당신은 자기답게 사는 충분한 자유를 누려야 한다. 아이러니하게도 만나지 못하거나 멀리 떨어져 있어도 괜찮다는 것을 친구에게 확인받을수록 당신의 그런 경향은 줄어든다. 역설과 개성이 바로 당신 우정의 주요 특징이다.

운명은 당신을 정치적인 곳으로 이끌 수도 있다. 아마 인도주의적이거나 미래지향적인 집단이나 조직에 가입하게 될 수 있다. 당신은 깨어 있는 세상을 건설하는 데 일조하고 싶어 하며, 동료 동지들과 함께 그 세계관을 공유한다. 당신은 우정 관계에서 개방적이고 넓은 시야를 추구한다. 그렇지 않다면 숨이 막혀 즉시 달아나 버릴지도 모른다. 당신은 자신의 아이디어와 통찰을 탐색하고 토론하고 싶어 한다. 그래서 우정에서도 지적 교류를 추구한다.

11 하우스 물고기자리 커스프

이상과 창의성, 영성은 당신의 친구 관계에서 아주 중요한 부분이다. 당신은 친구에게 높은 기대치를 갖고 있으며 때로는 그들에게 실망감을 느끼기도 한다. 그런데 한편으로는 아무런 기대도 하지 않을 때 오히려 친구들의 작은 친절에 기분이 좋아지기도 한다. 당신의 삶에서 우정은 각양각색의 감정으로 가득한 영역이다. 친밀감이든 상처든 연민이든 질투든 그 모든 감정은 당신이 우정에 불어넣는 영혼의 충만함을 나타낸다.

당신의 연민심과 감수성, 상냥함은 가까운 친구들에게 충분히 인정받고 돌려받을 필요가 있다. 당신이 일관성을 잘 유지하고 창의성과 영성을 위한 충분한 공간을 확보하면 더 많은 사람이 당신을 알아보게 될 것이다. 매우 직관적인 당신은 친구들과 한마음으로 연결되어 있어서, 때때로 그들보다 먼저 슬픔을 알아차리고 위안과 치유가 되는 말을 건네

기도 한다. 그 감수성은 당신을 조력자나 치료자, 인생 코치의 길로 이끈다. 뛰어난 통찰력을 가진 당신은 친구들에게 소중한 벗이 되어 준다. 그러므로 당신은 모임에서도 깊은 보살핌과 공감, 연민을 기반으로 한 장기간의 깊은 관계를 찾을 것이다.

11 하우스 행성

11 하우스 행성은 타인과의 사회 활동을 통해 조우한다. 그 행성은 평등을 추구하며 공동의 이상과 목표에 참여하는 것을 지향한다. 또한 사회에 대한 우리의 희망과 열망, 그리고 지역 사회에서 개인이 수행하는 역할을 나타내기도 한다. 11 하우스 행성은 사회적 참여와 접촉에서 분명하게 드러나는 패턴과 욕구를 상징한다. 그 원형은 우리의 친구들을 통해 구현되기도 한다. 우리는 투사적 동일시를 하면서 친밀한 우정을 통해 자기 영혼의 측면을 깨닫게 된다. 이제 11 하우스 내 행성이 각각 가진 핵심 특징을 요약해 우정의 가치와 행운을 살펴보도록 하자.

11 하우스 태양

11 하우스의 태양은 친구와 동료가 당신 정체성의 일부임을 상징한다. 당신은 친구 간의 의리를 매우 중요시하며 좋은 친구가 되고자 노력한다. 또한 동료들 사이에서 인정받고 모임에서 인기인이 되기를 바란다. 그 영역에서 당신은 자아정체성을 구축하고 삶의 목적을 찾기 때문이

다. 친구들의 인정을 받으면서 활력을 얻는 성향 때문에 어떻게 창의성을 나누고 키울지가 매우 중요한 사안이 된다. 만일 당신이 자기중심적인 태도를 보인다면 당신이 속한 집단은 창의성을 공유하는 장소가 아니라 당신의 나르시시즘을 비추는 거울 역할을 하게 될 수 있다. 11 하우스 태양을 가진 개인은 상호 지지와 존경으로 자기 감각을 신장하는 우정을 추구한다. 본질적으로 이 배치는 집단의 '아버지'나 리더 역할, 또는 집단이 성취하고자 하는 바를 대변하는 홍보 대사의 자질을 암시한다.

당신은 집단에 참여하고 조직과 커뮤니티에서 성과를 거두면서 자아 정체성을 개발하게 된다. 11 하우스 태양을 가진 개인은 팀의 일원으로서 자신을 동일시한다. 그것은 군중 속에서 길을 잃는 것이 아니라 유기체의 창조 과정에 중요한 필수적인 연결 고리가 되는 것이다. 당신은 집단의 성공에 공헌할 때 만족감을 찾는다. 집단의 목표와 목적에 동일시할수록 당신의 자기 감각은 확장될 것이다.

11 하우스 달

11 하우스라는 정치적 영역에 달이 위치하면 여성 이슈, 여성의 역할 및 달의 모든 이슈가 사회적 관계와 연결된다. 예를 들어 가족과 친구가 혼합되는 식이다. 친구가 가족이 될 수 있고 가족이 친구 같을 수 있다. 또는 어린 시절부터 친구와 지켜 온 오랜 우정을 암시할 수도 있다. 어릴 때부터 당신은 가족 외 가까운 관계의 사람들을 돕고 보호하는 것을 중요하게 여겼다. 나이가 들어서는 더 넓은 모임에 소속되어 가족 테두리

밖에서 애착을 키우는 것이 중요해진다. 커뮤니티에 참여하고 더 큰 시스템의 일부가 되고자 하는 욕구는 영혼의 소속 욕구를 살찌운다.

달의 민감성은 집단이나 친구들과 함께 있을 때 분명하게 드러난다. 당신은 집단에서 흐르는 보이지 않는 분위기나 긴장을 민감하게 감지하며, 친구가 느끼는 감정에 과도하게 동일시하기도 한다. 타인의 욕구를 살피고 그들의 정서적 위기에 관심을 기울이는 본능 때문에 어쩌면 당신 자신은 취약하고 지친 상태로 방치될지도 모른다. 집단에 참여하고 친구들의 응원을 받을 때 당신의 11 하우스 달은 보살핌 받는 느낌을 받는다. 그러나 친구 무리의 가장 역할을 맡거나 친구의 상담사/어머니가 되지 않도록 조심해야 한다. 당신은 공통의 관심사를 나누는 넓은 집단 관계에서 고향 집 같은 느낌을 받는다. 아니면 비슷한 생각을 가진 사람들의 집단에 집과 쉼터를 제공해 줄지도 모른다.

11 하우스 수성

의사소통과 상호 작용에 대한 수성의 욕구는 11 하우스라는 무대에서 비슷한 생각을 가진 친구와 동료들을 통해 자연스럽게 분출된다. 수성의 기민한 성격은 단체의 대변인이나 교사 또는 중재자 역할을 통해 충족될 수 있다. 미래지향적이고 공공 이익을 중요시하는 장소 11 하우스에 수성이 자리를 잡으면 개인은 인도주의 문제에 대해 목소리를 내면서 제도의 정책과 목표에 영향력을 미칠 수 있다.

당신은 가지각색의 우정을 통해 지적 평등과 교감을 추구한다. 전령의 신 머큐리는 당신이 친구들을 연결하는 고리 역할이나 사람들을 재결합하고 중개하는 역할을 할 수 있도록 고무한다. 당신은 의사소통과 사회적 접촉을 통해 관계를 유지한다. 우정에서 형제자매애를 재발견할 때 실제 형제자매나 학교 친구와의 옛 관계를 바로잡는 데 도움을 받을 수 있다. 당신은 집단에서 자기 목소리를 되찾고, 친구와 동료들을 통해 자신만의 아이디어와 의견과 지성을 개발할 것이다. 당신은 왕성하게 아이디어를 교류하면서도 침묵의 소리에 귀를 기울일 줄 아는 친구다.

11 하우스 금성

금성이 11 하우스에 있으면 우정과 개인적인 애정이 서로 얽힐 수 있다. 어쩌면 우정에서 사랑이 싹틀지도 모른다. 어쨌든 우정과 로맨스를 구별하는 것은 당신에게 중요한 일이다. 특히 집단에서 만난 사람과 낭만적인 관계를 맺게 될 때 개인 역동이 어떻게 변화하는지 반드시 살펴보는 것이 좋다. 금성이 삼각관계에 취약하긴 하지만, 사실 11 하우스 영역은 두 개인의 관계가 아닌 집단에 소속되는 경험을 하는 곳이다. 커플이라는 부분 집합이 그보다 더 넓은 집단 안에서 발전해 나갈 때 갈등과 분열, 질투가 일어날 수 있다. 그러므로 커플 간에 일어나는 역동 경험을 그룹 역동과 혼동하거나 우정을 사랑으로 착각하거나, 혹은 연인과 친구를 혼동하지 않도록 조심해야 한다.

우정, 동료 관계 및 사회적 접촉이 일어나는 영역은 당신의 자존감 발달에 중추적인 역할을 한다. 커뮤니티 내 지지 관계를 통해 당신은 자기 가치를 인정받는 데 도움이 되는 자원을 찾을 수도 있다. 우정과 활발한 사교 모임은 당신에게 만족과 즐거움을 주는 성취의 영역이기도 하다.

사교 모임은 훌륭한 자원으로서 당신에게 재능과 창의성을 맘껏 표현할 출구를 제공해 준다. 어디를 가나 쉽게 환대받는 당신은 사람들이 교류할 수 있는 공간을 창조하면서 즐거움을 느낀다. 금성이 사회 영역에 자리함에 따라 당신은 창의적인 사람들과 흥미로운 동지애를 나누고 커뮤니티에서 사랑과 존경을 받게 될 것이다.

11 하우스 화성

11 하우스에 전사 원형이 있다는 것은 사회적 상황에서 경쟁이나 갈등이 점화될 가능성을 시사한다. 어쩌면 현재나 이전 관계의 파트너와 해결하지 못한 분노 감정, 또는 형제자매 간의 곪은 경쟁 문제 등이 우정으로 번질 수 있다. 화성의 대담한 충동으로 집단의 반감을 일으키는 대신 집단을 이끄는 데 에너지를 집중하는 것이 가장 좋다. 스포츠, 일, 취미, 정치 문제 등등 어떤 이유로 집단에 참여하든 간에 그 집단은 당신 안에 독립과 자유에 대한 도전 정신을 불러일으킬 것이다. 때때로 11 하우스 화성은 집단 적개심의 표적이 되거나 갈등의 원인으로 지목될 가능성을 시사한다.

친구 사이에 갈등과 다툼이 있다 할지라도 그 관계에는 존중과 열정이 있다. 사실 갈등과 의견 차이는 모든 우정의 일부분이다. 그러한 갈등을 관리하면서도 긴장과 응어리를 만들지 않는 것이 화성의 도전 과제다. 11 하우스 화성은 친구들과 집단의 권리와 자유를 지키기 위해서라면 전투도 마다하지 않는다. 모든 사회화 과정에서 독립성과 자율성의 욕구가 활성화될 것이다. 그러므로 집단과 너무 동일시해서 자아정체성을 상실하거나 너무 독립적이어서 집단에 소속하지 못하는 것을 조심해야 한다. 당신에게 주어진 도전은 자아정체성을 잃지 않으면서 집단의 일부가 되는 것이다. 아이러니하게도 11 하우스 화성은 친구들을 사귀거나 집단에 참여함으로써 당신의 자아정체성 형성이 도전받는 것을 암시한다. 친구들은 당신이 개성과 독창성을 긍정적으로 표현하는 데 도움을 줄 것이다.

11 하우스 목성

고전 점성학에 따르면, 목성은 우정으로 자기 이해와 신념을 확장하는 11 하우스에 있는 것을 기뻐한다. 당신은 다양한 친구 집단을 통해 풍부한 인생 경험을 쌓으면서 믿음과 지혜를 함양한다. 커뮤니티에 참여해 지식 체계를 탐색하면서 세계 시민이 되는 교육을 받고, 집단 참여를 통해 영적인 길을 찾는다. 당신은 사람들과 비전과 이상을 공유하며, 커뮤니티에서 스승과 멘토를 찾는다. 한편 당신 자신이 다른 사람들의 안내자이자 멘토 역할을 할 수도 있다. 아마도 그동안 당신은 단체, 동료, 친구들과 함께 교육적이고 고무적인 경험을 많이 축적했을 것이다.

우정은 당신의 삶에 이정표를 제시한다. 11 하우스에 있는 목성은 축구팀, 토론 팀 또는 지역 의회 등에 상관없이 팀플레이를 추구한다. 생생한 비전과 영감을 위해 그룹과 사람들을 필요로 한다. 당신의 행운은 사람들에 대한 믿음과 인간 정신의 승리에 대한 신뢰, 인류의 진정성과 도덕성을 믿는 능력에 있다. 당신의 긍정적인 태도와 세상에 대한 낙관적인 정신은 너그러운 친구들을 끌어당길 것이다.

11 하우스 토성

위계, 권위, 통제의 행성 원형인 토성은 평등과 민주주의가 중시되는 이곳에서 불편함을 느낀다. 따라서 토성은 우정에 방어적으로 경계하거나 집단을 이끌고 통제해야 한다는 강박을 느낄 수 있다. 사람들과의 긴밀한 교제는 당신의 취약함과 거절에 대한 공포, 실패에 대한 두려움을 다시 깨운다. 한편 이 배치는 타고난 리더십과 집단에 대한 책임감을 시사한다. 모든 단체가 당신의 욕구와 맞아떨어지는 것은 아니다. 따라서 자신과 집단 사이에 경계를 잘 설정하는 것이 중요하다. 물론 지나치게 방어적이지 않은 선에서 말이다. 필자는 이 배치를 가진 사람들이 고립감과 외로움, 또는 친구가 없는 데에서 오는 허전함을 토로하는 것을 이따금 본다. 아마도 그것은 혼자라는 데서 오는 실존적 감정일 것이다. 또는 집단에서 어린 시절의 경험이 다시 떠오르는 것일 수 있다. 가령 외동이나 장남·장녀로 자랐다든가, 어린 시절 놀이 친구가 거의 없었다든가, 고립된 가족 분위기나 나이 차이가 큰 형제자매, 또는 어린 시절 막중한 책임 등이 집단 내 고립감을 형성했을 수 있다. 11 하우스 토성과 함께 이 외로운 감정은 성인기에 다시 도전을 받게 된다.

당신은 오랫동안 진지하게 우정을 나누는 편이다. 당신은 의리 있고 힘이 되어 주는 친구이자 동지다. 그러나 이 상호 관계 영역에서 굳이 의무감과 책임감에 불타는 사람이 될 필요는 없다. 모든 사람이 올바른 일을 해야 한다는 강박은 우정을 짐스럽게 만들고 집단에 구속감과 부담감을 줄 뿐이다. 11 하우스 토성을 가진 당신은 리더와 안내자로서 수완뿐만 아니라 자신이 집단에 주는 안정감과 성숙한 영향력을 인식해야 한다. 그럴 때 커뮤니티 동료들은 당신의 지혜와 지도를 높이 평가하면서 지지와 존경을 보낼 것이다.

<hr />

11 하우스 카이런

주변을 겉도는 카이런은 아웃사이더의 원형이다. 당신은 고대 방식에 관심이 많은 관습 밖의 집단에서 동족을 찾을 수 있다. 11 하우스에 카이런이 있으면 집단에서 배제된 느낌을 받기도 한다. 이러한 상처가 만성화되거나 평생 가지 않게 하려면 당신의 공동체 삶이 기성 시스템의 일부가 아니라는 사실을 받아들여야 한다. 아마 당신의 동료들 역시 주변인으로서 당신처럼 세상에서 소외된 상처가 있을 것이다. 당신의 소울 그룹은 주류에서 벗어난 곳에 있다. 당신의 역할은 친구들의 박탈감과 소외감을 치유하는 멘토가 되는 것이다. 11 하우스에 카이런이 있으면 주변부에 머무르면서 집단의 중심에서 일어나는 일을 명료하게 관찰할 수 있다. 그래서 어쩌면 당신은 급진적인 이상과 획기적인 사회 개혁을 대변하는 역할을 맡게 될지도 모른다. 11 하우스 카이런의 위대한 목표는 바로 집단을 치유하는 것이다.

11 하우스 카이런을 가진 당신은 멘토나 안내자와 같은 친구들에게 이끌린다. 대신에 당신은 상호적인 친구 관계에서 치유를 제공해 준다. 어쩌면 친구나 집단 경험은 당신의 소외감과 버림받은 과거의 상처 자국을 또다시 벌어지게 만들지도 모른다. 그러나 당신은 사려 깊은 친구와 공감적인 집단의 품으로 돌아가, 그 영혼의 단짝들과 함께 위안과 치유를 찾을 것이다.

11 하우스 천왕성

11 하우스에 천왕성이 있으면 집단에 이상주의와 혁신과 깨달음을 불러일으키는 능력이 강조된다. 천왕성은 천성적으로 반항적이다. 하지만 11 하우스에서는 다른 관점들을 관용적으로 받아들이면서 다양성을 통합하려 한다. 집단이 정체되거나 틀에 갇힐 때는 현상 유지를 훼방하는 혁명가가 되기도 한다. 따라서 이 배치는 집단에서 분리감을 느끼는 개인이나 집단에 다른 관점을 제시함으로써 집단 변혁을 촉진하는 이단아를 상징한다. 또는 현실에 안주하는 리더들에게 깨우침과 충격을 줌으로써 집단을 해방해 새로운 방향으로 이끄는 사람을 의미한다.

당신은 다채로운 삶의 방식을 가진 사람들과 다양한 우정을 나눌 수 있다. 천왕성은 번개처럼 왔다가 갑자기 사라진다. 당신의 우정 역시 예측할 수 없으며 무심하고 분리되어 있다. 당신에겐 분리된 혼자만의 공간이 필요하다. 아마 예기치 않은 순간에 우정에서 멀어지기도 할 것이다. 11 하우스 천왕성으로 인해 당신은 커뮤니티의 특이한 친구들과 교제하면서 자기답게 사는 자유를 얻는다.

11 하우스 해왕성

해왕성이 11 하우스에 있으면 친구들과 하나 되고 싶어 하는 충동이 일어나면서 집단 참여를 통해 영성과 창의성을 추구하게 된다. 자신과 타인 사이의 경계를 허물려는 경향은 당신을 취약한 느낌에 빠지게 할 수 있다. 특히 개인적인 희생이 뒤따를 때 더욱 그렇다. 그룹 에너지는 당신의 마음을 황홀하게 한다. 집단이 주는 매력은 당신을 비현실적인 세계로 홀리기도 하고 도움이 되지 않는 시스템에 얽매이게 할 수도 있다.

사실 해왕성의 이상주의와 희생 성향은 평등과 친교를 추구하는 11 하우스 환경과 상충한다. 당신은 소울메이트와 영적 도반들과 지속적인 우정을 나누지만, 친구에 대한 맹점 때문에 그들의 결점이나 약점을 좀처럼 보려 하지 않는다. 그러다가 약속이 깨지거나 기대가 채워지지 않을 때 당신은 크게 실망한다. 당신은 창의성과 합일을 향한 열망을 우정에 쏟는다. 그러나 상호적인 참여가 없으면 아무 대가 없이 그저 주기만 하다가 결국에는 기진맥진할 것이다. 당신은 자유롭게 열린 마음으로 자신을 내어 주는 헌신적이고 공감적인 친구다. 그러나 우정에서 자신의 희망 사항과 현실을 구분해야 할 필요가 있다.

11 하우스 명왕성

11 하우스 명왕성은 집단 참여가 당신 내면 깊은 곳의 콤플렉스를 뒤흔들 수 있음을 암시한다. 그러면 사랑받고 욕망의 대상이 되기를 갈망하는 당신의 열정적인 욕구가 치유를 위해 표면으로 떠오른다. 집단 심리 치료 같은 집단 참여를 통해 어두운 감정과 어린 시절의 거부된 이슈를 다룰 수 있다. 명왕성이 11 하우스라는 사회적 영역에 자리하면 집단의 그림자 역할이나 어떤 분야의 다크호스가 되는 경향이 나타난다. 당신은 본능적으로 집단에 흐르는 보이지 않는 저류를 감지한다. 어떤 집단에 있든 당신은 강력한 영향을 미치면서 변형을 촉진하는 역할을 할 것이다.

친밀감에 대한 열망이나 관능성이 우정의 근간이 될지도 모른다. 따라서 친구 사이의 갈등이 연인의 싸움처럼 커지지 않도록 관계의 본질을 명확히 하는 것이 중요하다. 당신은 위급한 시기에 강력한 도움을 주는 친구가 될 수 있다. 11 하우스 명왕성은 친구와 하나가 되는 것이 아니라 하나로 공유하는 것을 제안한다. 당신의 우정은 열정적이고 강렬하다. 따라서 당신은 다수의 지인보다는 소수의 친밀한 친구를 선호하며, 깊은 애착을 아주 중요시한다. 헌신적인 우정에서 신뢰는 최우선의 가치다. 당신의 우정은 인생의 상실과 전환기 속에서도 꿋꿋이 버티면서 믿음과 힘을 줄 것이다.

11장

우정의
스펙트럼

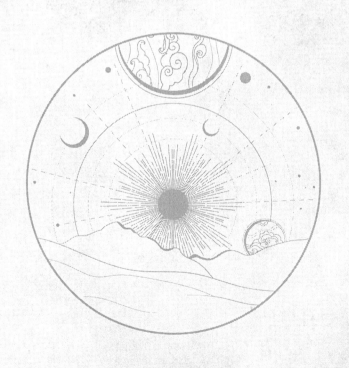

필자의 책상 위에는 친구 알렉스와 함께 찍은 액자 사진이 항상 놓여 있다. 알렉스는 필자보다 아홉 살 연상이었다. 그의 양자리 목성과 사우스 노드는 내 11 하우스 노스 노드와 컨정션이고, 그의 천칭자리 노스 노드는 나의 해왕성, 수성, 사우스 노드와 한 곳에 있다. 또한 그의 달은 내 MC 위에, 내 달은 그의 어센던트 위에 있다. 우리는 처음 만나는 순간부터 서로에게 좋은 친구였다. 필자가 세상을 보는 방식에 영향을 미친 중요한 경험의 때마다 그는 늘 곁에 함께 있어 주었다. 비록 10년 전에 그는 세상을 떠났지만, 우리의 우정은 항상 내 마음속에 남아 있다. 그의 상냥한 행동, 우리의 모험, 서로 주고받은 도움을 나는 애틋하게 기억한다. 우리의 우정은 앞으로도 영원할 것이다.

　우정의 스펙트럼은 광범위하다. 11 하우스 영역에 국한되지 않는다. 그 친밀도에 따라 3 하우스, 7 하우스, 심지어는 8 하우스에도 포함될 수 있다. 우정은 특별한 축복이다. 여류 작가 아나이스 닌은 다음과 같이 말했다.

　각각의 친구는 우리 안의 세계를 상징한다. 그들이 오지 않았다면 아예 태어나지 않았을지도 모르는 세계이다. 오직 그 만남을 통해 새로운 세계가 탄생한다.

- 아나이스 닌, 『 The Quotable Anais Nin』

독특하고 특별한 방식으로 친구 사이가 된 몇 가지 사례를 살펴보자.

친구들의 작은 도움으로

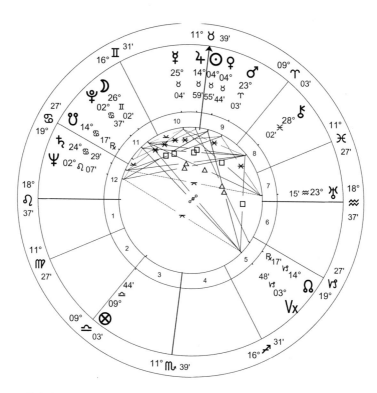

엘라 피츠제럴드, 1917년 4월 25일 오후 12시 30분, 미국 버지니아주 뉴포트뉴스

엘라 피츠제럴드는 아름답고 폭넓은 음역의 목소리로 유명한 인기 여성 재즈 가수였다. 다른 많은 유명한 가수처럼 그녀 역시 황소자리 태양-금성 컨정선을 가지고 있었다. 그것은 그녀의 숭고한 음악적 재능을 반영하는 점성학적 상징이었다. 엘라는 희대의 재능을 타고났지만, 피부

색이 검다는 이유로 인종 차별을 받았다. 불멸의 목소리를 가진 그녀조차 흑인과 백인의 평등을 법으로 금지하는 인종 차별의 시대를 피해 갈 수는 없었다.

그러나 우정은 친구를 판단하지 않는다. 우정은 평등을 찬양하고 상대를 소중히 여기며 서로의 자원을 공유한다. 친구들은 어떤 역경과 어려운 시기에도 당신에 대한 지원을 아끼지 않는다. 그들은 가식과 가짜가 넘치는 사회적 경계를 뚫고 들어와 인종과 신념, 피부색, 나이, 종교, 성적 취향, 정치적 성향과 관계없이 당신을 있는 그대로 존중해 준다. 마릴린 먼로와 엘라 역시 이런 식으로 친구가 되었다.

엘라는 마릴린 먼로를 가리켜 "시대를 앞선 비범한 여성이지만, 정작 자신은 그 사실을 모른다."라고 말하기도 했다. 엘라의 천왕성은 마릴린의 7 하우스 물병자리 달-목성 컨정선을 촉발했다. 마릴린은 MC 위에 금성이 있었다. 항상 대중의 스포트라이트와 많은 사람의 갈망을 한 몸에 받았던 그녀는 타임지에서 '사랑의 여신'이라는 별명을 얻었다. 그러나 마릴린의 금성은 카이런과 컨정선이기도 하다. 거절당하고 환영받지 못한 채 주변부를 서성이는 고통을 그녀는 누구보다도 잘 알고 있었다. 그래서 엘라의 상처를 즉시 자신의 상처와 동일시했다. 아마 마릴린은 자신의 고통과 상처 때문에 엘라와 친구가 되었을 것이다. 엘라는 이렇게 말하기도 했다.

나는 마릴린 먼로에게 진짜 빚을 지고 있다. 그녀 덕분에 50년대에 굉장히 유행했던 나이트클럽 모캄보에서 공연을 할 수 있었기 때문이다. 마릴린은 직접 모캄보의 주인에게 전화를 걸어 내 공연을 즉시 예약하고 싶다고 말했다. 그가 그렇게 해 준다면 매일 밤 프런트 테이블에 앉아 내 공연을 보겠다고 약속했다. 당시 마릴린은 슈퍼스타였기 때문에 자신이 클럽에 나타난다면 언론에서 대서특필할 것이라고 그를 설득했다. 모감보 주인은 그녀의 제안을 받아들였고, 실제로 마릴린은 매일 밤 프런트 테이블에 앉아 내 공연을 보았다. 언론은 열광했고, 그 후 나는 두 번 다시 작은 재즈 클럽에서 공연을 하지 않아도 됐다.

- 엘라 피츠제럴드의 공식 홈페이지 중

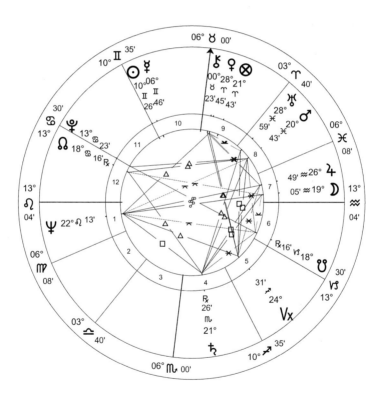

마릴린 먼로, 1926년 6월 1일 오전 9시 30분, 로스앤젤레스, 캘리포니아, 미국

엘라의 출생 시각은 오후 12시 30분으로 마릴린과 동일한 어센던트-디센던트 축을 가지고 있다. 어센던트-디센던트 축은 자기와 타자의 지평선을 상징하기 때문에 친구 관계에서 흔히 두드러진다. 특히 관계 점성학에서 그것은 두 사람의 성격과 관계 맺는 방식을 설명해 준다.

엘라와 마릴린은 9년 차이로 태어났다. 눈에 띄는 것은 ♋14°17'에 있는 엘라의 사우스 노드와 ♋18°16'에 있는 마릴린의 노스 노드의 컨정션이다. 두 사람의 길이 만나, 노스 노드의 끌어당기는 힘이 사우스 노드의 조류 방향을 바꾸는 데 도움을 준다. ♊26°02'에 있는 엘라의 달은 마릴린의 버텍스와 어퍼지션한다. 두 사람의 항로가 교차해 서로에게 깊은 인상을 남기는 형상이다. 마릴린의 MC는 엘라의 태양-금성에 컨정션하면서 그녀의 재능을 펼치는 무대를 제공해 준다.

마릴린의 11 하우스 커스프 쌍둥이자리의 룰러 수성은 10 하우스에 위치한다. 마릴린은 엘라를 돕기 위해 연락망과 미디어를 동원했다. 태양과 명왕성은 마릴린의 11 하우스를 지키는 문지기와도 같다. 태양은 11 하우스가 시작되는 커스프의 앞문에, 명왕성은 뒷문에 자리한다. 엘라에게 강한 동질감을 느낀 마릴린은 그녀에게 기회의 문을 열어 주기 위해 자신의 힘을 사용했다. 이처럼 우정이 가져다주는 행운과 다정한 행동은 우리 삶의 흐름을 바꾸어 놓기도 한다.

우정의 춤

과학적인 관점은 이성 간의 우정을 위험한 것으로 본다. 특히 로맨스와 섹스의 가능성이 있는 이성애자 사이의 우정은 더욱 그렇다. 그러나 과학이 인간 행동, 특히 사랑과 관계를 설명해 주는 궁극적인 권위는 아니다. 놀고 공부하고 일하고 사회적 관계를 맺는 일상 세계를 사는 우리 남녀는 로맨스나 성적인 관계를 넘어 서로 파트너가 될 수 있는 방법을 찾아야 한다. 일이나 전문 영역에서 만나는 관계, 창조 정신의 공유, 공동 자원, 공동의 열정과 사명 등을 통해 남성과 여성은 우정을 나누면서 이성에 대한 이해를 넓힐 수 있다. 이성 간에 우정을 나누다 보면 서로 다른 젠더 가치와 성적 태도 및 사고방식에 부닥치게 된다. 그러나 자기 안에 있는 반대 성의 측면과 친구가 되는 기회 또한 얻을 수 있다.

이성 간의 관계는 아무래도 쉽게 가십거리가 될뿐더러 성평등과 편견 문제에 민감하다. 성적 매력이 복잡하게 개입되기도 한다. 어떤 연인들은 친구로 시작하고, 어떤 연인들은 친구로 남는다. 모든 우정 관계에는 저마다의 고유성이 있다. 따라서 천궁도는 각각의 개성 있는 우정 관계를 이해하는 데 지침서가 되어 줄 것이다.

플라톤이 『향연』에서 서술한 에로스에 대한 담론은 신성을 향한 비성적(非性的)인 사랑 '플라토닉 관계' 개념에 영감을 주었다. 플라토닉 관계에 있는 파트너들은 에로스 에너지를 '공유하는 창의성의 영역'인 11 하우스로 채널링한다. 7 하우스가 5 하우스에서 나오듯이, 5 하우스의 창조적인 충동은 11 하우스와 짝을 이룬다. 우리는 우정을 통해 창의성과 표현력을 공유한다. 남성과 여성이 창조적인 팀을 구성하면 창의적인 로맨스와 열정이 일어날 수 있다. 역사상 가장 유명한 댄스 듀오인 프레드 아스테어와 진저 로저스는 능숙하고 노련하게 창의성을 공유했다. 1933년, 프레드와 진저의 파트너십은 한 영화에 공동 출연하면서 시작되었다. 그들이 공동 출연한 10편의 영화는 대부분 대공황 시기에 상영되었

다. 은막을 장식한 그들의 케미스트리와 파트너십은 당시의 시대 정신을
고양했다.

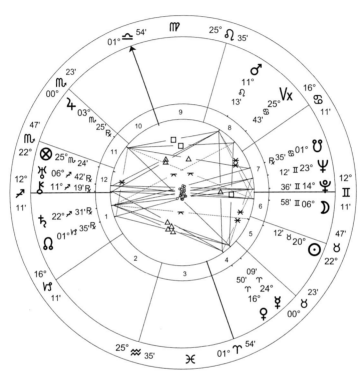

프레드 아스테어, 1899년 5월 10일 오후 9시 16분, 미국 네브래스카주 오마하

　프레드는 전갈자리 11 하우스에 목성이 있다. 12살 어린 진저 역시 그
와 마찬가지로 전갈자리 목성이 있다. 진저의 7 하우스와 11 하우스 룰
러인 목성은 사우스 노드, 버텍스와 컨정션인데, 셋 다 프레드의 11 하
우스 목성과 연결된다. 이 모든 특징은 두 사람의 운명적인 연결감을 강
조한다. 그런데 가장 확실한 것은 두 사람의 어센던트가 서로의 반대에

있다는 점이다. 프레드의 ♐12°11' 어센던트는 진저의 ♐14°09' 디센던트와 컨정션을 이룬다. 또한 진저의 ♊14°09' 어센던트는 프레드의 ♊12°11' 디센던트와 컨정션이다. 프레드의 11 하우스 커스프 전갈자리의 현대 룰러인 명왕성은 ♊14°36'에 자리하면서 그의 디센던트와 진저의 어센던트에 아주 가깝게 컨정션한다. 진저의 ♊28°03' 명왕성은 프레드의 ♋01°35' 사우스 노드와 컨정션이다. 1933년, 그들이 첫 영화를 함께 촬영할 당시 게자리에 있던 명왕성은 진저의 태양-해왕성과 프레드의 버텍스를 오랫동안 통과하고 있었다. 서로의 어센던트-디센던트 축이 반대로 있는 것은 두 성격의 결합을 강조한다. 버텍스와 노드가 동시에 접촉하는 점도 두 사람의 강력한 연합의 가능성을 시사한다.

프레드는 천왕성-달 어퍼지션이 있고, 진저는 천왕성-태양 어퍼지션이 있어서, 둘 다 서로의 충분한 자유와 공간을 존중한다. 이 조합은 서로가 자유롭고 편안할 수 있도록 돕는 의지가 되는 파트너 관계를 상징한다. 프레드의 11 하우스 목성은 도움을 주는 파트너 관계를 상징한다. 또한 친구들과 자신의 지혜와 가이드를 나누는 것을 암시하기도 한다. 그는 동료들로부터 오스카 특별상을 받았다. 시상식에서는 진저가 직접 그에게 트로피를 건넸다. 프레드의 11 하우스 목성은 성별의 경계를 넘어선 교육과 평등을 상징한다. 그의 여성 친구들과 댄스 파트너처럼 말이다.

진저의 11 하우스 고전 룰러 목성은 6 하우스에서 사우스 노드와 컨정션한다. 이것은 일과 우정의 연결을 시사한다. 반대로 6 하우스 룰러 화성은 11 하우스에 있으니, 목성과 화성이 반대 하우스에서 인터셉트하는 형국이다.

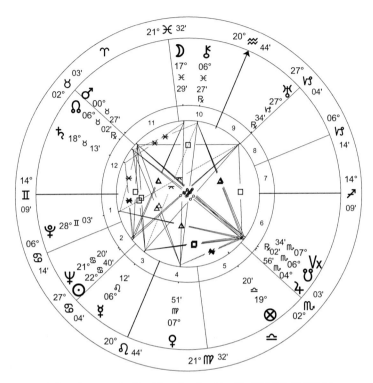

진저 로저스, 1911년 7월 16일 오전 2시 18분, 미국 미주리주 인디펜던스

화성이 상징하는 경쟁과 갈등이 우정의 영역에 놓인다. 프레드와의 파트너십이 그러했다. 함께 파트너로 일하는데도 늘 프레드만 최고 출연료를 받고 대스타로 인정받는 데서 그녀는 좌절을 경험했다. 네 컷 만화 작가 밥 테이브스는 그의 연재 만화『프랭크와 어니스트』에서 프레드에 대해 다음과 같이 언급했다. "프레드의 업적은 훌륭하다. 그러나 진저 로저스 역시 모든 것을 똑같이 했다는 사실을 잊지 말아야 한다. 뒤에서 하이힐을 신고 말이다." 그녀는 개인 능력도 뛰어났지만, 창의성을 공유하는 관계에서도 동등한 존재감과 능숙한 실력을 증명했다.

프레드와 진저는 역동적이고 플라토닉한 파트너 관계를 통해 큰 성공을 거둘 수 있었다.

동료 경쟁의 사례

지그문트 프로이트는 우정과 지지적인 동료 관계를 매우 중요하게 여겼다. 하지만 그에게 그것은 좀처럼 잡히지 않는 신기루이기도 했다. 프로이트는 동료 칼 에이브러햄에게 보낸 편지에서 '나는 나를 착취하고 배신하지 않을 친구를 평생 찾고 있다.'라며 속마음을 털어놓기도 했다.

그가 맺은 수많은 우정 관계에도 불구하고 그 희망은 절대 실현되지 않았다. 정신분석가로 일하던 초창기에 그가 가깝게 지냈던 동료 빌헬름 플라이스와 요제프 브로이어와의 우정은 질투와 경쟁 끝에 파국으로 치달았다. 정신분석계에서 이름을 떨치던 시기, 그는 알프레드 아들러라는 중요한 동료를 만났지만, 그 우정 역시 불행하게 끝났다. 프로이트는 다음과 같이 말했다.

나에게는 어떤 고집이 하나 있다. 정서적 삶에 친밀한 친구와 미워하는 적이 꼭 있어야 한다는 고집이다. 그리고 나는 항상 그 둘을 내 자신에게 제공할 수 있었다. 친구와 적이 합쳐져 한 개인으로 나타나는 어린 시절의 이상적인 상황이 늘 완벽하게 재현된다.

- 지그문트 프로이트, 『표준판 프로이트 전집』

프로이트가 형제자매 사이에서 경험한 미해결된 양가감정은 그의 친구와 동료들을 통해 다시 수면 위로 떠올랐을 것이다. 동료들은 그의 대리 형제 역할을 맡았으며 후배들은 그의 경쟁심을 불러일으켰다. 그러면서 그의 통제욕과 지배욕을 부추겼다. 공동체 정신의 발달은 형제자매 관계와 학교 운동장에서 같이 뛰놀던 친구들과의 경험에서 시작된다. 그 관계 경험은 이후 성인기에 만나는 동료와 친구 관계를 위한 초석이 된다. 사회적 유대는 형제자매 간의 질투와 경쟁을 포기하는 데서 시작된다.

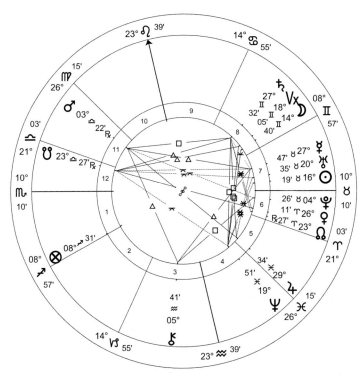

지그문트 프로이트, 1856년 5월 6일 오후 6시 30분, 모라비아 프라이베르크

형제자매 사이에서 경쟁과 감정을 다루는 방식은 이후 집단에 어울려 지내는 능력 및 타인과 동등한 관계를 맺고 관심사를 공유하는 능력에 영향을 미친다. 점성학적으로 우리는 3 하우스와 11 하우스를 관련지어 설명할 수 있다. 프로이트의 11 하우스 화성은 3 하우스 카이런과 트라인한다. 한편 3 하우스의 룰러 토성은 8 하우스에 위치하면서 11 하우스 화성과 스퀘어 한다.

프로이트의 천궁도에서 동료와의 경쟁 주제는 11 하우스에서 역행하는 화성을 통해 확실하게 드러나 있다. 화성은 어센던트와 6 하우스의 룰러로서 천칭자리에 디트리먼트한다. 차트의 유일한 역행 행성이자 동쪽에 홀로 위치한 (카이런 제외) 화성은 차트에서 가장 높은 집중을 받는 행성이다. 그의 화성은 물고기자리의 마지막 29°에 있는 목성과 어퍼지션, 토성과는 스퀘어, 명왕성과는 퀸컹스를 이룬다.

칼 융은 한때 프로이트의 '왕세자'로 불릴 정도로 그의 소중한 동료이자 후계자였다. 하지만 그 역시 프로이트가 절묘하게 묘사한 우정 패턴을 피해 가지 못했다. 두 사람은 결국 갈등 끝에 쓰라린 라이벌 사이가 되고 말았다. 융의 사수자리 화성은 프로이트와 마찬가지로 11 하우스에 있다. 게다가 프로이트와 똑같이 화성-명왕성 퀸컹스가 있어서 융 역시 동료들과 경쟁하는 성향을 띠게 된다.

프로이트와 융은 19살 차이로서 두 사람 모두 노스 노드가 양자리에 있다. 노드의 룰러 화성은 두 남자의 운명이 개척 정신과 개인주의에 있다는 것을 말해 준다. 천칭자리 사우스 노드는 타협과 협력을 통해 직면하는 인과응보를 상징한다. 사우스 노드의 룰러 금성은 둘 다 6 하우스에 위치한다. 따라서 그들의 경쟁은 6 하우스가 상징하는 세부적인 일 영역에서 일어날 것이다. 한편 노스 노드의 룰러 화성 역시 두 사람 다 11 하우스에 있다. 이것은 심리학 정신을 나누며 열렬한 우정의 싹을 틔웠으나 경쟁 끝에 파탄한 두 사람의 관계를 나타낸다. 화성이 갈등의 신이긴 하지만, 전쟁을 벌이느냐 마느냐는 우리의 선택에 달려 있다. 11 하우스 화성은 두 사람의 컴퍼짓 차트에서 또 한 번 반복된다. 이처럼 우정과 경쟁의 주제는 그들의 관계에서 가장 두드러지는 주제였다.

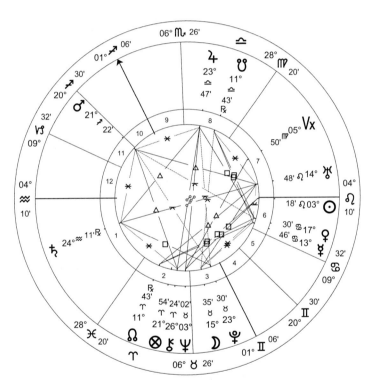

칼 융, 1875년 7월 26일 오후 7시 32분, 스위스 케스빌

1913년 1월 3일, 프로이트는 융에게 다음과 같은 편지를 썼다.

> 나는 우리가 개인적인 관계를 완전히 청산하는 것이 어떨까 하네.
> 그런다고 해도 나는 아무것도 잃을 것이 없을 거네. 왜냐면 자네와
> 나의 유일한 정서적 유대라고는 그저 옛 실망의 가느다란 여운만이
> 오랫동안 남아 있었기 때문이야. 자네가 최근 뮌헨에서 이런 말을 했
> 지. 한 사람과의 친밀한 관계가 자네의 과학적 자유를 방해한다고.
> 그 말을 미루어 보면 자네가 얻을 수 있는 건 이미 다 가진 것 같더
> 군. 그러니 나는 이렇게 말하겠네. 자네는 완전한 자유를 누리고, 나
> 를 향한 우정의 표현은 부디 아껴 두게나.
>
> - William McGuire(ed), 『The Freud/Jung Letters』

당시 역행하던 트랜짓 토성은 프로이트의 11 하우스 룰러인 수성을 컨정션하고 있었다. 그리고 트랜짓 천칭자리 사우스 노드는 그의 11 하우스를 통과해 네이탈 화성에 컨정션하는 참이었다. 트랜짓 명왕성은 형제자매 관계 패턴을 상징하는 3 하우스 룰러인 8 하우스 토성과 정확히 컨정션했다. 당시 트랜짓에서는 관계의 종결이라는 주제가 메아리처럼 울려 퍼지고 있었다.

한편 두 사람의 천궁도 사이에도 눈에 띄는 상호 작용이 있다. 프로이트의 ♉16°19' 태양은 융의 ♉15°35' 달과 가깝게 컨정션한다. 이는 고전 점성학에서 말하는 '결혼'의 어스펙트이기도 하다. 기원 2세기에 저술된 프톨레마이오스의 글에 따르면, 남자와 여자의 천궁도에서 이성과 관련된 루미너리 행성은 결혼을 고려할 때 가장 먼저 봐야 할 지점이다.

> 남성의 경우, 달이 어떤 식으로 배치되어 있는지 관찰해야 한다.…
> 한편 여성은 달 대신 태양을 관찰해야 한다.
>
> - J.M. Ashmand 『Ptolemy's Tetrabiblos』

현대 맥락에서 이해하자면, 여성의 태양과 남성의 달은 개인의 내면에 있는 파트너의 성격을 의미한다. 현대 점성학 역시 태양과 달의 강력한 결합을 신성한 혼인을 뜻하는 '코니운크티오(coniunctio)' 또는 '히에로스 가모스(hieros gamos)'의 이미지로 보고 있다. 태양과 달의 조합을 결혼의 지표로 보는 고전 점성학의 해설은 융에게도 영감을 주었다. 그는 커플들의 천궁도로 태양과 달의 어스펙트를 비교하는 동시성 실험을 수행하기도 했다. 아이러니하게도 이 어스펙트는 오래가지 못한 '한 사람과의 친밀한 관계'인 프로이트와의 우정 관계에서도 두드러지게 나타난다.

모든 우정이 우리에게 영향을 주지만, 어떤 우정 관계는 특별히 더 그러하다. 이후 2권에서 집중적으로 다룰 차트 비교는 관계가 우리에게 주는 영향을 숙고하는 데 도움을 줄 것이다. 프로이트와 융의 천궁도에서 교차되는 부분을 표로 살펴보자.

프로이트	융	설명
태양 ♉16	달 ♉15	루미너리 행성의 고전적인 조합. 하지만 같은 공간에 공존하면서 성취를 이루지 못한다면 한쪽이 다른 쪽의 빛을 가릴 수도 있다.
카이런 ♒5	어센던트 ♒4 태양 ♌3	프로이트의 존재는 융의 의심과 불안, 자신감을 동요시킨다. 아마 둘 다 그럴 것이다.

노스 노드 ♈23	카이런 ♈26	융의 이단아적인 성향과 영혼의 고통에 대한 깊은 관심이 프로이트에게 영향을 미친다.
천왕성 ♉20 수성 ♉27	명왕성 ♉23	프로이트의 흥미롭고 혁신적인 지성이 융의 깊은 성정과 만난다. 프로이트의 7 하우스 천왕성-수성은 융의 명석한 지성에 자석처럼 끌릴 것이다.
MC ♌23	천왕성 ♌14	융의 7 하우스 천왕성은 예기치 못한 방식으로 프로이트의 인생 경로에 영향을 준다.
사우스 노드 ♎23	목성 ♎23	융의 넓은 통찰력과 사교적이고 치유적인 태도는 프로이트에게 익숙한 느낌을 준다.
화성 ♎3	사우스 노드 ♎11	프로이트의 공격성은 융에게 익숙한 경쟁심과 라이벌 의식을 불러일으킨다.
토성 ♊27	화성 ♐21	프로이트의 토성은 융의 화성과 어퍼지션이다. 융은 프로이트를 통제적, 평가적, 지배적으로 느낄 수 있다.
수성 ♉27	토성 ♒24	프로이트는 융과의 의사소통에 장애를 느낄 수 있다. 아마 프로이트는 철저하고 체계적으로 조리 있게 의사소통해야 한다는 압박을 느낄 것이다.

우정은 우리가 더 넓은 사회의 시민이자 희망찬 미래를 만들어 가는 위대한 계획에 꼭 필요한 일원이라는 사실을 확신하게 해 준다.

우리는 삶을 바라보고 경험하는 자신만의 독특한 방식을 친구와 공유한다. 우정은 우리 앞에 행성들의 세계를 활짝 열리게 하고 우리의 삶에 문화와 표현을 불어넣음으로써 영혼의 점성학을 수행한다.

- 토마스 무어, 『Soul Mates: Honoring the Mysteries of Love and Relationship』

12장

카르마의 인연:
우리가 만난 순간부터

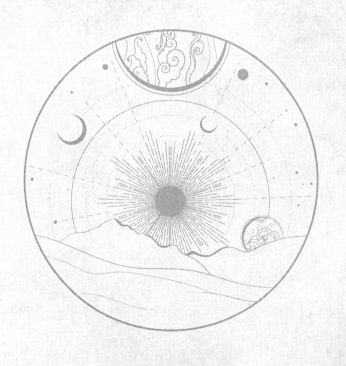

사람들은 끊기 힘든 혼란스러운 관계 문제에 통찰과 조언을 구하고자 점성가를 찾아오곤 한다. 불가사의하고 신비한 사건이나 운명과 같은 일이 일어날 때, 사람들은 흔히 점성학에 관심을 갖게 된다. 그 이유는 점성학이 관계의 복잡성과 혼란을 성찰하는 데 용이한 도구이기 때문이다. 현대 점성학은 이러한 거부할 수 없는 관계들을 자세히 설명하기 위해 다양한 렌즈를 사용한다. 원형 이론, 진화론, 심리학, 영성 등등 다양한 접근법이 있다. 하지만 그것과 상관없이 천궁도에 대한 접근, 해석, 표현 방식에 가장 큰 영향을 미치는 것은 다름 아닌 점성가 개인의 관계에 대한 사고방식과 경험이다.

　점성가들은 자신만의 세계관에 따라 강력한 매력의 원인을 설명한다. 무의식적 투사, 가족 패턴, 카르마 패턴, 환생, 소울메이트 또는 쌍둥이 영혼 등등 다양한 해석 프레임이 있다. 어떤 프레임이 되었든 점성학은 상징을 통해 인연을 고찰한다. 추억과 매혹, 그리움, 집착, 강렬한 감정 등을 불러일으키는 유대 관계를 가리켜 흔히 카르마의 인연이라고 부른다. 한편 '소울메이트'라는 단어는 서로에게 위안과 힘을 주는 돌보는 관계를 의미할 수 있다. 텔레파시와 같은 '정신적 연결'은 두 영혼 사이의 애착이나 관계의 무의식적인 영향을 암시한다.

　점성학적 이미지는 이 모든 표현이나 개념을 뛰어넘는다. 그것은 관계의 신비를 푸는 열쇠다.

카르마

힌두교와 불교의 기본 교리인 카르마는 이제 서양에서도 대중적인 개념이 되었다. 카르마라는 단어는 행동, 일 또는 행위 등을 의미하지만, 주로 우리의 의도와 행동이 우리의 미래에 영향을 미친다는 인과 관계의 영적 원리로 통용된다. 과거와 현재의 누적된 행동은 우리의 운명을 결정한다. 도덕적 인과 법칙으로서 카르마는 정의와 보복에 대한 고대 그리스의 사고방식뿐만 아니라 뿌린 대로 거둔다는 기독교 신앙 또한 반영한다. 그러나 카르마가 원인과 결과 가설로 축소되어 버리면 더 이상 영혼과 접촉할 수 없게 된다.

카르마의 법칙은 시간과 공간에 구속받지 않는다. 오히려 그 차원들을 통해 확장된다. 시간과 공간을 초월해 강력한 끌림이나 거부감을 주는 관계는 이미 다른 시간과 장소에 함께 있었던 것 같은 느낌을 준다. 그래서 흔히들 카르마라고 말한다.

동양의 영적 관점에서 카르마는 환생과 불가분의 관계에 있다. 서양식 또는 심리학적 관점에서는 유전의 심리적 원리와 유사하다. 어쨌든 모든 관점에서 그것은 운명과 관련이 있다. 그러므로 점성가라면 누구나 자기만의 방식으로 이 필수적인 명제를 받아들이게 된다. 점성가의 신념 체계에 따라 카르마는 전생, 정신적 유전 또는 니체가 말한 영원 회귀(Eternal Return) 등의 개념으로 표현될 수 있다. 그러나 사실 카르마는 문화와 철학적 개념을 넘어선다. 카르마가 실재하는 현실이든 은유든 상관없이 가장 중요한 논제는 '그것과 관련된 점성학적 원형을 어떻게 명명하는가'다.

관계 맥락에서 카르마는 정신적인 연결을 의미한다. 강렬한 그리움, 무언가 미해결된 것에 대한 인식, 타인을 통해 완전해지고자 하는 갈망 등등이 포함된다. 카르마 관계에서 두 사람은 상대방의 생각과 감정, 행동에 영향을 받는다. 두 인생 경로가 만나 관계를 뒤바꾸고 서로를 변화시킨다. 심리학적인 관점에서 커플은 무의식이 발산하는 신비하고 강력한 힘에 의해 서로에게 이끌린다. 점성학은 두 사람의 네이탈 차트를 탐색하고 서로의 차트를 비교함으로써 카르마 관계의 기반을 정의하는 데 도움을 줄 수 있다.

천궁도의 특정 차원들은 우리 삶의 카르마를 고찰하는 데 도움을 준다. 네이탈 차트에서 카르마를 대표하는 점성학적 이미지는 아마 노드 축이 될 것이다. 20세기 후반 이후로 점성학에서는 전생을 정의하는 데이 노드 축을 주로 사용해 왔다. 토성은 흔히 카르마의 주인으로 불린다. 12 하우스 행성 역시 전생으로부터 내려온 카르마로 해석되곤 한다. 사실은 우리의 전체성을 상징하는 천궁도 그 자체가 카르마의 역동적인 융합체다. 천궁도에 있는 수많은 이미지는 먼 과거부터 쌓인 각인과 패턴을 드러낸다. 마찬가지로 관계 점성학에서도 전체 차트를 카르마 패턴으로 고찰해 볼 필요가 있다. 매력의 신비는 아마 천궁도의 어떤 특징으로도 완벽하게 설명하지 못할 것이다. 그러나 어떤 점성학적 상징들은 우리에게 카르마 인연에 대한 중요한 정보를 제공해 준다.

카르마 인연을 잘 드러내는 두 개의 축으로는 달의 노스 노드와 사우스 노드, 그리고 버텍스-안티 버텍스 축을 꼽을 수 있다. 이 두 축은 궤도 또는 대권이 황도와 교차할 때 생성되는 지점이다. 따라서 그 축은 행성처럼 신격을 나타내는 원형이라기보다는 삶의 방향이나 과정을 상징한다고 볼 수 있다. 앞서 우리가 살펴본 다른 축으로는 성인 관계를 이해하는 데 매우 중요한 어센던트-디센던트 축이 있었다. 『가족 유산』에서는 가족 관계 측면에서 MC-IC 축을 중요하게 다루기도 했다. 이 네 개 축은 모두 황도를 가로지르는 하늘의 교차로를 나타낸다. 천궁도에서 네 개의 축은 인생 경로의 교차로를 상징한다. 한편 카르마 인연의 관점에서 달의 노드와 버텍스는 타인과 잊을 수 없는 만남이 일어나는 곳이다.

카르마 관계: 노드의 축

달의 노드는 행성이 아니라 태양과 달의 궤도가 교차하는 우주 내 가상의 지점이다. 행성과 다르게 노드 축은 황도대를 역행한다. 따라서 노드 축은 행성처럼 시간이나 공간에 얽매이지 않는다. 또한 행성처럼 물질로 존재하거나 하늘에서 보이는 것도 아니다. 하늘의 추상적인 구성물로서 그 본질은 형이상학적이다. 행성이 인간 본능을 상징한다면, 달의 노드는 개인 경험의 또 다른 차원을 의미한다. 노드의 축은 시간과 공간을 가로지르는 여정 내지는 환생을 통한 영적 여행에 비유할 수 있다. 데인 루디야르는 달의 노드에 대해 '인간의 내면에서 작용하는 달의 기제는 어쩌면 우리가 카르마의 길이라고 부르는 것이다.'라고 말했다. 노드의 본질은 카르마의 개념에 들어맞는다. 사우스-노스 양극을 통해 시간을 초월한 경험의 심상을 불러일으키기 때문이다.

루디야르는 노드 축이 정서와 애착을 상징하는 달의 또 다른 차원을 나타낸다고 주장했다. 달이 우리의 정서적, 가족적 연결을 상징한다면, 노드 축은 시간과 공간을 초월한 애착을 설명해 준다. 달의 노드는 개인적인 관점이 아닌 영적이고 신성한 여정의 관점에서 애착을 바라볼 수 있도록 고무한다. 노드는 우리를 달의 정서성에서 분리되도록 도와주며, 애착으로 인해 일어나는 고통과 괴로움에 대한 형이상학적인 통찰력을 제공해 준다. 그런 점에서 불교의 관점과도 비슷한 면이 있다. 달은 우리의 깊은 정서적 삶이 담긴 영혼의 그릇이다. 단절된 애착의 비통함이라든가 쓰라린 정서적 상처, 방치와 고립의 고통 등등 달의 경험은 무척 예리하게 느껴진다. 카르마 관점에서 노드는 개인의 고통을 '시간을 항해하는 영혼의 여정'이라는 자아 초월적 관점에서 본다. 달이 본능적이라면, 달의 노드 축은 영적이다.

노드는 18.6년마다 원래 위치로 돌아간다는 점에서 주기적이다. 그리고 모든 주기와 마찬가지로 이전 주기의 성공과 실패는 다음 주기로 이월된다. 노스 노드는 역동적인 지점으로서 과거의 성취에서 얻은 현재와 미래의 성장 가능성을 암시한다. 사우스 노드는 과거의 실패 기억과 감정이 담긴 비활성 지점이지만 과거에 성취한 지식과 경험 또한 포함하므로 앞으로 나아가는 데 그 에너지를 끌어 쓸 수 있다. 일부 점성학자들은 사우스 노드의 퇴행적인 끌어당김에서 벗어나 노스 노드를 향해 나가야 한다고 주장하기도 한다. 사우스 노드와 노스 노드는 같은 시스템의 일부이기 때문에 서로 분리될 수 없다. 따라서 우리는 노스 노드와 사우스 노드의 움직임을 일종의 완수해야 할 사명으로 보기보다는 시간을 달리며 계속되는 일종의 춤으로 상상해 볼 수 있다. 필자의 저서 『소명(Vocation)』 5장은 네이탈 차트 내 노드 축의 위치를 자세히 다루고 있다. 소명이라는 관점에서 노드의 별자리와 하우스, 어스펙트에 따른 특징이 서술되어 있다. 노드 축은 네이탈 차트 해석에서 중요한 부분을 차지한다. 관계 점성학에서 달의 노드가 의미하는 바 역시 같지만, 지금부터는 관계 맥락에서 노드를 집중적으로 조명하고자 한다.

　노드 축의 별자리와 하우스는 교차로와도 같다. 두 삶의 경로가 만나는 곳, 중요한 만남을 상징하는 장소다. 시너스트리에서 노드는 영적인 맥락에서 관계의 목적을 살펴보는 데 도움을 준다. 사우스 노드는 친숙한 영역이다. 상대에 대한 기억이나 인식, 익숙한 경험이 자리한 곳이다. 우리가 상대방을 만날 때 연결감이나 안전감을 느끼는 지점이기도 하다. 노스 노드는 우리가 개발해야 할 특성을 상징한다. 관계는 우리가 그 특성을 함양하는 데 도움을 주기도 한다. 노스 노드는 타인과의 상호 작용과 관계를 통해 개선하고자 하는 개인의 중요한 특성과 관련이 있다.

　'운명'의 축으로서 노드 축은 우리가 삶의 방향과 목적을 발견하고 성취하는 데 도움을 주는 중요한 관계를 알려 주기도 한다. 관계에서 느끼는 친숙함이나 이질감, 끌림이나 거부감, 운명적이고 압도적인 느낌을 설명하기 위해 흔히 노드 축의 맥락에서 카르마의 개념을 사용한다. 노드가 관련되면 관계의 영적인 특성이 깨어난다. 이러한 만남에서 일어나는 감정들은 지금 여기를 초월한 마술적이고 신비한 각종 용어로 묘사될 수 있다.

브래드 피트와 안젤리나 졸리의 천궁도로 돌아가 보자. 안젤리나의 사수자리 노스 노드는 브래드의 12 하우스에 들어간다. 브래드의 어센 던트 역시 사수자리다. 마찬가지로 브래드의 게자리 노스 노드는 안젤리나의 12 하우스 안에 들어가며, 그녀의 어센던트 별자리 역시 게자리다. 따라서 두 사람의 노스 노드는 상대방의 상상력과 창의성과 영성에 깊은 영향을 미칠 것이다. 각 개인의 인생 방향(노스 노드)은 상대방의 예민한 미지의 세계(12 하우스)를 건드리면서 음모와 신비와 깊은 영적 연결을 촉발한다. 또한 미지의 삶을 탐색하도록 서로가 서로에게 촉매 역할을 할 수 있다.

일식과 월식

달의 노드 축은 식 주기와 밀접하게 연결되어 있다. 태양과 달이 노드 축 근처에 있으면 태양과 달, 지구가 정렬된다. 따라서 일식이나 월식은 초승달이나 보름달에서 발생한다. 일식은 적어도 일 년에 두 번 이상 일어난다. 천궁도에서 달의 노드 축이 태양이나 달과 얽혀 있다면 커플의 차트에서 일식 주기를 관심 있게 살펴보는 것이 좋다.

식은 영국 왕세자 부부 관계의 전환기마다 중요한 역할을 했다. 다이애나 왕세자비는 물병자리 사우스 노드와 달이 2 하우스에서 컨정션할 때, 찰스 왕세자는 노스 노드와 달이 10 하우스에서 컨정션할 때 태어났다. 즉, 두 사람 모두 달-달의 노드 컨정션을 가지고 있다. 이는 그들이 유산으로 물려받은 가족력과 모성, 대중성이 친밀한 관계에서 주요 특징으로 나타날 수 있음을 암시한다.

다이애나비는 사자자리-물병자리 극의 식 시기에 태어났다. 그 극성은 2 하우스와 8 하우스에서 교차한다. 다이애나비가 태어나기 직전의 개기 일식은 1961년 2월 15일, ♒26°25'에서 일어났다. 그녀의 네이탈 달에서 불과 2° 이내로 떨어진 지점이다. 다이애나와 찰스 왕세자의 결혼은 1981년 7월 29일에 거행되었다. 이틀 후인 7월 31일, ♌7°51'에서 일식이 일어났다. 그 일식 지점은 다이애나의 8 하우스 버텍스에 근접했다. 당시 그녀의 나이는 스무 살이었다.

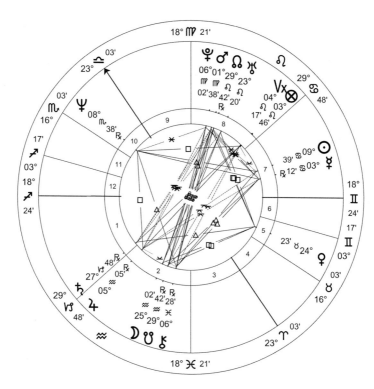

다이애나, 1961년 7월 1일 오후 7시 45분, 영국 샌드링엄

다이애나는 달의 여신의 로마식 이름이다. 두 사람의 결혼식이 있었던 ♌7°51'의 일식은 찰스의 어센던트와 매우 가까웠다. 다이애나가 대중의 사랑을 한 몸에 받는 유명 인사가 되면서 찰스는 다이애나의 존재감에 일식을 당했다고 볼 수 있다. 왕세자의 정부 카밀라 파커-볼스의 ♌3°06' 어센던트와 ♌9°57' 토성 역시 다이애나의 일식에 가려졌다. 다이애나가 상징하는 달이 태양인 왕세자와 그의 연인을 일식으로 가린 셈이다.

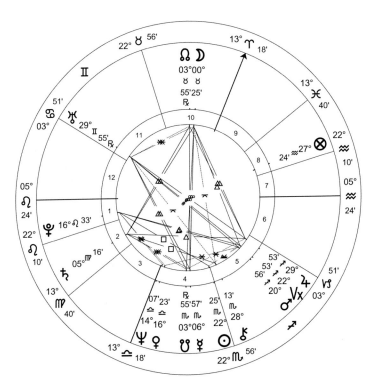

찰스, 1948년 11월 14일 오후 9시 14분, 영국 버킹엄 궁전

찰스는 황소자리-전갈자리 극의 일식 즈음에 태어났다. 일식은 그의 출생 직전인 1948년 11월 1일, ♏8°44'에서 일어났다. 그곳은 그의 수성과 컨정선이면서 노드 축과도 가까운 지점이다.

1992년 여름, 두 사람의 결혼 생활은 큰 혼란에 빠졌다. 다이애나의 31번째 생일 전날인 1992년 6월 30일, ♋8°57'에서 일어난 일식이 그녀의 7 하우스 태양을 가렸다. 이 일식은 또한 왕세자의 연인 카밀라 파커-볼스의 달-금성 컨정선(♋9° 56'/♋10°34')을 가렸다. 그해 말 12월 9일, 왕세자 부부의 별거가 공식 발표되었다. 그날에는 월식이 있었다. 당시 달은 ♊18°10', 태양은 ♐18°10'에 있었다. ♊18°10'는 정확하게 다이애나비의 디센던트와 일치한다. 다름 아닌 결혼의 하우스인 7 하우스의 커스프다. 결혼식 날과는 사뭇 달리 이제 다이애나비가 왕실의 태양 빛에 가려진 셈이었다.

다이애나비는 1997년 9월 1일, ♍9°34'에서 발생한 일식의 영향 아래 사망했다. 그곳은 그녀의 8 하우스 명왕성에 가까운 지점이었다. 트랜짓 노드 축 가까이에서 일식이 일어나는 경우, 그 황도대 위치는 관계의 발전에 매우 중요한 지점이 된다. 특히 네이탈 태양이나 달이 노드와 컨정선하는 경우 더욱 그렇다. 네이탈 차트의 노드 축은 물론 두 사람의 시너스트리 차트에서 노드 축이 맺는 상호 작용은 관계 점성학에서 매우 중요하고 흥미로운 부분이다.

우주가 맺어 준 인연: 버텍스, The Vertex

점성학의 또 다른 앵글인 버텍스는 현대 점성학에 속하는 새로운 개념이다. 그것은 20세기 중반 이전까지 전통 점성학에서 다뤄지지 않았던 주제였다. 버텍스는 캐나다의 점성학자 L. 에드워드 존드로가 버텍스의 반대 극성인 안티 버텍스를 전기 어센던트(Electric Ascendant)에 비유하면서 등장했다. 그의 점성학 동료인 찰스 제인은 그 지점에 대한 실험을 시작했고, 버텍스가 솔라 아크 디렉션(solar arc direction)에 반응하는 것을 보고했다. 두 점성학자는 버텍스가 매우 운명적이며 우리의 통제를 넘어서는 이슈를 나타낸다는 데 동의했다. 버텍스는 강박과 운명의 지점으로서 그 존재감을 각인하며 점성학적 사유 체계에 입성했다. 천궁도의 서반구에 자리하면서 자연스럽게 관계 영역과 연결되는 버텍스는 제어할 수 없는 운명적인 신비로움을 자아낸다. 버텍스는 거부할 수 없는 관계와 강한 애착을 상징하면서 점성학에 새로운 장을 열었다.

버텍스-안티 버텍스는 천궁도의 세 번째 앵글로서 자기에 대한 3차원적 관점을 제시한다. 이 앵글은 MC-IC처럼 수직도 아니고, 어센던트-디센던트 축처럼 수평도 아니다. 동서권(동점-천정-서점을 이은 천구상의 대원)과 황도가 교차하는 두 개의 지점 중 천궁도의 서쪽 하늘에 있는 지점이 바로 버텍스다. 버텍스-안티 버텍스 앵글은 자기와 타인의 또 다른 차원을 나타낸다. 버텍스는 빠르게 움직이는 두 원의 교차점에서 형성되기 때문에 시간에 민감하다. 따라서 정확한 출생 시각 자료가 필요하다. 버텍스 앵글은 기존의 전통 앵글과 달리 분명하게 정의되지 않는다. 그것은 신비하고 불분명하며 쉽게 관찰되지 않는다. 그러니까 버텍스는 경험의 지평에서 육안으로 감지할 수 없는 것들을 의미한다. 한편 눈에 보이는 앵글인 디센던트는 파트너의 특징과 성격을 상징한다. 미지의 영역인 버텍스와 달리 디센던트의 관계 패턴은 의식에 도달할 수 있도록 구성되어 있다. 관계 점성학에서 디센던트와 버텍스의 별자리를 대조해 보면 디센던트 별자리 특성은 지각할 수 있지만 버텍스 특성은 그렇지 않다.

중위도에서 버텍스는 일반적으로 5 하우스에서 8 하우스 사이에 위치한다. 적도 근처 위도에서 버텍스의 범위는 4 하우스에서 9 하우스까지 넓어진다. 디센던트와 버텍스가 서로 다른 별자리인 경우, 타인을 디센던트 특성과 동일시하면서 버텍스가 상징하는 특징과 패턴은 간과하게 된다. 그러나 시간이 지날수록 버텍스의 무의식적인 주제는 관계의 표면 위로 올라오면서 그 실체와 가치를 드러낼 것이다. 그것은 주로 예기치 못하게 닥쳐 일어난다. 한편 버텍스와 디센던트가 같은 별자리에 있으면 해당 별자리 특성이 강화되어 둘을 변별하기 어려워진다. 어느 위도에서든 MC-IC 위에 하지-동지 지점인 게자리-염소자리 0°가 자리하면 추분-춘분 지점인 천칭자리-양자리 0°에 어센던트-디센던트 축과 버텍스-안티 버텍스 축이 정렬된다. 그러니까 MC가 게자리나 염소자리 0° 오브 안에 자리하면 버텍스와 디센던트의 별자리가 서로 같아진다는 뜻이다.

버텍스 앵글은 우리의 중요한 인연, 관계의 숨겨진 주제, 인생에서 마주치는 매혹적인 랑데부에 색다른 관점을 제공함으로써 상호 관계의 본질을 3차원으로 확장한다. 버텍스-안티 버텍스 축을 고찰하는 것은 마치 3D 안경을 쓰고 천궁도를 들여다보는 것과 같다. 두세 발짝 앞에 있던 것이 갑자기 코앞으로 다가온다. 배경에 있던 것이 전경으로 나타나며,

미묘했던 것들이 선명하게 보인다. 버텍스를 묘사할 때 흔히 운명적인 만남, 우주의 계획, 제어할 수 없는 충돌 등의 표현을 사용한다. 차트의 동쪽에 위치한 안티 버텍스는 잘 보이지 않는 자아의 측면을 나타낸다. 그것은 우리의 숨겨진 모반(母斑)이자 대안 자아, 자주적인 목소리다. 안티 버텍스와 버텍스는 서로 협동한다. 이 축은 삶의 과제, 특히 일과 관계 영역에서 우리의 성격을 지탱하고 유지하는 미개척 자원을 상징한다.

초기에 버텍스의 개념은 주로 운명적이고 의식의 통제를 넘어서는 힘과 관련이 있었다. 이것은 버텍스가 나타내는 우리의 맹점, 즉 관계를 통해 우리를 변형시키는 보이지 않는 특성을 나타낸다. 그러니까 통제와 예상을 벗어난 일들은 사실 무의식의 주제가 의식화되는 것이다. 아이러니하게도 그러한 관계는 우리에게 깊은 영향을 미치면서 종종 우리 삶의 방향을 송두리째 바꾸어 놓기도 한다. 필자의 경험상 버텍스는 벗어날 수 없는 관계를 의미한다. 다시 말해, 그 관계는 우리의 정체성과 관계 방식을 역동적으로 바꾸어 놓는다.

현대 점성학에서 버텍스가 늘 언급되는 것은 아니다. 그러나 관계 점성학의 관점에서 필자의 경험을 미루어 볼 때, 버텍스는 카르마 관계와 동시에 일어나는 경우가 많다. 버텍스는 관계의 매혹적이고 맹목적인 측면을 의미한다. 무의식적 담합을 의미하는 연금술의 '왼손 악수' 이미지처럼 버텍스는 깊은 정서적 관계를 맺기 전까지 좀처럼 드러나지 않는 숨겨진 주제를 상징한다. 버텍스 주제는 관계에서 의식적으로 맺는 계약과 상반되는 경우가 많다. 따라서 버텍스의 점성학적 심상은 관계의 숨겨진 주제를 명료화하는 데 도움이 된다. 버텍스는 우리가 완결을 맺기 위해 고군분투하는 영역을 상징한다. 자아의 방어 기제를 뚫고 직면하기 전까지 그것은 우리를 관계에 묶어 놓는다.

네이탈 버텍스

천궁도의 세 번째 앵글인 버텍스-안티 버텍스는 개인의 성격에서 중요한 역할을 한다. 앞서 언급했듯이 버텍스는 차트의 서쪽 영역에 속한다. 따라서 그것은 관계에서 우리의 개인 의지가 통하지 않는 부분, 통제할 수 없는 부분, 강박적인 부분, 선택의 여지가 없는 부분 등을 상징한다. 또한 우리 삶에서 중요한 역할을 하는 타인들을 상징할 수 있다. 점성학적으로 그것은 버텍스와의 접촉을 통해 드러난다.

동쪽의 안티 버텍스는 관계에 위기가 닥칠 때 앞으로 나아갈 길을 모색하는 데 사용할 수 있는 자원을 알려 준다. 그것은 어센던트 성격을 뒷받침하는 보조 에너지이기도 하다. 존드로와 제인의 초기 실험은 두 앵글 중 버텍스에 더 많은 관심을 두고 있었다. 그래서 널리 알려진 버텍스에 비해 안티 버텍스는 차트 반대쪽에 상대적으로 방치되어 있었다. 하지만 그것이 또 안티 버텍스의 본질이기도 하다. 그것은 성격의 본 그림자 속에 가려져 인식되지도 보이지도 않는 자원이다. 안티 버텍스는 어센던트에 가려진 욕망과 충동을 암시한다. 그런데 미개발 상태로 남아 있는 자기의 가치와 자원을 너무 오랫동안 방치하다 보면 그것은 세이렌의 노래가 되어 우리를 운명적인 만남으로 인도할지도 모른다.

버텍스를 해석할 때는 먼저 해당 별자리를 유심히 살펴봐야 한다. 특히 디센던트 별자리와 대조해 보도록 한다. 두 번째로는 버텍스의 하우스 위치를 확인한다. 버텍스 별자리는 우리가 가진 미지의 특성을 나타낸다. 겉보기에는 의식적 의도와 어긋나 보이지만 실제로는 우리 삶의 계획에서 큰 가치를 지닌 특성이다. 따라서 이 지점을 트랜짓 행성이 건드리거나 파트너의 행성이 컨정션하면 잠들어 있던 특성이 깨어나게 된다. 무엇보다도 버텍스 축 10° 내에 컨정션하는 행성이 있는지 살펴보는 것이 제일 중요하다. 그 행성은 파트너십을 이해하는 데 중요한 역할을 할 뿐만 아니라 대개 관계 패턴에서 나타나는 강력하고 어려운 에너지를 암시할 수 있다.

버텍스에는 관계 내에 존재하는 무의식적인 심상들이 모여있다. 예를 들어 버텍스가 양자리라면 채워지지 않는 강박적인 경쟁과 라이벌 의식이 무의식 안에 존재할 것이다. 쌍둥이자리의 경우, 형제 관계 영역과 관련된 미해결 감정이나 강박이 있거나 자신과 비슷한 쌍둥이 영혼을 찾아 헤매는 욕구가 감돌 수 있다. 전갈자리의 경우, 성적 또는 정서적인 음모와 드라마에 대한 욕구가 강조될지도 모른다. 그래서 이들의 관계는 사랑과 권력 혹은 사랑과 소유욕에 대한 복잡한 주제로 점철될 것이다.

천궁도의 사분면과 하우스 경계에 자리한 다른 앵글들과 달리 버텍스는 특이하게 하우스 내부에 위치한다. 버텍스의 하우스 위치는 중요한 관계가 이루어지는 영역을 나타낸다. 버텍스는 일반적으로 5 하우스에서 8 하우스 안에 자리하기 때문에 -적도 부근에서 태어나지 않는 한- 하우스의 영향력을 고려해야 한다. 버텍스가 있는 하우스의 환경은 타인이 반영하는 우리의 그림자를 조우하는 곳이다. 타인과 관계를 맺는 영역인 5-8 하우스는 대인 관계의 하우스이기도 하다.

하우스 위치에 따라 버텍스는 인생의 전환점이나 역동적인 만남을 경험하는 곳, 또는 우리의 변형을 돕는 타인을 마주치는 환경이나 장소 등을 상징한다. 운명의 장인 이곳에서 우리가 마주치는 사람이나 장소, 사건은 우리의 무의식 속 기억이나 깊은 인식을 건드린다. 예를 들어 버텍스가 5 하우스에 있다면 아이나 연인 또는 자신의 창의성과 관계를 향상할 수 있다. 6 하우스는 직장, 동료, 고객, 직원, 조수 또는 서비스 제공자와의 관계에 초점을 맞춘다. 7 하우스는 개인의 삶을 역동적으로 변형하는 동등한 파트너십과 친밀한 친구, 비즈니스 파트너 및 배우자와의 만남을 강조한다. 8 하우스 버텍스는 순수의 상실, 특별한 관계의 죽음, 배신과 신뢰라는 주제에 우리를 직면시킨다.

버텍스와 컨정션된 행성은 관계를 통해 우리를 심오한 변화로 이끄는 영향력을 상징한다. 예를 들어 달-버텍스 컨정션을 가진 남성은 평생 여성과의 강력한 전이를 경험할 수 있다. 그 대상은 어머니에서 시작되어 자매, 동료, 아내, 처제, 딸로 이어질 것이다. 여성의 경우 버텍스에 컨정션된 달은 어머니와의 미해결된 관계 또는 동등한 관계 영역을 지배하는 모성 주제를 암시할 수 있다.

요약

버텍스의 심상과 상징	안티 버텍스의 심상과 상징
관계의 숨겨진 주제. 그래서 흔히 카르마 관계나 운명적인 인연으로 본다.	세상에 드러나는 페르소나를 강력하게 지탱하는 우리 성격의 보이지 않는 특성
깨지지 않는 단단한 유대감 및 관계에서 맺은 무의식적인 계약	그림자에 가려질 수 있는 개인의 창의적인 측면
우리가 통제할 수 없는 문제와 일	성격의 정신적 지주
관계에서 그 뿌리가 깊은 거부할 수 없는 매력적인 주제	의식적으로 활용하기 힘든 미지의 특성과 성격
초자연적인; 미묘한 현실에 대한 민감성	대안적인 힘 또는 에너지원
삶의 관점을 변화시키는 관계와 경험	타인 및 세상과 관계 맺는 방식을 변화시키는 자아의 숨겨진 측면

관계

버텍스 앵글의 이미지와 그 발현은 관계 점성학에서 생생하게 나타난다. 필자는 변형을 일으키는 만남이 존재한다는 것을 차트 비교 기법으로 커플을 상담할 때마다 확신하게 된다. 한 사람의 버텍스가 상대방의 네이탈 행성이나 앵글과 연결될 때 카르마와 관련된 강력한 유대감이 일어난다. 동시에 상대방의 버텍스가 화답하듯이 개인에게 강한 어스펙트를 주기도 한다.

중요한 관계에서 버텍스가 어떻게 활성화되는지 알아보기 위해, 다시 브래드와 안젤리나의 차트로 돌아가 보자. 졸리의 차트에서 버텍스는 5 하우스 사수자리 해왕성과 컨정션하면서 반대편 태양에 어퍼지션한다.

이는 아버지와의 관계 및 아버지 원형이 이상화-평가절하 패턴을 통해 관계에 상당한 영향력을 미칠 수 있음을 암시한다. 5 하우스는 그녀의 관계에서 어린이와 창의성이라는 주제를 강조한다. 브래드의 8 하우스 게자리 버텍스는 금성과 어퍼지션한다. 그에 따라 친밀감 주제가 관계에서 강하게 드러날 수 있다. 놀랍게도 두 사람의 버텍스는 모두 파트너의 어센던트와 컨정션한다.

브래드의 디센던트는 Ⅱ11°54'에, 버텍스는 8 하우스 ♋27°22'에 위치한다. 아마도 그는 사교적이고 재치가 넘치는 지적인 사람들에게 의식적으로 끌리겠지만, 게자리 버텍스가 상징하는 가족, 친족 및 부모 이슈가 관계에 미치는 영향은 미처 인식하지 못할 수도 있다. 안젤리나는 ♑28°53'에 디센던트를, ♐11°05'에 버텍스를 가지고 있다. 점성학적으로 말하자면 그녀는 자수성가한 성숙한 사람들에게 의식적으로 매력을 느끼지만, 사수자리 해왕성 버텍스가 상징하는 모험심과 신비하고 창조적인 욕구는 잘 인식하지 못할 수 있다.

그들의 천궁도를 비교해 보면 서로의 앵글이 얽혀 있는 것을 발견할 수 있다. 브래드의 ♐11°54' 어센던트는 안젤리나의 버텍스와 컨정션이다. 아마 브래드는 여행, 모험, 신비주의 등의 주제를 두 사람의 관계에 가져올 것이다. 안젤리나의 게자리 금성-어센던트는 브래드의 버텍스와 컨정션이다. 그녀는 브래드의 삶에 여섯 자녀를 둔 가족을 안겨 주었다. 이렇듯 강력하게 얽힌 앵글의 영향력으로 인해 두 사람은 언론의 초집중을 받으며 '브란젤리나' 커플로 불리게 되었다.

두 사람 다 안티 버텍스에 루미너리 행성이 컨정션한다는 점 또한 주목할 만하다. 안젤리나의 Ⅱ 태양은 11 하우스에서 안티 버텍스와 컨정선한다. 그것은 영화에 나타나는 그녀의 강력한 영웅적 이미지뿐만 아니라 세간의 칭송을 받는 그녀의 인도주의적 활동을 반영한다. 금성 상승이 상징하는 아름다움의 기저에는 카리스마와 창의성, 아버지 이슈가 깔려 있다. 한편 브래드의 안티 버텍스는 염소자리에서 달-금성과 컨정선이다. 이는 그의 사수자리 어센던트가 상징하는 카우보이 페르소나 이면의 수용적이고 사려 깊은 권위적 본성을 암시한다. 흥미롭게도 그의 버텍스와 디센던트는 이전 관계에서도 조금씩 다른 방식으로 두드러졌다. 브래드 피트는 기네스 팰트로와 3년간 사귀며 약혼까지 했었다. 기네스의 Ⅱ11°33' 달은 브래드의 디센던트와 정확히 컨정선이다. 그녀의 ♋23°05' 사우스 노드도 브래드의 버텍스와 밀접하게 컨정선한다. 두 접촉 모두 강력하고 친숙한 유대감을 나타내긴 하지만 현재보다는 과거의 관계를 상징할 수 있다. 브래드는 제니퍼 애니스톤과 5년간 결혼 생활을 했다. 제니퍼의 Ⅱ6°45' 버텍스는 브래드의 디센던트와 컨정선, ♋27°19' MC는 브래드의 버텍스와 컨정선한다.

카르마 관계를 연구할 때, 버텍스는 차트 비교에서 중요한 역할을 한다. 안젤리나와 브래드의 예는 버텍스-안티 버텍스 축과 어센던트-디센던트 축 사이의 상호 작용을 보여준다. 필자는 역동적인 관계에서 이러한 조합을 여러 번 목격했다. 예를 들어 찰스 왕세자와 다이애나비의 왕실 관계에서도 이러한 측면이 나타난다. 찰스의 ♐22°53' 버텍스는 다이애나의 ♐18°24' 어센던트와 컨정선, 다이애나의 ♌4°17' 버텍스는 찰스의 ♌5°24' 어센던트와 컨정선인 점이 주목할 만하다. 두 사람의 어센던트는 모두 파트너의 버텍스와 한곳에 있다. 따라서 그들 안의 보이지 않지만 뿌리 깊은 무언가가 상대방을 거울삼아 자동으로 비칠 수 있다. 파트너 관계에서 그것을 늘 인식하고 통합할 수 있는 것은 아니다. 카밀라 파커보울스의 어센던트와 버텍스는 찰스의 그것과 똑같다. 카밀라의 ♌3°06' 어센던트, ♐20°04' 버텍스는 찰스의 천궁도와 공명한다. 그러므로 다이애나의 차트와도 똑같은 어스펙트를 맺게 된다. 버텍스는 원래 삼각관계와 치정 관계에서 자주 강조된다.

천궁도 간에 버텍스의 강력한 연결은 관계의 영적인 부분을 부각한다. 예를 들어 휘트니 휴스턴의 ♍20°50' 버텍스는 바비의 ♍19°57' 달과 컨정선이다. 바비의 ♌22°56' 버텍스는 휘트니의 ♌16°41' 태양과 컨정선이다. 이러한 접점은 관계를 결속하고 충동을 촉진해 강력한 연결을 만든다. 노드처럼 버텍스-안티 버텍스 축 역시 중요한 타인을 만나는 포털의 입출구와도 같다. 버텍스는 트랜짓과 프로그레션을 통해 두 파트너의 인생 경로가 교차하거나 분리되는 시기에 중요한 역할을 하곤 한다. 예를 들어 다이애나와 찰스가 진지한 관계를 시작한 1980년 여름에는 트랜짓 해왕성이 다이애나의 어센던트와 찰스의 버텍스를 통과하고 있었다. 2016년 9월, 안젤리나 졸리가 브래드 피트에게 이혼 소송을 제기했다는 소식이 보도되었을 때는 트랜짓 토성이 안젤리나의 버텍스와 브래드의 어센던트를 지나가고 있었다.

다이애나와 찰스가 결혼하기 25년 전, 세상을 떠들썩하게 한 또 다른 '세기의 결혼식'이 있었다. 바로 모나코의 매력적인 왕자 레니에 3세와 미국 여배우 그레이스 켈리의 결혼식이었다. 결혼식은 그들이 만난 지 1년 만에 거행되었다. 첫 만남의 날, 그레이스는 모든 일이 잘못 흘러가고 있다는 느낌에 약속을 취소하려 했다. 그러나 친구의 설득 끝에 결국 약속 장소로 향했다. 레니에는 그레이스보다 약속 장소에 늦게 나타났다.

1955년 5월 6일 오후에 그들은 사진 촬영을 했다. 그날 저녁, 달은 ♏15°36'에서 정확히 보름달이 되었다.

레니에 왕자의 출생 시각은 정확히 확인되지는 않았지만, 오전 6시로 알려져 있다. 만약 그 시간이 맞다면 그의 네이탈 버텍스는 ♏14°44'가 되면서 ♏11°02' 목성과 컨정선, ♉11°32' 금성과 어퍼지션하게 된다. 따라서 그들이 처음 만난 날 오후에는 트랜짓 달이 그의 목성-금성 어퍼지션을 통과하고, 바로 다음 날에는 보름달이 그의 버텍스 축과 컨정선한다. 그레이스의 사우스 노드는 ♏12°10'에서 ♏10°42' 수성과 컨정선, ♉11°37' 카이런과 어퍼지션한다. 따라서 그레이스의 노스 노드는 레니에의 금성과 컨정선한다. 그녀의 사우스 노드는 그의 목성과 컨정선, 어쩌면 버텍스와도 컨정선이 된다. 그들의 첫 만남이 이루어진 시각에 트랜짓 달은 두 사람의 천궁도가 맺은 그 상호 어스펙트 지점을 통과하고 있었다. 비록 그들의 첫 만남은 급하게 치러진 데다 사진기자들의 방해를 받기도 했지만, 그 만남에는 운명적인 무언가가 있었다. 촬영식은 프랑스 잡지사인 파리스 매치(Paris Match)가 마련했는데, 한마디로 매치가 매치를 해 준 셈이었다. 두 사람이 처음 만난 날, 보름달이 그레이스의 노드 축과 레니에의 버텍스-금성 상호 어스펙트를 통과한 것도 운명적인 느낌을 준다. 그날의 보름달은 모나코 왕세자와 왕세자 비의 결혼을 예고하고 있었다.

이처럼 관계에 각인된 카르마를 고찰할 때 가능한 어스펙트는 셀 수 없이 증폭될 수 있다. 그러므로 카르마라는 이 친숙하고 신비한 결합물에 어떤 원형이 설득력 있게 대입될 수 있는지 숙고해 보는 것이 좋다. 여러 원형이 있지만 그중 가장 빠르게 움직이는 달과 가장 느리게 움직이는 명왕성을 살펴보도록 하겠다.

친숙함과 신비

영어에서 '친숙함(familiarity)'이라는 단어는 가까운 연합 또는 시간이 지날수록 더 잘 알게 되는 것을 상징한다. 관계에서 그것은 가족에 기반한 관계 내지는 친밀한 관계로 볼 수 있다. 즉, 가깝고 소중하며 서로를 신뢰하는 사적인 관계를 뜻한다. 친숙함이란 단어는 '가족'의 어원이기도 한 라틴어 '파밀리아리스(familiaris)'에서 유래한다. 직장 동료나 파트너, 동료 또는 동반자에게서 느끼는 친숙한 느낌은 과거에 근거를 둔 친밀한 유대감을 시사한다. 한마디로 친숙함은 연결의 정신을 의미한다.

'친숙한(familiar)'이 명사로 사용되면 영혼이나 다이몬을 의미한다. 퍼밀리아(사역령)의 존재는 유럽의 민속, 마법, 샤머니즘 전반에 걸쳐 다양하게 등장한다. 퍼밀리아는 종종 동물의 형태로도 나타난다. 따라서 그것은 인간의 아니마 또는 영적인 부분이면서 본능적인 부분과도 밀접하게 연결되어 있다. 마녀나 마법사는 퍼밀리아를 곁에 두면서 이름을 지어 주고 동반자로 여겼다. 우리가 어린 시절 경험한 상상의 놀이 친구 또한 일종의 퍼밀리아라고 할 수 있다. 현대 사회에서 그러한 경험은 임상적, 합리적으로 설명할 수 있는 현상이다. 아니면 한낱 아동의 환상으로 치부될지도 모른다. 그렇지만 퍼밀리아와 함께한 경험은 우리를 성인기 관계의 영역으로 안내한다.

어떤 면에서 퍼밀리아는 우리의 대안 자아, 또는 타인이라는 대리인을 통해 각성하는 자아의 또 다른 차원이라 할 수 있다. 우리는 여러 방식으로 퍼밀리아를 숙고해 볼 수 있다. 예를 들어 퍼밀리아를 사랑의 마법에 걸린 다이몬으로 가정해 보자. 다시 깨어난 다이몬의 힘은 물리적, 심리적으로 모두 분명해진다. 그리고 감정의 동요가 일어난다. 처음 만난 상대에게서 친숙감과 깊은 연결감을 느낀다. 마치 옛날부터 이미 알고 있던 것 같은 느낌이 든다. 그런데 그 옛날은 대체 어떤 옛날일까?

상대방으로 인해 깊은 정서적 반응이 올라올 때, 마치 시공간을 초월한 영원의 느낌을 받는다. 현대 관점에서 우리는 이 영혼의 친숙함을 성인 애착의 기반으로도 볼 수 있다. 그리고 모든 종류의 애착과 마찬가지로 이 친숙함은 우리의 과거와 원가족 및 안전감과 관련이 있다. 심리학적으로 연인, 소울메이트, 이상형과의 만남은 우리가 기억하지 못하는 과거, 즉 인생 초기에 있었던 사건의 맥락을 다시 깨울 수 있다. 소울메이트와의 만남은 일종의 회상으로서 우리의 영혼 깊은 곳을 울린다. 친밀한 애착은 우리의 귀소 본능을 다시 불러일으킨다. 누군가와 친밀한 유대감과 정서적 친밀감을 나누거나 성적으로 잘 맞는다는 느낌을 받을 때, 또는 비슷한 생각을 가진 친구와 함께 있을 때, 우리는 마치 누군가의 팔에 안겨 있는 듯한 든든함과 고향에 온 듯한 안전감을 느끼게 된다. 달 원형은 친숙함에서 오는 카르마의 감각을 불러일으키면서 성인 애착에 반향을 일으킨다.

'미스터리'는 수수께끼나 비밀 또는 난제 등과 같이 이해하거나 설명하기 복잡한 것을 의미한다. 그리스어를 어원으로 한 비슷한 단어로는 비밀 의식이나 교리를 의미하는 무스테리온, 입문자를 가리키는 무스테스, 그리고 '닫다'를 의미하는 무에인 등이 있다. 미스터라라는 단어를 이미지로 떠올려 보자면 신비 의식에서 입문자가 신성한 계시를 받기 위해 입과 눈을 가리고 있는 장면을 연상해 볼 수 있다. 고대 세계에서 가장 유명한 신비 의식으로는 하데스에게 납치된 페르세포네의 하계 입문 여행을 상징하는 엘레우시스 비밀 의식이 있다. 그 신비 의식에 입문한 사람은 죽음을 더 이상 두려워하지 않게 되었다고 한다.

관계 점성학에서 명왕성은 강력하게 끌리는 거부할 수 없는 변형적인 만남을 상징한다. 명왕성이 관계 영역에 들어오면 필연적으로 깊고 친밀한 연결로의 여정이 일어난다. 미스터리한 명왕성 원형 역시 카르마 관계를 반영한다. 따라서 카르마 관계에서는 달과 명왕성을 중요하게 고려한다.

감상(感傷): 달의 사랑

점성학에서 달은 감정적 분위기에 민감하게 반응한다. 그래서 불안이나 긴장, 감상을 자주 담아 두고 꺼내 회상한다. '감상(sentiment)'은 대상에 대한 느낌을 의미한다. 그러나 감정 지능이 가치를 잃어 가는 현대에 이 단어는 슬픔이나 친절에 대한 향수나 과장된 감정 내지는 지나치게 자기에게 몰두하는 감정을 암시하게 되었다. 달은 감상적이다. 비록 이성적으로 설명하거나 논리적으로 표현할 수 없다고 하더라도 달의 반응에는 의미가 있다.

달은 정서적 삶의 그릇이다. 시간이 흐를수록 달은 우리가 경험하고 반응하지만 기억하지 못하는 모든 감각과 느낌, 맛, 광경, 냄새 및 소리로 가득 찬 금고가 된다. 모든 행성 중 가장 빠르게 움직이는 달은 가장 사적인 행성 원형이기도 하다. 달은 단 27.3일 만에 황도대를 완전히 공전한다. 그 기간 우리는 점성학적으로 가능한 달의 모든 모습을 경험함으로써 달의 기질을 받아들인다. 달의 기질이란 우리 안에 습관과 본능으로 자리 잡은 깊은 상징을 의미한다. 그곳에는 우리가 인생의 가장 초기에 느낀 인상들이 기록되어 있다. 달은 과거의 감정을 상징하기도 한다. 개인의 과거는 물론 가족이나 조상의 과거, 문화적 과거 등등 모든 과거가 달 안에 들어 있다.

기억 자체가 달의 특성이긴 하지만, 여기서 기억은 대개 감정적 기억을 의미한다. 달의 기억은 라디오에서 흘러나오는 노래, 향기, 꿈 또는 고통 등을 통해 깨어난다. 기억은 선형적이거나 논리적이라기보다는 과거의 어떤 대상에 대한 강력한 인상에 가깝다. 따라서 우리의 합리적인 마음은 시간과 공간에 대한 익숙한 느낌을 맥락화하기 위해 논리적인 가설을 찾으려고 애쓴다. 관계 점성학에서 달은 관계에서 느끼는 위안과 안식처를 의미하지만 과거와 친숙한 것에 대한 감각을 상징하기도 하다. 그렇기 때문에 관계에서 달이 강한 어스펙트를 맺으면 카르마와 같은 느낌이 드는 것이다.

친밀하고 친숙하면서도 격렬한 감정으로 가득한 관계를 들여다보면 대개 한 사람의 달이 상대방의 앵글에 컨정션하거나 태양 또는 다른 내행성과 컨정션이나 어퍼지션하는 경우가 많다. 유명한 연인들의 예를 살펴보자. 버지니아 울프의 ♈25°19' 달은 비타 색빌웨스트의 ♈28°48' 금성과 컨정션이다. 아나이스 닌의 ♑0°14' 달은 헨리 밀러의 ♑4°41' 태양과 컨정션이며, 라이너 마리아 릴케의 ♒16°46' 달 또한 루 안드레아스 살로메의 ♒23°44' 태양과 컨정션이다. 엘리자베스 테일러의 ♏15°26'

달 역시 리차드 버튼의 ♏17°42' 태양과 컨정션이다.

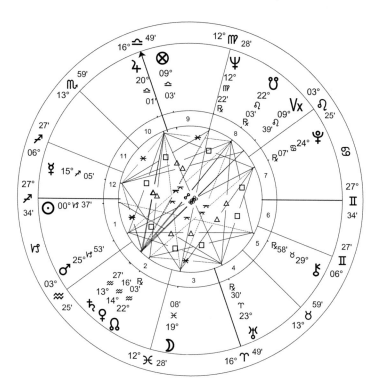

아키히토 일본 황제, 1933년 12월 23일 오전 6시 39분, 일본 도쿄

관계에서 달에 맞춰진 초점은 가족과 안정된 삶에 집중될 수 있다. 또 다른 왕실 커플인 일본 황제 아키히토와 황비 미치코의 차트에서는 서로의 달이 컨정션한다. 관계에서 두 사람은 상대방의 감정과 반응, 기분 및 욕구의 미묘한 뉘앙스를 잘 이해할 것이다. 자연스럽게 서로에게서 편안한 감정과 애정, 친숙함을 느낀다. 또한 두 사람은 비슷한 시기에 같은 달 트랜짓을 경험할 것이다. 서로를 위한 공감과 연민하는 마음은 있

지만 자신들의 정서적 삶에 대한 객관성은 다소 부족할 수도 있다. 또는 한 파트너가 분리된 개인으로서 감각을 되찾기 위해 반대 입장을 내세울지도 모른다. 강력한 달의 유대감으로 맺어진 커플은 관계에 내재된 잠재력과 함정에 주의하는 것이 좋다. 일황 부부의 물고기자리 달은 컴퍼짓 차트에서도 똑같이 물고기자리 달로 이어진다. 따라서 이 이미지는 관계에서 강력한 연속성을 띠게 된다.

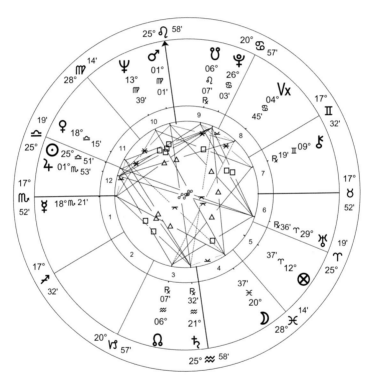

미치코 황비, 1934년 10월 20일 오전 7시 43분, 일본 도쿄

두 사람의 천궁도에서 노드 축과 버텍스 앵글의 위치를 확인해 보는

것도 도움이 된다. 10개월 차이로 태어난 일황 부부의 노드 축은 같은 황도 별자리에 있으면서 약 15° 역행 차이를 보인다. 아키히토 일황의 ♒22°03' 노스 노드는 미치코 황비의 IC 위에 있는 ♒21°32' 토성과 컨정선한다. 미치코의 ♒6°07' 노스 노드는 아키히토의 ♒13°27' 토성, 금성과 컨정선이다. 아키히토의 ♌9°39' 버텍스는 미치코의 ♌6°07' 사우스 노드와 컨정선인 한편, 미치코의 ♋4°45' 버텍스는 아키히토의 ♑0°37' 태양과 어퍼지션을 이룬다. 달과 노드, 버텍스의 강력한 접촉은 카르마의 강한 흔적을 느끼게 한다.

명왕성의 열정

명왕성의 존재는 한동안 의심을 받다가 1930년에야 '공식적으로' 발견되었다. 명왕성은 하계의 신 플루토의 이름을 따 명명되었다. 명왕성이 점성학의 판테온 신전에 입성한 당시는 세계 일차대전 이후 월스트리트가 몰락하고 금주법이 시행되고 독재 국가들이 막 등장하던 즈음이었다. 동시에 발생한 이 모든 사건은 표면을 뚫고 나오는 명왕성 원형을 상징한다. 죽음의 신 명왕성 원형에 직면한 점성가들은 그가 지배하는 하계 깊은 곳의 감춰진 의미와 통찰력을 탐색하기 시작했다.

이사벨 히키는 1970년에 자신의 인기 저서인 『점성학, 우주의 과학(Astrology, Cosmic Science)』을 출간할 당시 명왕성을 제외했다. 명왕성에 대해 더 많은 연구가 필요하다고 생각했기 때문이었다. 3년 후, 그녀는 소책자 『플루토 또는 미네르바: 선택은 당신의 몫(Pluto or Minerva: Choice is Yours)』에서 명왕성을 표면적으로는 미지의 것처럼 보이지만 우리 존재의 깊은 곳에서 끊임없이 작용 중인 보이지 않는 에너지로 묘사했다. 표면 아래에 묻혀 있는 가장 밑바닥의 것은 자칫 폭력으로 분출될 수 있다. 한편, 이사벨은 명왕성이 가장 높은 측면으로 발현될 때 내면에서부터 우리를 변형하는 힘으로 나타난다고 제안했다. 정화와 재탄생이 일어난 다음에는 더 이상 같은 의식 상태에 머물지 않게 된다.

이사벨은 영적 인식과 환생에 대한 믿음으로 명왕성을 진화론적 관점에서 바라보았다. 동물적인 욕망과 열정, 유혹, 야망을 어떻게 다룰 것인지, 그 힘을 빛으로 쓸 것인지 어둠으로 쓸 것인지, 선택은 우리에게 달려 있다. 1990년대에 제프리 울프 그린은 환생을 통한 영혼의 성장에 초점을 맞춘 '진화 점성학'이라는 접근 방식을 개발했다. 이 작업에서 중심을 차지하는 부분 중 하나가 바로 명왕성이다. 진화 점성학은 명왕성과 영혼의 상관관계는 물론, 관계에서 명왕성 카르마가 가진 의미를 다루기도 한다. 행성 원형으로서 명왕성은 음모, 힘, 도전, 카타르시스 등을 의미한다. 신비 의식 입문과 정화 과정을 다룬다는 점에서 명왕성은 점성학이 다루는 영혼과 카르마 주제와 연결된다. 관계 점성학에서 명왕성은 열정과 욕망, 영혼의 관계에서 직면하는 금기와 시련 등을 상징한다.

강렬한 감정은 명왕성의 주요 특징 중 하나다. 명왕성은 깊이 사랑하고 철저하게 미워한다. 모 아니면 도다. 위협이나 질투를 느낄 때 강력한 끌림·혐오 역동이 일어난다. 네이탈 차트에서 명왕성의 위치와 어스펙트는 관계 영역에서 일어나는 이슈를 식별하는 데 도움을 준다. 관계 영역 또는 내행성과의 어스펙트가 강조된다면 관계에서 드러날 수 있는 격정적인 성격을 주의 깊게 살펴봐야 한다.

바비 브라운의 명왕성은 8 하우스에서 달과 컨정선이고, 휘트니의 명왕성은 7 하우스에서 수성과 컨정션한다. 두 사람의 명왕성이 모두 친밀감 관련 하우스에 있는 점을 미루어 열정적이고 강렬한 상호 작용을 짐작해 볼 수 있다. 그것을 전생의 맥락에 둘 것인지 아닌지는 점성가의 세계관에 달려 있다. 행성 원형의 관점에서 명왕성은 과거 또는 미지의 이슈를 사적인 관계의 표면 위로 드러나게 한다.

　나이가 비슷한 아키히토와 미치코 일본 황제 부부는 서로 비슷한 위치에 네이탈 명왕성을 가지고 있다. 둘 다 게자리 명왕성이면서, 룰러인 달이 물고기자리에서 명왕성과 트라인을 하는 것도 똑같다. 아키히토의 명왕성은 7 하우스에서 화성과 어퍼지션하면서 천왕성-목성 어퍼지션과 그랜드 크로스를 이룬다. 미치코는 어센던트가 전갈자리인데, 전갈자리의 현대 룰러인 명왕성은 금성, 태양과 스퀘어한다. 그녀의 강력한 명왕성 에너지는 7 하우스 명왕성을 가진 아키히토에게 매력적으로 느껴질 수 있다. 두 사람의 명왕성은 서로 가깝기 때문에 미치코의 명왕성 에너지는 아키히토의 그랜드 크로스를 더욱 강화할 것이다. 아키히토와 미치코 부부는 달 원형의 친숙함과 더불어 명왕성이 지배하는 강렬한 원형의 영역 또한 공유하는 셈이다.

13장

기질과 관계:
원소 궁합

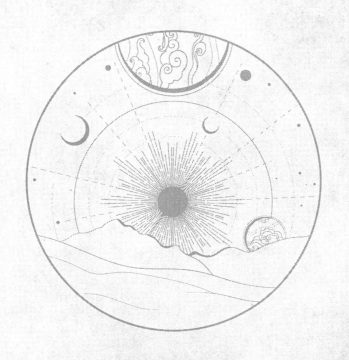

천궁도 분석에서 관계의 강점과 취약성을 확인할 때, 기질 평가는 유용한 정보를 제공해 준다. 우리는 가까운 관계를 통해 자신의 기질적 강점과 한계를 더욱 민감하게 인식하게 된다. 우리의 기질은 파트너의 그것과 상호 작용 한다. 그러므로 서로의 기질을 알면 관계의 혼란스러운 부분을 정리하는 데 도움이 된다. 그뿐만 아니라 파트너 사이의 차이점을 인정하고 너그럽게 이해할 수 있게 된다. 기질적 차이는 처음에 분명하게 보이지 않을 수 있다. 두 사람이 진지한 관계를 맺고 1년 정도 같이 살다 보면 대개 에너지와 가치, 기분 및 의사소통의 차이가 나타나기 시작한다.

네이탈 차트는 개인의 타고난 기질과 그것이 관계에서 작용하는 방식을 반영해 준다. 그러면 먼저 기질에 대한 점성학적 관점을 살펴보도록 하자.

기질

리즈 그린은 1977년 출간한 저서 『관계, 타인과의 공존을 위한 점성학 가이드(Relating, an Astrological Guide to Living with Others)』에 칼 융이 제시한 다수의 개념을 소개하고 확장함으로써 점성학적 상징에 대한 이해를 진척시켰다. 초판으로부터 약 10년 후, 리즈 그린은 개정판을 발간했다. 새로운 머리말에서 그녀는 그간 점성학 분야에서 일어난 눈부신 발전을 인정했다. '점성학의 사원소가 천궁도의 필수 구성 요소라는 것은 이제 더욱 분명해졌다.'며 다음과 같이 강조했다.

> 천궁도를 평가할 때 제일 먼저 원소의 균형을 살펴보면 차트의 중심 뼈대를 세우고 개인의 발달 패턴 이야기를 전반적으로 그릴 수 있다.
>
> - 리즈 그린

기질 이론의 오랜 전통은 천궁도 내 원소 분석의 필요성에 강력한 힘을 실어 준다. 영어 단어 '기질(temper)'을 동사로 사용하면 절제, 조절, 균형 등을 의미한다. 'temper'의 라틴어 어원 'temperare'는 '균형 잡힌 혼합'을 상징한다. 이는 적절한 구성 원소의 혼합을 통해 건강을 유지할 수 있다는 고대 그리스 의학의 신념으로 거슬러 올라간다. 물질은 불, 흙, 공기, 물의 네 가지 원소로 구성되어 있으며, 자연에서는 뜨겁고, 차갑고, 건조하고, 습한 네 가지 특성이 역동적으로 상호 작용 한다. 신체의 사원소를 상징하는 4체액설은 신진대사 특징에 따라 황담즙, 흑담즙, 혈액, 점액 등으로 분류했고, 각각 담즙질, 우울질, 다혈질, 점액질 등 네 기질로 이름 붙여 졌다. 이처럼 풍부한 역사를 가진 기질 이론은 고대 그리스의 의학적 개념 이후로 꾸준히 발전해 왔다. 기질 개념은 또한 개인의 점성학적 기질의 기반이 되는 사원소와 세 모드 개념을 뒷받침함으로써 점성학적 사유체계의 발전에 큰 몫을 했다.

사원소 상징은 타 분야에도 많은 영향을 미쳤다. 타로에는 완드, 컵,

소드, 펜타클로 이루어진 네 개 수트가 있다. 이 마이너 아르카나 카드는 일상생활의 본질을 의미한다. 연금술 또한 변형 발달의 4단계로서 연소, 용해, 응고, 상승을 제시했다.

연금술사들은 물질세계의 기반이 원질료 또는 주요 혼돈 물질에 있다고 믿었다. 사원소 기능을 통해 혼돈에서 형태가 형성된다. 마찬가지로 관계의 연금술에서도 원소들이 한데 뒤섞여 있다. 우리는 서로의 기질적 차이를 인식함으로써 혼돈 상태였던 원래의 관계에 의식적으로 접근할 수 있다. 원소를 어떤 비율과 조합으로 혼합하냐에 따라 가능성은 무한대가 된다. 우리 점성가들은 풍부한 전통과 상상력으로 천궁도의 기질적인 원소 혼합을 고찰할 수 있다. 따라서 관계 분석을 시작할 때 상성과 균형 개념에 익숙해지려면 기질을 제일 먼저 살펴보는 것이 좋다. 기질은 우리 자신의 불균형과 우리가 외부 세계의 불균형에 반응하는 방식에 의문을 제기한다. 기질은 타고난다. 그래서 기질은 개인의 고유한 특성이 표현된 천궁도와 공명한다. 기질은 선천적이기 때문에 정신 역동적이다. 기질은 내적인 관계 양식 및 외부 세계에 대한 영혼의 본질적인 지향성을 가리킨다. 관계를 통해 우리는 기질적 차이에 직면한다. 우리의 타고난 성향은 우리가 사랑하는 사람들과 판이한 경우가 많다.

1921년, 칼 융은 독일어로 쓴 심리학적 유형에 관한 논문에서 직관, 감각, 사고, 감정으로 이루어진 4가지 심리학적 유형을 제시했다. 연금술과 점성학의 영향을 받은 칼 융은 '처음에는 황도 12 별자리로 나타냈던 상징들이 나중에는 그리스 의학에서 생리학적 언어로 표현되었다.'라며, 점성학의 선구적인 공로를 밝히면서 자신의 이론을 확립했다. 또한 융은 유형학에서 점성학의 중요한 역할을 다음과 같이 인정했다.

인류는 고대부터 개인을 유형에 따라 분류함으로써 혼돈에 질서를 부여하는 시도를 해 왔다. 우리에게 알려진 가장 최초의 시도는 동방의 점성가들이 고안한 공기, 물, 흙, 불의 사원소 개념이다.

－칼 융, 『심리 유형』

융은 원형 세계에 대한 개인의 지향 방식을 네 기능으로 정의했다. 이 심리 유형은 사원소에 대응해 볼 수 있다. 물론 모든 이론 체계가 그렇듯 그 둘이 완전히 일치하는 것은 아니다. 하지만 점성학 원소를 자세히 살피고 숙고하는 데 이 이론을 사용할 수 있다. 융은 유형론에서 네 개 유형(직관, 감각, 사고, 감정)이 서로 관계 맺는 방식을 설명했다. 필자는 그 설명이 두 개인 간의 원소 상호 작용을 이해하는 데 좋은 영감을 줄 수 있다고 생각한다. 점성학 전통에서는 네이탈 차트의 기질을 평가하는 다양한 방법이 개발되어 왔다. 그 모든 방법이 기질 고찰에 출발점이 될 수 있다.

기질적 불균형과 관계

융의 유형학은 감각과 직관을 인식 기능으로, 사고와 감정을 판단 기능으로 구분했다. 각 기능은 또한 외향성·내향성 태도에 따라 조정된다. 외향성은 정신 에너지가 외부 대상, 사건, 관계 등 외부 세계로 향하는 것을 가리킨다. 한편 내향성의 정신 에너지는 내부를 향해 흐른다. 외부 반응에서 의미를 찾는 외향적인 사람과 달리 내향적인 사람은 주관적인 반응에서 의미를 찾는다. 외향적인 사람들은 사회적 세계를 즐기지만, 내향적인 사람들은 군중에서 빠져나오려고 한다. 반대 성향은 흥미롭고 매력적이다. 그래서 대립 극성끼리 관계를 맺는 일이 종종 일어난다. 점성학 모델에는 극성과 관련된 수많은 개념이 있다. 남성성·여성성의 별자리와 행성, 상반구와 하반구, 어스펙트 조합 등이 여기 포함된다. 융이 제안한 것처럼 우리 안에는 외향성과 내향성이 모두 존재한다. 따라서 각각의 점성학 원소와 별자리 역시 외향성과 내향성으로 표현될 수 있다.

점성학적으로 불과 공기 원소 별자리는 상황의 변화에 관심을 기울이는 경향이 있다. 반면 흙과 물 원소 별자리는 현상 유지를 선호한다. 이 분류는 외향·내향과 유사하긴 하지만, 본질적으로 모든 별자리 기질은 두 성향을 모두 표현할 수 있다. 불과 공기 원소 별자리는 활동과 행동, 움직임을 추구하지만, 그 에너지의 흐름은 외부(외향적) 또는 내부(내향적)로 향할 수 있다. 물과 흙 원소 별자리는 본능적으로 자기를 성찰하고 신중하며 참는 경향이 있다. 그 경향은 세상에 투사될 수도 있고(외향적) 내면화될 수도 있다(내향적).

판단 기능은 외부 세계를 정리한다. 이 기질은 픽스드 모드 별자리와 비슷하게 체계적이고 조직적이며 환경을 조절하고 통제하는 경향이 있다. 인식 기능은 삶에 대한 접근 방식이 좀 더 자발적이고 적응적인 편이므로 뮤터블 모드 별자리와 유사하다. 인식 기능은 정보를 받아들이면서 선택의 여지를 열어 둔다. 관계에서 기질이 다른 두 사람이 만나면 가장 흔하게는 일상생활의 의례에서 그 차이가 드러난다. 예를 들어 한 파트너는 즉흥적인 것을 선호하고 다른 파트너는 계획을 선호할 수 있다. 또는 한 사람은 세부 사항을 보지만 상대는 큰 그림을 보는 식이다.

카디널, 픽스드, 뮤터블 세 개의 모드 또한 기질에서의 역할이 있다. 모드는 에너지의 자연스러운 표현에 영향을 미친다. 각 원소가 계절을 나타낸다면, 각 모드는 한 계절의 삼 분기를 나타낸다. 계절의 시작을 나타내는 카디널은 시작하기 좋아하고 안절부절못하는 기질을 암시한다. 픽스드는 계절의 중간으로서 안정성을 나타낸다. 픽스드 모드 별자리는 기질적으로 잘 변하지 않고 오래 가는 경향이 있으며 대체로 변화에 저항한다. 마지막으로 뮤터블 모드는 계절의 마지막과 환절기를 상징한다. 뮤터블 모드는 기질적으로 유연하고 불안정하다. 이 세 가지 모드는 하나의 완성 과정으로도 볼 수 있다. 시작하는 에너지 카디널은 독창적인 아이디어를 내고 행동을 개시한다. 중간 과정인 픽스드는 씨앗이 되는 아이디어를 창조하고 구조화해 구체적인 형태를 만든다. 뮤터블은 최종 제품을 배포하고 보급함으로써 과정을 종료하는 단계다.

점성학적으로 융 학파와 점성학의 성격 유형은 다양한 방식으로 비교하고 대응해 볼 수 있다. 예를 들면 다음과 같다.

융 학파의 유형	점성학적 이미지
직관	불
감각	흙
사고	공기
감정	물
외향성	지평선 위(어센던트-디센던트 축)
내향성	지평선 아래(어센던트-디센던트 축)
인식	뮤터블; 양자리-천칭자리 카디널 극성
판단	픽스드; 게자리-염소자리 카디널 극성

점성가들은 인간 정신에서 사원소가 작동하는 방식을 심리학적으로 이해하는 데 융 학파 모델의 큰 도움을 받았다. 융은 고대 학자들을 멘토로 삼아 그들의 주장을 이어 갔다. 그의 주장에 따르면 개인은 네 유형 중 한 유형에 의식적으로 더 쉽게 접근할 수 있으며, 다른 세 유형은 그림자 속에 가려진다. 자아는 접근할 수 있는 유형에 더 쉽게 동일시한다. 융은 그 기능을 우월 기능이라고 불렀다. 한편 열등 기능은 우월 기능에 심리적으로 대립하는 기능 또는 무의식적인 보상을 하는 기능을 뜻한다. 열등 기능은 의식이 가장 접근할 수 없는 영역이기도 하다.

만약 한 유형이 의식에서 지배적이라면 심리적 대립 유형은 무의식으로 강등된다. 관계라는 매개를 통해 우리가 다시 직면하게 되는 것이 바로 이 무의식적 요소다. 융은 우월-열등 모델의 유형을 사고-감정 및 직관-감각으로 짝지었다. 예를 들어 사고가 개인의 지배적인 유형이라면 감정은 자동으로 열등 기능이 된다. 일상적 체험에서 이것은 우리가 생각과 감정을 동시에 가질 수 없다는 것을 암시한다. 따라서 극성의 한 부분은 수면 모드로 들어간다. 기질적으로 만약 당신이 사고 유형이라면, 감정은 당신을 쫓아다니는 복수의 여신 네메시스가 될 것이다. 그리고 모든 관계에서 당신은 그 여신을 계속 만나게 된다.

열등 기능은 무수히 많은 방식으로 의식에 영향을 미친다. 가장 일반적으로는 타인에 대한 투사, 사건, 말실수, 환경 내 대상 등을 통해 일어난다. 열등 기능은 또한 질병이나 강박 등으로 자아의 관심을 끌면서 의식으로 표출될 수 있다. 자아는 열등 원소에 의해서도 똑같이 활력과 영감을 얻는다. 열등 기능은 동화 속의 느리고 멍청해 보이지만 자신만의 방식으로 왕국의 위기를 해결하는 막내 캐릭터와 비슷하다. 열등 원소는 타인, 특히 파트너에게 투사되는 속성이자 우리 자신의 숨겨진 영웅이기도 하다.

융의 심리적 대립 유형에서 사고(공기)는 심리적으로 감정(물)과 대립하고, 직관(불)은 감각(흙)에 대립한다. 점성학적 언어로 풀어 말하자면 공기는 심리적으로 물에 대립하고 불은 심리적으로 흙에 대립한다. 융은 우월 기능에 버금하거나 지원하는 보조 기능이 있다고 제안했다. 사고에는 직관이, 감각에는 감정이 보조 기능이 된다.

황도에서 공기 원소 별자리는 물 원소 별자리로부터 한 개, 세 개, 다섯 개 별자리씩 떨어져 있다. 비슷하게 불 원소 별자리 역시 흙 원소와 같은 각도로 분리된다. 이들의 조합은 전통 점성학에서 말하는 어려운 앵글 관계나 힘든 어스펙트를 구성한다. 인컨정트(세미 섹스타일, 퀸컹스)와 스퀘어 어스펙트가 여기에 해당한다. 이 힘든 어스펙트는 심리적으로 대립하는 원소들을 결합한다. 두 사람의 천궁도 비교에서 이러한 원소 조합이 강조되면 기질의 양극성이 나타난다. 행성들이 서로 대립하는 원소에 놓여 있으면 의식적으로 한쪽 원소의 행성을 지지하면서 다른 쪽 원소의 행성을 거부하는 경향이 나타날 수 있다. 열등 기능이나

열등 원소를 통해 표현되는 행성은 더 쉽게 투사되거나 부인되거나 억압될 수 있다.

관계를 통해 우리는 자신의 열등 유형 또는 약하거나 없는 원소를 만나게 된다. 예를 들어 열정적인 불에게 흙의 안정성은 아주 차분해 보이고, 신중한 흙에게 불의 즉흥성은 굉장히 활기차 보일 수 있다. 처음에는 두 사람이 잘 어울려 보일지라도 상호 인식과 타협이 없다면 시간이 지날수록 두 사람의 기질적 차이는 걷잡을 수 커진다. 불은 흙의 느린 속도가 답답하고, 흙은 불의 활동성에 방해받는다고 느낀다. 공기는 물의 보살핌과 사려 깊은 성품에 끌린다면, 물은 공기가 주는 자극과 통찰력에서 매력을 느낀다. 만약에 그 역동을 잘 알아차리지 못한다면 상대방에 대한 매력은 금세 식어 버릴지도 모른다. 공기는 물의 지나친 관심에 숨이 막히고, 물은 공감력 부족한 공기 때문에 버림받은 느낌을 받을 것이다.

기질로서의 사원소

앞서 언급했듯이 기질은 타고난 것이기 때문에 점성학적 사고방식과 일맥상통한다. 기질은 불, 흙, 공기, 물 원소를 통해 설명될 수 있다. 각 원소가 가진 세 별자리는 기하학적으로 신성한 삼각형을 형성하면서 조화와 균형을 상징한다. 이제 각 기질을 개별적으로 검토해 보자.

불: 양자리, 사자자리, 사수자리

미래지향적인 불은 의욕이 넘치고 열정적이고 낙관적이며, 혁신적인 개념과 아이디어에서 동기와 영감을 받는다. 불은 강한 자신감과 모험심을 보이며, 위험을 무릅쓰고 역경에 맞선다. 심리적으로 반대편에 놓인 흙에게 불의 이런 들뜬 활기는 한층 강조되어 보인다. 때로는 위협적이고 제한적인 느낌마저 받는다. 불은 현실 상황을 표현하거나 수용하는 데 어려움을 겪는다. 구조와 규칙에 답답함을 느끼며, 세부 사항을 신경 쓰지 않고 큰 그림을 그리고 싶은 충동에 이끌린다. 따라서 불의 신념과 비전은 그다지 실용적이지 않을지도 모른다.

욕망과 열정으로 타오르는 불은 슬프고 침울한 감정에 접촉하지 못할 수 있다. 그러면 그 단절된 그 감정은 어둡고 음산한 망토가 되어 파트너에게 덮어씌워진다. 불은 부정적인 감정을 불편해한다. 파트너의 우울감을 관심이 필요한 깊은 정서적 신호로 인식하는 대신 거부해 버린다. 그러면 끊임없이 자신을 증명하려 하거나 무모한 행동이나 위험에 뛰어들면서 자신의 열등감을 과잉 보상 하는 시도로 이어질 수 있다. 지나치게 자신감 넘치는 페르소나 뒤에는 불안이 꼭꼭 숨겨져 있을 수 있다.

불 기질은 가만히 있지 않고 끊임없이 자극을 추구한다. 새롭고 흥미롭고 발전적인 것에 이끌린다. 불은 내면의 깊은 갈망을 채우기 위해 진리의 답이나 아이디어, 관념을 찾아다니는 탐구자의 원소다. 이들은 주로 진리와 이성, 도덕에서 동기를 받는다. 그러나 현실적인 태도 없이 여정을 떠난다면 거짓 구루와 예언자로 인해 진리 탐구의 불이 꺼져 버릴 수도 있다. 순수한 비전에 대한 이들의 욕구는 때로 너무 순진하다.

점성학의 불 원소는 직관 유형에 해당한다. 직관 유형은 미래를 향한 큰 기대를 품으며, 때로는 과정을 생략한 채 답에 도달해 자신이 옳다고 확신한다. 신념과 기대에 찬 이들의 태도에는 확신이 서려 있다. 직관 유형은 사람들이 일반적으로 믿는 신념을 받아들이거나 사물을 액면 그대로 받아들이기보다 대상의 의미에 의문을 품는 경향이 있다. 직관형은 활력이 넘치고 때때로 돌발적이다. 처음에는 엄청난 에너지와 열정을 폭발하지만, 곧 탈진해 쿵 쓰러지고 만다. 그들은 본질적으로 도를 넘어 무리한다. 또한 직감으로 작업을 하고, 이질적인 개념들을 연결함으로써 결론에 도달한다. 전체적인 패턴을 보는 능력은 이들에게 창의적인 상상력과 비전을 부여한다.

외향적인 불 유형은 가능한 한 빨리 일에 뛰어들어 끝을 보고 싶어 한다. 이들은 매우 직관적이기 때문에 어떤 사실이나 모델이 확립되기도 전에 큰 그림을 인식하면서 재빨리 마음이 동해 열정에 불을 붙일 수 있다. 이 유형은 끊임없이 이상을 좇아 헤매지만, 한편으로는 훌륭한 동기 부여자, 혁신가, 영업 사원이 될 수 있다. 외향적인 불은 곧 동기 부여 에너지다. 이 유형은 사람들이 실제든 상상이든 자기 잠재력을 믿게 하는 용기와 영감을 주는 코치 또는 교사 역할을 한다. 외향적인 불은 기민한 지각력으로 현실 세계와 그 너머를 내다본다. 하지만 부족한 인내심과 성찰 능력은 이들의 아킬레스건이 될 것이다.

내향적인 불 유형은 몽상가이자 꿈을 짜는 사람이다. 불이 내부로 향할 때, 직관은 내면의 삶과 상상의 세계로 향한다. 불과 내향성의 조합으로 예술가, 신비주의자, 시인, 예언자가 탄생한다. 그러나 한편으로는 쉽게 현혹되거나 오해받거나 투명 인간 취급을 받을 수도 있다. 친구들

사이에서 이들은 수수께끼 같은 존재다. 이들은 자기 내면세계의 복잡하고 다채로운 감각을 외부로 표현하는 데 어려움을 느끼곤 한다.

흙: 황소자리, 처녀자리, 염소자리

흙 원소는 현실적이고 생산적이다. 이들은 액면 그대로 평가할 수 있는 구체적인 결과를 창출하고자 노력한다. 흙 원소는 사실 경험을 축적하는 데 탁월한 능력을 지니고 있지만, 때때로 사실과 사실 사이의 중요한 연결이나 의미를 놓치곤 한다. 흙의 기능은 실재하는 것을 판단하고 현실성의 척도로서 오감을 활용하는 것이다. 오감을 넘어서는 것은 일단 의심하고 실재하지 않는 것으로 판단한다. 직관을 사용하는 불과 달리 흙은 물리적 확인을 위해 감각을 이용한다. 융은 이러한 감각 지각을 '감각 기관이 매개하는 지각' 및 '신체 감각'이라고 불렀다. 흙은 물질세계의 원소로서 이 유형은 늘 그 물질세계에 의지한다.

육신과 물질을 이루는 원소인 흙에게 자원과 자산은 매우 중요하다. 현대의 중요한 가치인 돈과 소유물은 그들의 주요 아이콘이다. 만질 수 있는 현실 세계에 친화적인 흙은 자연과 무생물 및 소유물과 관계를 맺는다. 물질주의로 지나치게 치우치는 것을 주의해야 하긴 하지만, 흙의 재능은 자원을 관리하고 물질적 안정감을 구축하고 일을 마무리 짓는 타고난 능력에 있다. 심리학적으로 흙 원소는 자신의 가치, 즉 자기 가치를 상징한다.

흙은 생명력과 단절되지 않으면서 관계의 경계를 확실히 하고 싶어 한다. 생명력이 없는 안정적인 관계는 고착되거나 일상에 얽매이고 만다.

불과 달리 흙은 천성적으로 천천히 조심스럽게 관계를 맺고 싶어 한다. 안정감과 안전을 필요로 하는 흙 원소는 지속적이고 조직적인 생활을 바란다. 보기에는 수동적일지라도 흙은 안전이 위협받거나 소중한 것을 빼앗길 때만큼은 절대 호락호락하지 않다. 흙은 관계에서도 매우 진지하다. 자신의 시간과 정서적, 심리적, 경제적 자원을 투자할 만한 가치가 있는 관계를 추구하기 때문이다. 흙 유형이 불안감을 느끼면 소유욕과 통제욕이 발동되어 상대방의 자유와 사생활을 방해할 수도 있다. 통제, 소유, 동등한 자원 공유 이슈는 이들의 관계에서 매우 중요하다.

변화는 흙의 강점이 아니다. 흙은 불변성에 이끌린다. 그래서 종종 사람들은 이들의 초지 일관적이고 무위도식하는 성격을 의존성으로 오해하기도 한다. 흙 유형은 사람들이 자신과 같은 헌신과 책임감, 신뢰성을 보이지 않을 때 크게 실망한다. 빠르게 진화하는 이 세상에서 우리는 종종 흙 원소를 무시하고 사는 것은 아닐까 되돌아보게 된다. 우리가 흙 원소를 무시해 버리면 긴장을 풀고 현재 순간에 머물면서 천천히 여유를 가지는 능력이 훼손된다.

흙 원소처럼 감각 유형 역시 가치를 판단하는 데 물리적 감각에 의존한다. 감각 유형은 특정 상황을 지성이나 개념으로 판단하지 않는다. 대신 실제로 경험하는 쾌락이나 감각에 따라 그 중요도와 가치를 평가한다. '세상의 소금(salt of the earth)', '실제로(matter of fact)', '땅에 발을 대고 서다(feet on the ground)' 등과 같은 영어 표현은 감각 유형에 적용될 수 있다. 그들은 입증된 방법을 따를 때 실용적이고 편안하게 사실을 관찰한다. 세부 사항과 지침을 편안하게 여기는 한편, 상징이나 기호, 은유 등은 의심한다. 감각 유형은 시연이나 안내 책자가 주어질 때 가장 잘 학습한다. 직관 유형과 달리 이들은 전체 설명서를 처음부터 끝까지 읽는 경향이 있다. 또한 단계별 접근을 가장 편안해하지만, 일단 기술을 숙지하고 나면 훨씬 더 느긋하게 다른 선택안을 탐색한다. 이들은 자신의 속도를 잘 조절하고 적절한 경계를 설정하면서 자신의 신체 감각에 잘 정렬할 수 있다.

외향적인 흙이 조심해야 할 것 중 하나는 대상에 대한 애착이다. 극단적인 경우에는 집착에 사로잡힐 수도 있다. 특히 외향적 감각형은 자연스럽게 물리적 세계와 대상에 이끌리기 때문에 아마 내향형보다 어려움을 더 많이 겪을 것이다. 이 유형은 강한 감각을 불러일으키는 물건과 사람, 상황을 추구한다. 실용적이고 현실적이고 사실적인 이 유형의 사람들은 사물을 다루고 고정하고 만드는 데 아주 능숙하다. 불편감을 느낄 때 사용하는 방어 기제 역시 근면함과 유능한 실력이다. 일을 하면서 이들은 관계에서 느끼는 감정과 현존을 회피한다.

내향적인 흙은 외부 세계의 감각과 대상에 애착하는 대신 내면에서 쾌락과 자극을 찾는다. 그들은 세부 사항과 질감, 소리 및 음성 변화를 인식하는 고도의 신체적 감각을 개발하기도 한다. 그런데 너무 현재에 발을 붙이고 있다 보면 미래를 내다보는 데 어려움을 겪을지도 모른다. 현재 하는 일에만 애착하면서 그것이 어디로 흘러갈지는 잘 모를 수 있다.

공기: 쌍둥이자리, 천칭자리, 물병자리

공기는 다채로운 경험을 추구하고, 다양한 관계를 통해 아이디어와 경험을 공유한다. 때로는 신중하지 못하게 사생활과 선을 넘기도 한다. 공

기에게 관계는 호기심의 영역이다. 때때로 공기의 탐구심과 소통 욕구는 마치 깊은 정서적 관심이나 친밀한 관심으로 오해를 받기도 한다. 공기는 객관성과 분리성을 관계의 장벽으로 사용하면서 온갖 지성을 동원해 정서적 접촉을 비합리적인 것으로 몰아세운다. 그들이 관계에서 온갖 분석을 다 하며 공간과 거리를 두는 것은 사실, 실제 관계에서 경험하게 될 불확실성과 통제력의 상실로부터 자기를 보호하려는 방어 기제일 가능성이 크다.

공기는 의사소통과 아이디어 촉진, 언어 발달, 사회적 연결 및 관계 과정과 관련이 있다. 공기는 빨리 학습하고 추상적으로 사고한다. 합리적인 삶의 접근 방식을 지향하며, 종종 무의식의 비합리성과 신비를 두려워한다. 자기 자신과 자기의 동기를 이해하기 위해 누군가와 터놓고 이야기하면서 감정을 나눠야 한다. 복잡하고 혼란스러운 감정을 말로 풀어냄으로써 공기 유형은 자신의 감정을 표현할 수 있다. 공기는 전체적으로 조망하면서 거리를 두는 원소이다. 따라서 이들의 분리 능력은 매우 유용할 때도 있다. 그것은 감정과 내적 생활을 보호하는 역할을 한다. 공기는 공정함을 추구하지만, 중요한 결정 앞에서 흔들릴 때가 종종 있다. 그래서 논쟁의 여지가 있는 문제를 회피해 버릴 수 있다.

모든 원소가 그렇지만, 공기 역시 관계가 필요하다. 공기는 평등과 공유, 관계의 이론적인 이슈를 다룰 때 편안해하지만, 친밀감과 정서 영역에서는 애를 먹는다. 공기는 다양한 관계 가능성을 실험하고 호기심을 채우고 지적 탐구를 하는 것이 아주 자연스럽다. 이 유형에게는 정서적, 신체적, 심리적으로 많은 공간이 필요하다. 그것이 먼저 충족되어야지 편안한 마음으로 '정착'할 수 있다. 변화는 이들의 타고난 능력이다. 만약 공간이 충분히 확보되지 않으면 공기는 숨 막히는 답답함을 느끼면서 높은 불안을 느낀다. 관계에서는 모든 수준의 의사소통을 중요하게 여긴다. 공기는 명확하고 또렷하게 소통하는 것을 좋아하지만, 유독 정서적으로는 모호하게 표현한다. 감정에 솔직하기보다는 의뭉스럽게 행동하는 경우가 많다.

고도로 발달한 사고 기능을 가진 이들은 조직적이고 체계적인 방식으로 세상에 적응한다. 의사 결정을 할 때도 감정의 영향을 최대한 배제하면서 객관적으로 결과를 측정하고 중요도를 살핀 후 판단을 내린다. 그들은 아이디어와 생각을 연결해 이론이나 개념으로 정리하는 데 뛰어나다. 또한 대개 독립적이고 자립적이다. 그러나 논리와 합리성을 지나치게 강조하다가 의도치 않게 다른 사람에게 상처를 주기도 한다.

공기 외향형은 이타적인 인생철학과 윤리를 따르며, 대체로 다수가 합의하는 여론에 의존한다. 따라서 생각과 아이디어, 의사소통을 조직화할 때 그것이 사회적으로 실행되고 통용될 수 있는지 중요하게 여긴다. 동의하든 하지 않든 사회적으로 화제가 되는 것이 더 중요하다. 외향적인 공기는 생각하고 사실을 정리하고 추론하고 분석하는 능력이 뛰어나다. 그러나 그 집착 때문에 자신이 들어가고 싶은 사회 모임에서 오히려 더 멀어질 수도 있다. 또한 관계에 대한 지나친 이상 때문에 자신의 감정과 접촉하지 못하고 냉담할 수 있다. 이들이 중요하게 여기는 정의와 진실이라는 가치는 때때로 가족적이고 사적인 감정과 가치에 접촉하지 못하게 하는 원인이 되기도 한다.

공기가 내향성이면 예리한 추론과 비판 능력이 내부로 집중된다. 따라서 아이디어를 명료화하고 복잡한 특징을 이해하는 데 유리하다. 생각의 폭을 확장하기보다는 깊이를 추구하게 된다. 내향적인 공기가 집중력을 발휘하면 공식의 오류나 비논리적인 진술, 틀린 맞춤법 등을 찾는 데 기민함을 발휘할 수 있다. 그러나 그러한 비판적 사고가 내면으로 향하면 자기 자신에게 최악의 비평가가 될 수도 있다. 이들은 느낌과 관계보다는 이상과 원칙에 더 많은 관심을 가진다. 과거에는 분석과 합리화로 감정을 관리했을지라도 관계의 복잡한 과정을 겪고 나면 정서가 깨어나고 깊어지는 경험을 하게 될 것이다.

물: 게자리, 전갈자리, 물고기자리

물 원소는 자연의 물처럼 가시적인 표면의 아래를 구불구불 왔다 갔다 하며 밀물과 썰물을 만들어 낸다. 물 유형은 타인의 진동에 이끌리면서 또 거부하기도 한다. 자신을 관계로 끌어당기는 운명적인 힘이나 관계에서 벗어나고 싶은 충동을 종종 잘 표현하지 못긴 하지만 말이다. 물은 감정적으로 이상주의적이다. 자신의 감정에 이끌리고 타인을 향한 공감과 연민에 마음이 동한다. 그래서 비현실적이고 역기능적인 관계에 휘말리기도 한다.

물은 본능적으로 타인의 고통과 절망을 잘 알아차리고 이해한다. 이들은 다른 사람들의 욕구를 기민하게 감지하면서 습관적이고 자발적으로 그들에게 필요한 것을 채워 주려 한다. 물 유형은 타인이 부탁하지 않아도 상대의 고통을 달래 주며 불편한 부분을 보살피고 상처받은 마음을 다독인다. 그런데 상대가 그런 자신의 감정을 몰라주면 정서적으로 지지받지 못하는 느낌을 받게 된다. 버려진 느낌과 정서적으로 불균등한 관계는 물이 많은 사람에게 크나큰 고통으로 다가온다. 하지만 그러한 경험은 궁극적으로 분리라는 어려운 작업을 배우는 데 꼭 필요한 과정이다. 물은 자신과 타인의 경계를 혼동하기 때문이다.

물 에너지는 종종 적절한 경계 없이 표출된다. 합일을 향한 충동이 솟구치면 차이와 경계를 없애려는 무의식적 욕망으로 인해 보호막 없이 취약한 상태로 노출될 수 있다. 물 원소는 자신뿐 아니라 친밀한 타인들의 정서적 삶을 끌어안는다. 물 원소를 통해 가족과 조상의 패턴이 대물림된다. 그 기원은 집단의식의 깊숙한 곳까지 거슬러 올라간다. 물은 쉽게 홀리고 매료된다. 복잡한 감정에 자신을 완전히 내맡기기도 하고, 자연적이든 화학적이든 마음을 변경하는 장치를 매개로 감정을 초월함으로써 현실도피를 꿈꾼다. 물은 세속적인 세상에서 해방되기를 갈망한다.

물은 주변과 합류하는 정신적 원소다. 또한 보이는 세계와 보이지 않는 세계 사이의 장막을 가르는 원소이기도 하다. 물은 상징과 기호에 본능적인 친화력을 가진다. 물은 증상이 아닌 근원을 바라보며, 현상의 표면 아래에 있는 것을 읽는다. 본질적으로 물은 형태가 없기 때문에 용기에 담겨야 한다. 경계가 없으면 가차 없이 침범당하고 침식될 수 있다. 물은 본능적으로 주위 환경에 있는 것을 빨아들이고 동화한다. 심리적으로 물은 정서적 삶에 대한 기억과 추억을 수집하기 때문에 감정적 영향에서 벗어나는 것을 몹시 어려워한다. 물은 추억과 감성의 원소이자 깊은 친밀감과 합일을 상징한다.

감정 유형은 중요하고 의미 있게 여기는 가치를 결정한다. 융은 감정이 판단 방식에 영향을 미치는 주관적 과정이라고 제안했다. 일반적으로 이 유형은 조화로운 관계에 대한 강한 욕구를 가지며, 그것을 달성하기 위해 호의적이며 심지어 순응적인 성향을 보이기도 한다.

외향적인 물 유형의 감정은 강렬하고 종종 압도적이기까지 하다. 그 감정의 스펙트럼은 분노와 사랑 같은 강렬한 감정은 물론이거니와 우울함에서 따뜻함에 이르기까지 광범위하다. 그들은 즉각 애착을 형성하며, 협력적이고 조화로운 분위기에서 가장 찬란하게 빛을 발한다. 하지만 부정적인 감정과 비판에 지나치게 민감하기도 하다. 외향적인 감정 유형은 때때로 자신의 감정을 노골적으로 드러낸다.

융은 내향적인 감정 유형을 설명하면서 '깊은 물은 고요히 흐른다'라는 표현을 사용했다. 이들의 감정은 쉽게 드러나지 않는다. 그들의 과묵함은 때때로 무심한 것으로 보여서, 무관심하거나 감정이 없는 사람으로 오해받는 경우가 종종 있다. 그들은 신비로우며 심지어는 매혹적이고 카리스마가 넘쳐 보이지만, 사실 감정 표현을 어려워한다. 또한 이상적인 잣대로 자신을 평가하면서 종종 자기 회의와 열등감에 시달리기도 한다. 내향적인 물은 우울감을 자주 느낄 수도 있지만, 그들의 풍부한 내적 감정은 충만한 영혼과 에로스를 인생에 선사할 것이다.

열등 원소

열등 원소는 천궁도에서 가장 미개발된 원소다. 아마 좀 더 정확한 단어는 '내적' 원소일 것이다. 왜냐하면 의식과 외부 세계에 대한 접근성이 가장 낮은 원소이기 때문이다. 이것은 천궁도의 어떤 행성에도 없는 원소일 수 있다. 또는 지배적인 원소와 심리적으로 대립하는 원소일 수도 있다. 이 원소는 조용히 강하지만 의식적인 삶에 대한 명확한 접근성은 떨어진다. 따라서 어떤 사람들에게는 그것이 소명이나 매력, 강박처럼 여겨질 수 있다. 아마도 그들은 자기 성격에서 해당 원소를 탐색하는 데 열정을 쏟을 것이다. 빠진 원소는 공백을 만든다. 결핍의 힘은 심리적 공백을 채우고 그 공간을 비옥하게 하며, 해당 에너지를 개발하도록 우리를 북돋는다. 잔 다르크는 계시의 목소리를 듣고 비전을 따라 용감하게 프랑스 군대를 이끈 영웅이었지만, 불 속에서 비극적인 죽음을 맞이했다. 그녀의 천궁도에는 불 원소가 결핍되어 있다. 물에 익사한 버지니아 울프의 결핍 원소는 바로 물이었다. 차트에 물 원소가 전무함에도 불구하고 그녀의 글에는 심금을 울리는 감동이 서려 있다. 헬렌 켈러는 이전까지 소통이 불가능했던 장애인의 언어를 개발했다. 원소 구성에서 공기가 부족했던 그녀는 자신의 결핍을 극복해 장애인들의 의사소통을 돕는 방법을 모색했다. 미켈란젤로의 차트에서 유일한 흙 원소 행성이라고는 그 시대에 아직 발견되지 않은 명왕성밖에 없었다. 흙 원소가 없었음에도 그는 차갑고 아무 생명이 없는 대리석에서 최상의 아름다움을 끌어낼 수 있었다.

점성학적으로 결핍 원소에는 엄청난 힘이 있다. 묻힌 존재를 알리고자 하는 욕망이 그 힘을 더욱 부채질한다. '열등' 원소는 주로 타인에게 투사된다. 그러면 자기에게 빠져 있다고 느끼는 그 특성을 타인에게 넘겨주게 된다. 결핍 또는 '열등' 원소는 그것이 자기에게 없을 때 오직 타인을 통해 접촉할 수 있다는 점에서 운명적이다. 이 빠져 있는 기능은 때때로 파트너나 상사, 부모 또는 자녀의 모습으로 나타난다. 그러나 성인기에 만나는 중요한 관계를 통해 자신과 파트너의 차이점을 알아차림으로써 우리는 자기의 기질을 좀 더 의식적으로 인식할 수 있게 된다. 열등 기능은 끊임없이 자기 존재를 알린다. 그 존재감은 특히 관계에서 가장 잘 드러난다.

점성학에는 또한 황도대에서 나타나는 대립 체계가 있다. 불은 항상 공기의 반대에 있고, 흙은 항상 물의 반대에 있다. 그런데 점성학에서 대립은 상대적으로 호환이 잘되는 기능이다. 따라서 대립하는 짝을 '대립'보다는 '극성'으로 간주할 수 있다. 겉으로는 반대처럼 보이지만, 점성학에서 반대에 있는 별자리들은 비슷한 극성을 나누는 파트너 관계다. 점성학의 대립 극성은 타협하고 차이를 인식하게 한다. 그러나 점성학적 대립이 극단적으로 확대되면 양극화로 너무 치우친 나머지 반대 에너지를 무의식으로 밀어내 버릴 수 있다.

점성학의 반대 극성	융 학파의 반대 역동
불-공기	불-흙
흙-물	공기-물
자연에서 양극을 이루는 별자리로 구성	심리학적으로 대립하는 관점을 가진 별자리로 구성
양자리-천칭자리	불: 양자리-사수자리-사수자리 흙: 황소자리-처녀자리-염소자리
황소자리-전갈자리	
쌍둥이자리-사수자리	
게자리-염소자리	공기: 쌍둥이자리-천칭자리-물병자리 물: 게자리-전갈자리-물고기자리
사자자리-물병자리	
처녀자리-물고기자리	

원소들의 결합

인간의 기질은 자연의 원소에 은유할 수 있다. 자연 세계에서 원소들이 결합하는 방식 또한 심리적 요소들의 결합 방식에 은유할 수 있다. 관계는 우리 안의 섞이기 어려운 요소들을 다룰 수 있는 무대와 기회를 제공해 준다. 관계를 통해 서로 다른 원소들이 뒤섞이면 우리는 훨씬 더 관대한 마음으로 기질 갈등을 바라볼 수 있다.

원소 조합은 어스펙트를 형성한다. 특히 관계 분석에서 원소 조합은 행성 어스펙트를 부각하기도 한다. 둘 이상의 행성이 불-흙 원소 또는 공기-물 원소 조합을 이루게 되면 세미 섹스타일이나 스퀘어, 퀸컹스 등의 하드 어스펙트가 형성된다. 불-물, 공기-흙의 조합도 똑같이 세미 섹스타일, 스퀘어, 퀸컹스 어스펙트를 만든다. 두 행성이 모두 남성성 별자리에 위치하거나 여성성의 별자리에 있으면 섹스타일이나 어퍼지션을 이룬다. 동일한 원소에 있는 행성들은 컨정션이나 트라인을 형성한다. 원소 조합을 이해하면 어스펙트의 특성을 이해하는 데에도 도움이 된다. 다음 제시된 표에는 황도 별자리의 원소 조합이 요약되어 있다. 그런데 별자리 커스프에 걸린 행성은 두 원소를 모두 포함할 수 있으므로 어스펙트에 미묘한 영향을 미친다. 예를 들어 ♈2°에 있는 행성이 ♊28°에 있는 행성과 스퀘어 어스펙트를 이룬다고 가정해 보자. 여전히 스퀘어 어스펙트이긴 하지만 원소들이 같은 남성성 모드에 있기 때문에 하드 어스펙트의 긴장감이 완화된다.

어스펙트	원소 조합
컨정션 0°	불-불 ; 흙-흙 ; 공기-공기 ; 물-물
세미 섹스타일 30°	불-흙 ; 불-물 ; 공기-물 ; 공기-흙
섹스타일 60°	불-공기 ; 흙-물
스퀘어 90°	불-흙 ; 불-물 ; 공기-물 ; 공기-흙
트라인 120°	불-불 ; 흙-흙 ; 공기-공기 ; 물-물
퀸컹스 150°	불-흙 ; 불-물 ; 공기-물 ; 공기-흙
어퍼지션 180°	불-공기 ; 흙-물

두 사람의 차트가 맺은 어스펙트는 원소들을 결합한다. 두 개의 차트를 볼 때는 먼저 원소가 어떻게 합쳐지거나 분리되는지 살펴보는 것이 좋다. 이 연습을 통해 두 유형이 어떤 식으로 함께 작동하는지 알 수 있다. 그리고 어스펙트도 함께 숙고해 볼 수 있다. 그러면 어려운 원소 조합을 살펴보도록 하자.

흙과 불은 심리적으로 양립하기 어렵다. 삶의 접근 방식에 있어 흙은 현실성과 실용성을 따지기 때문이다. 자연에서 흙은 불을 꺼트릴 수 있고, 불도 흙을 소멸해 버릴 수 있다. 관계에서 둘이 협력하려면 먼저 기질적 차이를 의식적으로 알아차려야 한다. 불은 이상과 직관을 따르고 미래 지향적이며 가능성에서 활기를 찾는다. 반면 흙은 현실을 따르고 현재에 머무른다. 흙은 서두르는 것을 원하지 않고, 불은 너무 오래 멈춰 있는 것을 좋아하지 않는다. 이렇게 긴장감 넘치는 두 원소의 조합이 한 팀으로 일하면 비전과 실용주의를 결합해 많은 것을 성취하고 이룰 수도 있다. 그러나 관계에서 한 존재 방식이 다른 방식을 압도하지 않도록 둘 사이에 흐르는 긴장을 잘 관리해야 할 것이다. 커플이라면 협력하면서 이상주의와 실질적인 적용을 잘 조합하는 방법을 찾는 것이 좋다.

불과 물도 서로 어울리지 않는 조합이다. 자연에서 물은 불을 꺼 버릴 수 있다. 그러면 두 원소의 공통점은 무엇일까? 첫째, 두 원소 모두 아주 열정적이다. 자연에서처럼 두 원소는 수증기를 만들어 낼 수 있다. 둘째, 두 원소 모두 인생 가치관이 이상주의적이다. 경로 설정을 잘하기만 하면 이들은 창의성과 열정을 발휘한다. 셋째, 둘 다 따뜻하고 매력적인 원소다. 불과 물은 서로 이질적이긴 하지만, 다른 기질을 가진 커플이 두 원소의 비슷한 표현 방식을 잘만 인식한다면 관계에 유익이 될 수 있다. 두 원소 모두 자기 일에 성취감을 느끼고 열정적으로 참여하고 싶어 한다. 이들에게는 자신의 창조적인 원소를 맘껏 표현할 수 있는 충분한 자유가 필요하다. 그런데 불은 미래를 내다보고, 물은 과거를 되돌아본다. 불은 감정을 밖으로 표현하지만, 물은 속으로 간직하는 경향이 있다. 불은 물의 감수성을 갑갑하게 느낄 수 있고, 물은 불의 뻔뻔함에 상처받을 수 있다. 만약 커플이라면 두 사람의 인생 지향성이 본질적으로 매우 다르다는 것을 인식하고, 그 차이에서 화해의 길을 모색하도록 충분한 시간과 공간적 여유를 가지는 것이 좋다.

공기와 물도 같은 공간에 있기 어려워한다. 공기는 객관적이고 물은 주관적인 경향이 있다. 관계에서 공기는 분리되고, 물은 깊이 관여한다. 공기에게는 공간과 거리가 필요하고, 물에게는 친밀감과 지지가 필요하다. 따라서 둘의 조합은 위태위태한 곡예가 된다. 한 원소가 접근하면 다른 원소는 회피하는 식이다. 아마 관계에서도 둘은 어려운 조합이 될 것이다. 공기는 물이 요구하는 접촉과 정서적 연결이 질척거리게 느껴질 수 있고, 물은 공기의 멀찍이 떨어진 거리감에 상처받을 수 있다. 그러나 커플이 절충점을 잘 찾기만 한다면 협력을 통해 사회생활과 사생활 사이의 경계를 잘 세울 수도 있다. 공기는 자유가 필요하고 물은 친밀감이 필요하다. 가정이나 관계에서 개개인이 서로의 차이를 인식하고 너그럽게 포용할 수 있다면 그 두 욕구를 모두 다룰 수 있다. 그 비결은 끊임없이 의사소통하고 서로의 감정에 귀 기울이고 자유롭게 감정을 표현하는 데 있다.

공기와 흙 이 두 본성이 잘 조화하려면 의식적인 노력이 필요하다. 자연에서 공기는 흙을 흩어지게 한다. 마찬가지로 공기 원소의 변화무쌍한 성질은 흙의 굳은 의지를 약하게 할 수 있다. 흙은 편안함과 안정을 추구하지만, 공기는 거리와 공간, 자유로운 움직임이 필요하다. 두 원소가 서로 다른 과정과 시간표를 고집하면 딜레마가 생긴다. 그러므로 충분한 협의와 스케줄 조정이 꼭 필요하다. 커플이라면 할 일의 목록과 완료 시점에 관해 충분히 의사소통하면서 시간을 효율적으로 관리하는 것이 중요하다. 두 사람에게는 모두 의제가 필요하다. 아마도 공기의 의제는 개념적일 것이고, 흙의 의제는 실용적일 것이다. 둘은 한 팀으로서 논의하고 기간을 설정하고 공동 관리를 해야 한다. 특히 자기 일과 상대방에 대한 책임 사이에서 적절한 균형을 찾는 것이 가장 중요하다. 한편 두 원소의 결합은 건조함을 유발한다. 따라서 공기-흙 커플은 서로에게 열중하면서 연결된 느낌을 강화하는 방법을 찾아야 할 것이다.

기질의 방법론

네이탈 차트에서 점성학적 균형을 기반으로 기질 개념을 확립하는 것은 생각만큼 간단하지 않다. 중세 점성학자들은 어센던트와 달의 별자리 및 그 둘의 룰러, 달의 위상과 출생 절기 등을 사용해 기질을 평가했다. 점성학 소프트웨어를 이용해 행성 원소와 에센셜 디그니티, 기타 등등으로 점수를 계산할 수는 있지만, 그것이 보여 주는 것은 실제 기질이 아니라 단지 테크닉일 뿐이다. 오히려 네이탈 차트 자체를 보면서 기질적 균형을 평가하는 것이 개인의 타고난 성향을 파악하는 데 더 도움이 된다. 원소 에너지는 별자리에만 국한되지 않는다. 그것은 어스펙트와 하우스, 행성 자체가 가진 특성 등등 천궁도 전반에 내재한다.

차트에 한 원소가 우세하다고 해서 당사자가 그 원소를 우월 기능으로 인식하고 있다는 보장은 없다. 차트에서 두드러지지 않는 원소라 하더라도 개인의 환경 요인, 혈통, 가족 분위기, 출생 순서, 학력 및 기타 등등 다양한 요인으로 인해 강조될 수 있기 때문이다. 예를 들어 공기 원소에 많은 행성이 몰린 개인이 있는데, 물 원소가 우세한 부모와 형제자매 가운데서 자랐다고 해 보자. 그렇다면 그 영향을 받은 개인은 가족 생활에 적응하기 위해 자신의 타고난 성향을 포기하고 물 원소 성향을 개발하게 될지도 모른다. 비록 차트에는 공기가 우월 원소라 할지라도 가족 분위기에서는 물 원소가 지배적이었을 것이다. 그러므로 우월 원소가 아닌 물 원소에서 더 친숙함을 느끼게 된다. 융은 원소의 강세에 대한 점성학적 기준이 '단순하고 객관적이다. 태어난 순간 천궁도에 의해 주어진 것'이라고 말하긴 했지만, 인간의 정신은 그렇게 곧이곧대로 단순하지 않다. 개인으로서 우리는 균형을 잡았다 잃었다 한다. 그러면서 시기에 따라 각기 다른 원소가 의식의 전면으로 드러난다.

융은 의식 수준에서 자연적 기능이 다른 기능으로 대체되는 것을 역기능이라고 불렀다. 흔히 '전환 유형(turn type)'이라고도 한다. 융 학파 심리학자 준 싱어는 전환 유형을 '상황 때문에 어쩔 수 없이 자신의 타고난 우월 기능이 아닌 열등 기능을 시도하는 사람'으로 정의했다. 이 유형은 자신을 실제 타고난 기질과 반대 유형으로 믿고 있을 수 있다. 우리는 개개인의 천궁도에서 원소 균형을 확인할 수는 있지만 당사자가 실제로 그 기질을 개발했는지 아닌지는 보장할 수 없다.

천궁도 내 원소 중요도를 판단하기 위해 따를 수 있는 절차는 다양하다. 모든 행성은 각 원소를 구성하는 세 별자리 중 하나를 통해 기능한다. 그래서 필자는 가장 먼저 각 행성에 부여된 의의를 확인한다. 루미너리를 포함한 내행성과 어센던트는 개인의 기질에 큰 영향을 미치는 개인적인 에너지다. 따라서 원소 배치에 더 큰 가중치를 줄 수 있다. 태양, 달, 어센던트, 이 삼대 요소는 기질에 가장 큰 영향을 미치므로 더 높은 가중치를 준다. 어센던트는 행성이 아닌 앵글이기 때문에 어센던트와 그 룰러에 동등한 가중치를 준다. 외행성의 원소는 세대 에너지를 나타내므로 개인적이지 않다. 따라서 외행성에는 내행성보다 더 적은 가중치를 준다.

여러 점수 체계를 놓고 논쟁이 있겠지만, 필자는 행성의 강세가 아닌 기질 탐색을 목적으로 행성이나 포인트에 가중치를 두었다. 특히 행성의 원소와 모드에 초점을 맞춤으로써 관계에서 드러나는 행성의 기질을 살펴보는 데 의의를 두었다. 부록 3의 기질 워크시트는 필자가 사용하는 지침이다. 부록 4에는 표에 기질을 작성하는 예시가 수록되어 있다.

공백 채우기

4장에서 소개한 안젤리나 졸리의 천궁도를 보면 흙 원소에 아무 행성이 없고 유일하게 디센던트 앵글만이 흙 원소인 것을 확인할 수 있다. 반면 브래드 피트의 천궁도에는 흙 원소가 풍부하다. 그런데 그에게는 아래와 같이 물 원소가 부족하다.

불	흙	공기	물
19	25	5	1

안젤리나의 어센던트는 게자리 물 원소 상승으로서 금성이 컨정션한다. 게자리 어센던트-금성의 밀접한 컨정션은 브래드의 버텍스와 컨정션하면서 그의 염소자리 달-금성 컨정션을 어퍼지션한다. 물론 이런 지표만으로도 강한 친밀감을 암시하긴 하지만, 안젤리나의 부족한 흙 원소와 브래드의 비어 있는 물 원소가 상대방에 의해 채워지는 것을 주시할 필요가 있다. 두 사람 다 풍부한 불을 가지고 있다. 따라서 그들은 열정과 이상을 공유할 수 있으나 감정 대 현실의 차이에 직면할 수도 있다.

또한 자신이 벌인 행동의 감정적, 현실적 결과를 생각하기도 전에 어떤 상황에 급히 뛰어들지도 모른다.

또 다른 커플인 버지니아 울프와 비타 색빌-웨스트를 살펴보도록 하자. 앞서 언급했듯이 버지니아 울프의 천궁도에는 물 원소가 없고, 대신 물의 심리적 대립 원소인 공기가 지배적 원소로 두드러진다. 버지니아의 천궁도에서 나타나는 원소 균형을 도표화해 보면 물과 심리적으로 반대되는 공기가 대표 기능으로 나타나는 것을 볼 수 있다.

버지니아 울프	불	흙	**공기**	물	카디널	**픽스드**	뮤터블
	8	14	**28**	0	13	**25**	12

지배적인 원소는 공기고 물은 결핍되어 있다. 또한 픽스드가 우월한 모드며, 카디널과 뮤터블은 다소 적은 편이다. 별자리와 결합해 보면 지배적인 별자리는 픽스드 에어, 즉 물병자리가 된다. 열등한 별자리는 카디널 워터 게자리 또는 뮤터블 워터 물고기자리가 될 것이다.

때때로 결핍 원소는 관계를 통해 표현되기도 한다. 비타 색빌-웨스트는 버지니아 울프의 친밀한 파트너 중 한 명이었다. 둘은 성적 파트너일 뿐 아니라 창의성과 지속적인 우정을 나누는 파트너였다. 비타의 물고기자리 태양과 게자리 달은 울프의 열등한 별자리와 일치한다. 이는 기질적 매력을 단적으로 보여 주는 한 예다.

비타 색빌-웨스트의 원소 균형은 다음과 같다.

비타 색빌- 웨스트	불	흙	공기	물	카디널	픽스드	뮤터블
	10	11	**2**	27	19	**1**	30

　그녀의 지배적 원소는 물이며, 가장 적은 것은 공기다. 우월한 모든는 카디널과 뮤터블이고, 가장 적은 모드는 픽스드다. 그것들을 별자리로 결합해 본다면 카디널 워터 게자리와 뮤터블 워터 물고기자리가 우월한 별자리가 된다. 열등한 별자리는 버지니아 울프의 태양 별자리인 물병자리, 즉 픽스드 에어가 될 것이다. 두 사람의 관계에서 각 파트너는 상대방의 결핍 원소를 채워 주고 있다.

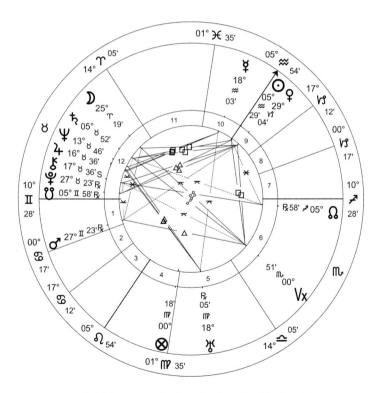

버지니아 울프, 1882년 1월 25일 오후 12시 15분, 영국 런던

	불	흙	공기	물	카디널	픽스드	뮤터블
버지니아	8	14	**28**	0	13	**25**	12
비타	10	11	**2**	27	19	**1**	30

일단 개인의 기질에 익숙해지고 나면 그것이 관계에 어떤 영향을 미치
는지 탐색해 볼 수 있다. 관계 점성학은 우리에게 기질적 차이를 파악할
수 있는 렌즈를 제공해 준다. 그 차이를 의식적으로 인식하면 우리는 타
인을 관용과 수용으로 품을 수 있게 된다.

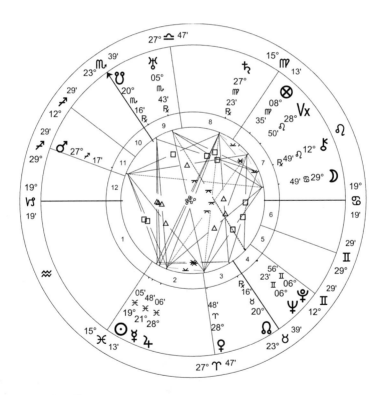

비타 색빌-웨스트, 1892년 3월 9일, 오전 4시 14분, 영국 놀

14장

부재의 존재:
천궁도의 보이드

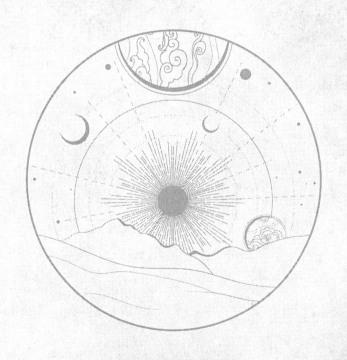

본질적으로 천궁도에는 결핍이 없다. 각 차트의 주요 요소에 이미 천체의 에너지 스펙트럼 전체가 포함되어 있기 때문이다. 각각의 천궁도는 개별화되어 있다. 특정 에너지가 다른 에너지보다 더 강조되는 식으로 천궁도마다 독특한 배치가 있다. 따라서 특정 점성학적 구성 요소가 잘 드러나지 않는 곳에는 공백, 즉, 보이드(void)가 생긴다. 천궁도에서 덜 발달되거나 '결핍'된 곳이 있으면 그것을 인지하지 못하고 해당 에너지를 거부하거나 과잉 보상 또는 부인하는 경향이 생기기 쉽다. 그리고 그 에너지는 친한 친구들이나 친밀한 타인에게 투사될 위험이 있다.

　심리적으로 점성학적 결핍은 관계에서 문제가 불거지는 영역을 상징한다. 결핍되거나 무의식 속에 있는 그것은 마치 텅 비어 있는 공간과도 같다. 자기 집을 찾아 헤매는 콤플렉스 에너지다. 심리학적으로 그 에너지는 담길 수 있는 곳에 보상으로 주어진다. 그러나 개인의 일부로 인정받지 못하는 그 에너지는 타인을 향한 투사를 통해 인식될 수 있다. 타인을 통해 가시적으로 드러나는 그 특성은 개인의 결핍을 채운다.

　이와 비슷하게 우리가 부인하는 자기의 일부 역시 타인에게 투사되어 거부감을 일으킬 수 있다. 긍정적인 측면에서 점성학적 결핍은 우리가 그 부재에 익숙해져서 자기 안에 있는 그 에너지를 편안하게 받아들일 수 있도록 고무한다. 그러나 부정적인 경우, 그 에너지를 파트너에게 떠

넘겨서 자기에게는 미지의 영역으로 남겨 둘 수 있다. 그러면 잠들어 있거나 미지로 남겨진 그 측면은 관계에서 반복 재생되는 패턴으로 끊임없이 나타날 것이다. 천궁도의 보이드는 매혹적이다. 그것은 반복되는 관계 패턴을 의식화하는 행동으로 나타날 수도 있다.

보이드는 심연이나 텅 빈 곳으로 인식된다. 그것은 공(空)과 무(無)의 인상을 자아낸다. 다른 관점에서 볼 때, 그것은 아직 식별되거나 현시되지 않았으므로 무물(無物; no-thing-ness)로 볼 수도 있다. 어떤 면에서 그것은 고대 그리스인들이 묘사한 카오스 개념과도 유사하다. 카오스는 모든 가능성이 존재하는 텅 빈 공간이다. 에로스를 포함한 모든 창조물은 바로 그 카오스를 통해 나타났다.

우리의 개인적인 보이드는 관계를 통해 더욱 뚜렷해진다.

보이드와 관계

전통 점성학에서는 늘 판단이나 예측을 내리기 전에 항상 각 행성의 강점이나 약점을 확인하는 데 노력을 기울였다. 관계에서 나타나는 태도를 평가하고 패턴을 찾을 때 각 천궁도의 강점과 약점을 고려하는 것은 꽤 도움이 된다. 필자가 그동안 해 온 커플 상담 경험을 미루어 보면 천궁도의 부족한 부분을 상대 파트너가 채워 주는 경우가 상당히 많다. 우리에게 결핍된 부분이 상대방을 통해 표현되면 자석 같은 매력으로 다가온다. 때로는 유혹적이기까지 하다. 그러나 그것이 에너지 콤플렉스가 되면 힘의 차이로 인한 문제가 곪아 터지고 불안한 감정이 나타날 수 있다. 한때는 매력적이던 것이 갈등의 원인이 된다.

자신에게 부족하다고 지각하는 것을 타인에게서 발견할 때, 그 경험은 신비롭고 매혹적이며 심지어 영혼을 충만하게 하는 황홀감마저 준다. 우리의 '보이드'는 베일 뒤 미지의 상태로 있거나 그림자 안에 숨겨져 있지만, 아이러니하게도 그것은 우리 영혼 가까이에 있다. 타인이 나타내는 자기의 보이드를 만나면 영혼의 동요가 일어난다. 우리 안에 채워지지 않던 무언가가 타인에 의해 완성된 것처럼 느껴진다. 자기에게 부족하다고 느끼는 자질을 찬양함으로써 타인에게 생명과 혼을 불어넣는 역설이 일어난다. 자기와 내적으로 연결하지 않고, 영감을 주는 타인에게 그 자질을 돌린다. 특히 친하지 않은 타인에게는 그런 영혼이 담긴 반응을 자연스럽게 하게 된다.

어떤 점에서 긍정적인 투사는 따뜻함과 만족감을 준다. 그러나 투사는 지속될 수 없다. 친밀감이 발전할수록 투사의 어두운 면이 드러난다. 그림자가 모습을 드러내면 관계를 심화하는 작업이 시작된다. 결핍 에너지에는 대립하는 것을 끌어당기는 속성이 내재한다. 그러나 실제로 끌리는 것은 반대가 아니라 극성이라는 연속선의 다른 쪽 끝에 있는 보상 에너지다. 거기에 있는 점성학적 이미지들은 두 사람 간의 불균형한 스펙트럼과 그것이 관계에서 받아들여지는 방식을 조망해 보여 준다. 긴밀한 유대와 친밀한 관계는 그 결핍을 일깨우면서 강렬한 끌림을 일으킨다. 그런데 그 결핍이 무의식 상태로 남아 있으면 거부 반응을 일으키기도 한다. 보이드의 지혜는 각 파트너가 자신의 결핍된 부분을 진정으로 인정할 때 비로소 드러난다. 또한 서로의 차이를 인정함으로써 성숙한 관계를 맺을 수 있다.

그러면 천궁도에서 보이드로 간주할 수 있는 몇몇 사항과 그 빈 곳을 채우고자 타인에게 투사하는 방식을 살펴보도록 하자. 자기의 결핍을 채워 주는 타인과 관계를 맺음으로써 우리는 자신의 잃어버린 특성과 관계를 맺을 수 있다. 의지가 되는 친구나 파트너, 친밀한 타인과 함께하는 여정은 우리 안의 결핍을 인식하는 데 큰 도움을 준다. 그 여정을 통해 우리는 관계를 돈독히 할 수 있는 정서적, 심리적 여유를 찾을 수 있다.

천궁도의 보이드

천궁도에서 부족하거나 빠져 있거나 미개발로 남아 있거나 균형이 어긋난 에너지는 다양한 관점으로 고려해 볼 수 있다. 필자는 그것을 보이드라고 부른다. 그러나 영혼의 관점에서 그것은 결핍이 아닌 미개척 자원일 뿐이다. 보이드는 종종 관계의 연금술을 통해 의식으로 회복되기도 한다. 그러면 개인은 한때 접근할 수 없다고 느꼈던 특성을 훨씬 잘 인식하게 된다.

이제 다양한 보이드를 살펴보자. 다시 강조하지만 이것은 천궁도에 나타날 수 있는 취약성을 알아보는 한 방법일 뿐이다. 인간관계가 제각기 다르듯이 분석 또한 다양하다. 그래서 다양한 조합과 패턴이 나올 수 있다. 보이드나 강조된 부분을 너무 융통성 없이 공식화하지 않으면서 명확하게 기록하는 것이 중요하다. 아래에 소개하는 항목은 순위별이 아니다. 관계 분석에서 가장 명백한 보이드는 결핍된 원소나 모드지만, 다른 보이드에도 관심을 기울일 필요가 있다. 또한 어떤 에너지가 두드러지게 강조되어 있는지 고려하는 것도 좋다.

- *없거나 약한 원소.* 점유하는 행성이 없는 원소, 또는 외행성만 있는 경우.

- *없거나 약한 모드.* 점유하는 행성이 없는 모드, 또는 외행성만 있는 경우.

- *취약한 행성; 천궁도에서 척박한 어스펙트를 맺고 있거나, 어떤 지원도 받지 않는 행성.* 판단은 점성가의 재량에 달려 있지만, 일반적으로 에너지의 채널이 거의 없는 행성으로 인식된다. 고전 점성학 관점에서는 포위된 행성(besieged planet)이나 불타는 길(Via Combusta)이 여기 해당한다. 현대 및 심리 점성학 관점에서는 언어스펙트 행성 또는 여러 개의 힘든 어스펙트를 가진 행성으로 볼 수 있다. 행성 에너지는 디트리먼트나 폴 또는 어스펙트나 배치 등에 따라 여러 방식으로 손상될 수 있다.

- *언어스펙트 행성.* 다른 행성과 메이저 어스펙트를 형성하지 않는 행성을 뜻한다. 혼자 동떨어진 언어스펙트 행성은 다른 행성과 연결하는 데 어려움이 있다. 산만하지만 굉장히 창의적일 수도 있다. 궁극적으로 의식적인 표현을 추구한다. 그중 한 방법이 바로 관계다. 파트너의 천궁도를 통해 자신의 언어스펙트 행성 에너지와 접촉할 수 있다.

- *남성성 또는 여성성 별자리에 행성이 부족한 경우.* 물과 흙 등 여성성 별자리에 모든 행성이 있고 불이나 공기 원소 남성성 별자리에는 행성이 없는 경우, 또는 그 반대인 경우다.

- *결핍된 어스펙트.* 컨정션, 어퍼지션, 트라인, 스퀘어, 섹스타일 중 하나가 없는 천궁도.

- *천궁도의 반구가 비어 있는 경우.* 네 가지 가능성이 있다. 지평선 위나 아래에 행성이 없는 경우, 또는 자오선의 동쪽이나 서쪽에 행성이 없는 경우다. 사분면 중 하나에 행성이 없는 경우도 유심히 살핀다.

- *역행 행성의 결핍.* 천궁도에 역행 행성이 없을 때 차트 모양은 보통 번들이나 보울, 또는 달을 핸들로 한 버킷일 수 있다. 행성 역행이 하나만 있는 경우에도 존재감이 강조되어 관계 분석에서 중요한 역할을 할 수도 있다.

- *인터셉트 사인(intercepted signs).* 고대 그리스 점성학에서는 홀 사인(whole sign)을 기반으로 하우스를 구분했다. 따라서 인터셉트와 듀플리케이트 사인은 고전 점성학에 속하지 않는다. 그런데 플래시두스 또는 코치와 같은 사분면 기반(언이퀄 하우스) 시스템을 사용할 때는 입터셉트 사인이 발생할 수 있다는 것을 고려해야 한다. 인터셉트 사인 극성은 독특하다. 특정 하우스 축을 강조함으로써

접근할 수 없는 해당 별자리 극성을 취약하게 만들기 때문이다.

- *비어 있는 하우스.*

보이드가 있더라도 균형을 맞출 수 있다. 관계에서 상대방의 천궁도를 통해 보이드가 채워지면서 보상될 수 있다. 이때 투사나 이상화 또는 융합(enmeshment)이 일어날 가능성이 커지는데, 그 주제를 중심으로 관계 콤플렉스가 심화될 수 있다.

- *우월 원소.* 가장 강조된 원소를 나타낸다. 태양, 달, 달의 디스포지터(달 별자리의 룰러), 내행성, 어센던트, 어센던트 룰러 등을 포함하는 원소다.

- *우월 모드.* 가장 강조된 모드를 나타낸다. 태양, 달, 달의 디스포지터, 내행성, 어센던트, 어센던트 룰러 등을 포함하는 모드다.

- *초집중된 행성 또는 앵글에 걸린 행성.* 강한 행성, 즉 앵글에 있는 행성, 좋은 어스펙트를 맺은 행성, 루미너리와 어스펙트하는 행성 및 천궁도에서 상태가 좋은 행성 등을 암시한다.

- *남성성 또는 여성성 별자리에 여러 행성이 강조된 경우.* 여성성 별자리(물, 흙)나 남성성 별자리(불, 공기) 행성이 없는 상대방의 차트에 균형을 맞춰 준다. 즉, 상대방의 결핍 영역을 보강해 준다.

- *강조된 어스펙트.* 컨정션, 어퍼지션, 트라인, 스퀘어, 섹스타일 등 메이저 어스펙트 중 하나가 강조된 천궁도.

- *강조된 반구.* 두 개 반구 중 한쪽 반구 또는 네 개의 사분면 중 한 분면에 많은 행성이 들어 있는 경우.

- *다섯 개 이상의 역행 행성.* 다섯 개 이상의 역행 행성은 드물다. 우월 행성이 역행하면 태양과 반대 섹터에 있게 되므로, 다섯 개 이상의 역행 행성이 있는 차트는 반구의 한쪽이 강조되거나 시소 차트일 가능성이 크다.

- *듀플리케이트 사인(Duplicated signs).* 사분면에 기반한 하우스 시스템 또는 언이퀄 하우스 시스템을 사용할 때, 종종 한 별자리 극성이 두 개의 하우스 커스프에 걸쳐 반복되는 듀플리케이트 사인 현상이 나타날 수 있다. 그것은 인터셉트 사인의 극성을 보상한다.

- *세 개 이상의 행성이 들어 있는 하우스.* 특정 하우스가 강조될 때 해당 환경은 개인의 인생 경험에서 중요한 역할을 할 수 있다.

다음 표에는 보이드의 요약 설명과 그 결핍을 보완할 수 있는 사항이 제시되어 있다. 이러한 역학 관계는 네이탈 차트뿐만 아니라 관계 분석에서도 강조되는 내용이다.

보이드	보상	차트 예시
없거나 약한 원소	우월 원소	버지니아 울프에게는 물 원소가 없는데. 비타 색빌-웨스트의 우월 원소는 물이다.
없거나 약한 모드	우월 모드	비타의 열등 모드는 버지니아의 우월 모드인 픽스드다.
취약한 행성; 언어스펙트 행성, 어스펙트가 좋지 않거나 도움을 못 받는 행성	초집중된 행성, 앵귤러 행성	휘트니의 화성은 7 하우스 천칭자리에서 디트리먼트하는 반면, 바비의 화성은 10 하우스 전갈자리에서 도머사일한다.
남성성 또는 여성성 별자리에 행성이 거의 없는 경우	남성성 또는 여성성 별자리에 행성이 많은 경우	음악가 커트 코베인의 차트에서는 모든 행성이 여성성 별자리에 위치한다. 그의 아내 커트니 러브의 금성은 남성성 별자리인 쌍둥이자리에서 역행하면서 코베인의 MC에 컨정션한다.
결핍된 어스펙트	강조된 어스펙트	버지니아의 차트에는 어퍼지션이 없다. 비타는 천왕성-금성 어퍼지션, 토성과 어퍼지션하는 물고기자리 태양, 수성, 목성 스텔리움을 가지고 있다.
비어 있는 반구 또는 사분면	강조된 반구 또는 사분면	바비 브라운은 제2사분면과 7 하우스에 행성이 없다. 휘트니 차트에는 2사분면에 태양을 포함한 3개의 행성이 있고, 7 하우스에만 3개 행성이 있다.
역행 행성의 결핍 또는 역행 행성이 하나만 있는 경우	4개 이상의 역행 행성	찰스는 단 하나의 역행 행성을 가지고 있다. (쌍둥이자리 천왕성) 다이애나는 카이런을 포함해 총 5개의 역행 행성을 가지고 있다.

| 입터셉트 사인 | 듀플리케이트 사인 | 다이애나는 사자자리-물병자리 인터셉트와 사수자리-쌍둥이자리 듀플리케이트 축이 있다.
찰스는 사자자리-물병자리 듀플리케이트와 사수자리-쌍둥이자리 인터셉트 축이 있다. |
| 비어 있는 하우스 | 세 개 이상의 행성이 들어 있는 하우스 | 안젤리나의 2 하우스에는 행성이 없다.
브래드의 2 하우스에는 4개 행성이 있다. |

두 개로 분할된 에너지

각 차트에는 필자가 분할이라고 부르는 것이 있다. 필자는 각 천궁도마다 서로 충돌하고 싸우는 강력한 두 에너지 복합체의 잠재적인 단층선이 '분할'로서 존재한다고 생각한다. 갈등하는 양측은 본질적으로 서로 타협이 힘들어서 한쪽이 더 지배적으로 될 수 있다. 분할은 관계에서 취약해질 수 있다. 파트너가 콤플렉스의 한쪽만을 발현하거나 선호하면서 다른 한쪽을 희생시킬 수 있기 때문이다. 그렇지만 우리는 관계를 통해 편을 갈라 싸우는 자신의 양면을 식별하고 그것에 접촉할 수 있다.

버지니아 울프의 천궁도에서는 물 원소의 결핍이 두드러진다. 행성들로 꽉 찬 12 하우스 역시 눈에 띈다. 그녀에게 황폐와 상실의 12 하우스는 평생에 감당하기 어려운 영역이었다. 버지니아의 천궁도에는 눈에 띄는 분할이 있다. 물 원소의 부재와 12 하우스의 강력한 존재감은 MC 물병자리 태양과 10 하우스 물병자리 수성이 상징하는 활기찬 지성과 세속적인 존재감과 상충한다. 지적인 외부 세계와 정서적인 내부 세계 사이의 분할은 그녀의 천궁도에 확실하게 드러나 있다. 이는 지적인 사교계 삶과 절망과 우울로 가득한 사적인 삶 사이의 분열로 얼룩진 그녀의 인생을 반영한다.

비타 색빌-웨스트의 태양과 달을 포함한 5개 물 원소 행성은 아마도 버지니아에게 감정적 닻을 제공해 주었을 것이다. 그러나 외적 세계에서 버지니아를 사로잡은 것은 비타의 귀족 가문 배경과 능란한 사교술과 긍정적인 삶의 자세였다. 비타의 물고기자리 태양, 수성, 목성 스텔리움은 화성, 토성과 티-스퀘어를 맺고 있다. 이상주의, 창의성, 유연성을 상징하는 물고기자리 행성들과 현실, 규율, 조심성을 상징하는 화성-토성 사이에 분열이 발생한다. 아마도 비타는 그 조합을 버지니아에게서도 보았을 것이다. 이렇듯 각 파트너의 분할은 관계를 통해 상호 작용 하기도 한다.

없거나 약한 원소

점성학자 리차드 이데몬은 차트에서 개인의 관계를 살펴볼 때 가장 먼저 어떤 기능이 빠져 있는지 찾는다고 말했다. 여기서 그가 말하는 '빠진 기능'이란 음양, 사원소, 세 모드, 개인적인 별자리(양자리, 황소자리, 쌍둥이자리, 게자리), 대인 관계 별자리(사자자리, 처녀자리, 천칭자리, 전갈자리), 자아 초월 별자리(사수자리, 염소자리, 물병자리, 물고기자리) 중 행성이 현저히 부족한 영역을 의미한다. 이데몬은 이 빠진 기능이 타인에게 투사되기 쉽다고 확신했다.

자신에게 부족하거나 미개발된 부분을 타인에게서 발견할 때 우리는 흔히 끌림을 느낀다. 결핍된 원소는 본능적으로 그 결핍 에너지에 끌리기 마련이다. 그러나 결핍 원소나 결핍 기능이 계속 투사되면 그 특성을 주제로 한 패턴이나 문제가 발생할 수 있다. 예를 들어 파트너의 넘치는 열정과 즉흥성은 상대의 결핍된 불 원소를 따뜻하게 지펴 줄 수 있다. 처음에 상대는 불 원소 파트너에게서 영감을 얻을 수 있지만, 곧 그의 무책임함과 불규칙한 일상에 좌절하고 만다. 흙이 부족한 사람은 헌신적이고 자기 관리를 잘하는 노력파 상대에게 열광할 것이다. 그러나 얼마 안 있어 세부적인 것에 지나치게 몰두하는 그들의 외골수적인 성격에 지쳐 버릴지도 모른다. 공기가 부족한 사람은 재치 있게 대화를 이끌어 가는 사회적인 유형에게 끌리지만, 막상 그들과 함께하면 긴장과 불안감을 느낄 것이다. 물 원소가 결핍된 사람은 다정다감하고 감정 표현을 잘하는 상대에게 끌린다. 그러나 곧 그 파트너의 변덕스러운 기분과 감정적인 요구에 압도될 것이다. 만일 서로가 기질적 차이를 인식하지 못한다면 자신의 결핍을 가지고 끊임없이 상대방을 비난할 것이다. 그러므로 차트에 없거나 약한 원소가 있는지 확인하는 것이 좋다.

원소 중요도를 확인할 때 다음 사항을 고려해 볼 수 있다.

• 불이 부족하면 불 원소 별자리에 행성을 많이 가진 사람이나 태양, 화성, 목성 등 불 성향의 행성이 강한 상대를 통해 불의 정신을 인식하는 경향이 있다. 생명의 하우스(1, 5, 9)에 있는 행성 및 그 룰러가 상대방 차트와 두드러진 어스펙트를 맺거나 그 차트의 앵글 위에 자리할 수도 있다.

- 흙이 부족하면 흙 원소 별자리 또는 물질의 하우스(2, 6, 10)에 행성이 많은 상대를 통해 흙을 지각하는 경향이 있다. 수성, 금성, 토성 등 흙 성향 행성이 상대방 차트와 두드러진 어스펙트를 맺거나 그 차트의 앵글 위에 자리할 수도 있다.

- 공기가 부족하면 공기 원소 별자리 또는 관계의 하우스(3, 7, 11)에 행성이 많은 상대를 통해 공기의 정신을 인식하는 경향이 있다. 수성, 금성, 천왕성 등 공기 성향이 강한 행성이 상대방 차트와 두드러진 어스펙트를 맺거나 그 차트의 앵글 위에 자리할 수도 있다.

- 물이 부족하면 물 원소 별자리 또는 종결의 하우스(4, 8, 12)에 행성이 많은 상대를 통해 물을 민감하게 느끼게 된다. 달, 해왕성, 명왕성 등 물 성향이 강한 행성이 상대방 차트와 두드러진 어스펙트를 맺거나 그 차트의 앵글 위에 자리할 수도 있다.

예를 들어 브래드 피트의 천궁도에서는 흙 원소가 압도적으로 눈에 띈다. 2 하우스에 염소자리 달, 금성, 수성 컨정션이 있다. 거기에 화성과 사우스 노드의 컨정션까지 더해져 염소자리 스텔리움이 완성된다. MC는 처녀자리인데, 1963년생인 그의 천왕성과 명왕성 역시 처녀자리에 있다. 따라서 그의 차트에서는 흙이 가장 지배적인 원소라 할 수 있다. 흙 원소 별자리를 지배하는 수성과 금성 역시 2 하우스 염소자리다. 수성, 금성의 디스포지터 행성인 토성 역시 2 하우스 물병자리에서 룰러십을 얻는다.

안젤리나 졸리의 천궁도에서 흙 원소는 현저하게 결핍되어 있다. 흙 원소 별자리에 행성이 전혀 없다. 다만 관계 투사가 일어나는 점성학의 '핫스팟' 디센던트 앵글만 유일하게 흙이다. 브래드의 첫 결혼 상대였던 제니퍼 애니스톤의 천궁도에도 흙이 없었다. 애니스톤의 차트에서 유일한 흙 원소 행성은 세대를 아우르는 명왕성뿐이었다. 그녀의 유일한 흙 원소 앵글은 염소자리 27°19' IC인데, 아이러니하게도 안젤리나의 ♑28°53' 디센던트에서 단 1도 떨어져 있다. 그리고 두 앵글 모두 브래드의 달-금성과 컨정선한다.

	불	흙	공기	물	카디널	픽스드	뮤터블
브래드	19	25	5	1	30	6	14
안젤리나	23		15	12	36		14
제니퍼	20	1	23	6	22	19	9

피트의 태양과 어센던트는 사수자리다. 이 조합은 모험심 강하고 사교적인 다가가기 편안한 성격을 말해 준다. 그의 천궁도에서 가장 풍부한 원소는 흙이다. 흙 원소는 그가 맺은 두 관계에서 매력의 척도라 할 수 있다. 그런데 동시에 파트너의 보이드이기도 하므로 골치 아픈 주제가 될 수 있다. 따라서 필자는 이 주제를 중심으로 그것이 관계에서 작용하는 방식을 다루려 한다.

우리는 자신에게 없는 원소에 본능적으로 끌리지만 동시에 어려움을 느끼기도 한다. 풍부한 흙 원소 특유의 안정적인 성격을 가진 피트는 자연스럽게 즉흥적인 불에 이끌릴 것이다. 제니퍼와 안젤리나 모두 불 원소 달을 가지고 있다. 불과 흙은 서로 관계를 맺을 수 있을까? 흙 성향의 피트가 불 성향의 졸리에게 자석처럼 끌렸듯이 졸리 역시 그에게서 엄청난 매력을 느꼈을 것이다. 그렇다면 관계라는 가마솥에서 두 사람은 기질적 차이를 잘 단련해 헤쳐 나갈 수 있을까? 각 원소가 가진 다양하고 상충하는 욕망을 이해하기 위해서는 두 사람 모두 의식적인 노력을 기울여야 한다. 두 사람이 의식적으로 협동할 때 관계는 연금술의 그릇이 되어 각자가 결핍으로 느끼는 것을 파트너십의 기반 요소로 변형할 수 있다.

없거나 약한 모드

천궁도에서 카디널, 픽스드, 뮤터블 세 개 모드 중 하나가 약하거나 없는 경우에도 관계의 취약점이 될 수 있다. 파트너에게 존재하는 그 속성에 매력을 느끼지만 자기 안에서는 미개발 상태로 남을 수 있다. 그런데 만약 파트너의 천궁도에도 같은 모드가 결핍되어 있으면 그 또한 주의 깊게 살펴야 한다. 두 파트너 모두 같은 요소가 결핍되어 있다면 그 측면이 표출되거나 행동화로 나타나거나 또는 그것을 다룰 때 관계에서 일어나는 반응을 주의 깊게 인식하는 것이 좋다. 때로는 그 결핍으로 인해 관계가 양극화로 치달을 수 있다. 어쩌면 둘 중 한 사람만이 커플을 압박하고 분리하는 그 결핍 부분에 계속해서 책임감을 느끼고 주의를 기울일지도 모른다. 그러나 역동적인 관계에서는 두 사람 모두가 결핍 부분에 공동 책임을 지는 것이 바람직하다. 만약 계속해서 한쪽 파트너의 어깨에만 책임이 부과된다면 관계에 무거운 부담이 될 것이다.

브래드 피트의 차트에서는 다른 모드에 비해 픽스드 모드가 부족하다. 유일한 픽스드 모드라고는 물병자리 토성과 그 토성과 스퀘어인 전갈자리 해왕성뿐이다. 마찬가지로 안젤리나 졸리의 차트에서도 픽스드 모드가 부족하다. 두 사람의 차트 비교를 하며 다음과 같은 질문을 해 볼 수 있다. 과연 이 커플은 관계에서 초점과 일관성을 유지하면서 어려운 문제를 해결하고자 노력할 수 있을까? 두 사람 차트에서는 모두 카디널 모드가 고도로 발달해 있다. 따라서 두 사람은 모두 결과를 생각하기 전에 행동으로 개시하고 변화를 추구하면서 일의 시작에 힘을 쏟을 것이다. 반면 어려운 과정을 인내하고 완수하려는 경향은 부족할 것이다.

취약한 행성

시너스트리 차트를 보면 한 사람의 차트에서 미개발된 행성이나 취약한 행성이 상징하는 특징이 관계에서 굉장한 매력 요소로 작용하는 것을 알 수 있다. 신비한 것은 매혹적이다. 여기서 취약한 행성이란 언어스펙트이거나 어스펙트가 너무 많은 행성, 디트리먼트나 폴 디그니티를 가진 행성, 8 하우스나 12 하우스에 숨겨진 행성, 차트 내 싱글톤 원소 행성 또는 유일한 역행 행성 및 기타 등등을 말한다. 취약한 행성은 또한 관계에서 불거질 수 있는 민감한 문제와 주제를 상징하기도 한다. 통합되지 않은 행성은 엄청난 잠재성을 가지고 있지만 그 패턴은 무의식에 남아 있다. 서로를 지지하는 관계는 그 무의식적 에너지를 삶의 일부로 통합하는 데 도움을 줄 수 있다. 그러므로 만약 취약한 행성이 있다면 그 원형이 관계에서 어떻게 표현될 수 있는지 곰곰이 생각해 보는 것이 좋다.

휘트니 휴스턴 차트의 화성을 예로 들어 보자. 그녀의 화성은 천칭자리와 7 하우스 두 곳에서 모두 디트리먼트한다. 어스펙트는 금성과 섹스타일, 달과 느슨한 어퍼지션이 전부다. 따라서 강력한 도움을 받지 못하는 이 화성은 개인주의보다 관계를 중시하게 된다. 반면에 휘트니의 파트너 바비 브라운의 화성은 10 하우스 전갈자리에서 룰러십을 얻는다. MC의 룰러이면서 동시에 MC에 컨정션된 행성이기도 하다. 앵글 위에 자리한 강력한 화성은 개인적인 야망에 고도로 집중될 것이다. 이렇듯 두 사람의 화성은 그 힘의 차이가 심하기 때문에 관계에서 화성 원형이 어떻게 드러나는지 주의 깊게 살펴보는 것이 좋다.

초집중된 행성

천궁도에서 눈에 띄는 행성은 자석처럼 매력적일 수 있다. 한편 상대방은 그 행성을 민감하고 압도적으로 느낄 것이다. 초집중된 행성이란 앵글에 걸린 행성, 반구의 유일한 행성, 버킷 차트의 핸들 행성, 또는 차트에서 유일한 원소거나 모드인 행성일 수 있다. 유일한 역행 행성이나 언어스펙트 행성일 경우에도 관계의 어떤 영역에서 민감하거나 어색하게 표현될 수 있다.

결핍 또는 강조된 어스펙트

특정 어스펙트가 결여되어 있다면 그 어스펙트의 낯선 적응 방식에

홍미와 매력을 느낄 수 있다. 예를 들어 피트와 졸리는 모두 강력한 스텔리움을 가지고 있다. 따라서 그들은 아마 매우 주관적이면서 높은 동기 부여 능력과 집중력을 보일 것이다. 졸리의 천궁도에서는 어퍼지션이 두드러지는데, 특히 태양과 달의 어퍼지션이 강조되어 있다. 두 사람 중에서는 아마 졸리가 좀 더 객관성을 보일 것이다. 그것은 두 사람의 의사 결정 패턴에도 영향을 줄 수 있다. 피트는 본능적이고 주관적인 한편, 졸리는 선입견 없는 객관적인 역할을 할 가능성이 크다.

버지니아 울프의 천궁도에는 행성의 어퍼지션 어스펙트가 없다. 카이런을 비롯한 다섯 개 행성이 12 하우스에 있는 것을 미루어 다소 주관적인 접근 방식을 예상할 수 있다. 반면 비타는 물고기자리 세 행성이 토성과 어퍼지션하는 구조라서 물고기자리 영역을 좀 더 객관적으로 조망할 수 있다.

차트에서 강조된 반구

천궁도 동반구에 모든 행성이 몰려 있는 사람은 서반구에 행성 대부분을 가진 상대에게서 보완되는 느낌을 받는 경향이 있다. 동반구에 행성들이 몰린 개인은 집중력이 있고 스스로 동기를 부여하지만, 서반구가 강조된 개인은 타인 지향적이며 다른 사람을 배려하고 타협하는 데 익숙하다. 지평선 아래에 행성이 많은 개인은 지평선 위에 행성이 많은 사람에게서 자연스럽게 상호 보완 되는 느낌을 받는다. 지평선 아래가 상징하는 주관성과 지평선 위가 상징하는 객관성이 서로 만나기 때문이다.

역행 행성의 결핍

역행은 순행 행성과 다른 과정과 방향성을 시사한다. 역행 행성이 없는 개인은 역행 행성이 많은 사람에게 끌릴 수 있다. 이것은 자연스러운 매력 현상이다. 하지만 이것은 관계에 양극화를 불러올 수도 있다. 한 파트너가 자기를 내세우며 전진할 때 다른 파트너는 뒤로 물러나 심사숙고하는 식으로 말이다. 어쩌면 문제를 해결하고 상황을 여러모로 고려하는 데는 상당히 긍정적으로 작동할 수도 있다. 그러나 정착하지도 전진하지도 못하면서 관계가 정체되고 고착될 가능성이 있다.

하나의 역행 행성은 천궁도의 싱글톤이다. 우리는 관계를 통해 그 에너지를 마주하고 이해할 필요가 있다. 안젤리나 졸리의 천궁도에서 역행하는 유일한 개인 행성은 수성뿐이다. 그녀의 수성은 브래드 피트의 태양과 정확히 어퍼지션하면서 그의 7 하우스에 들어간다. 피트의 차트에는 역행하는 개인 행성이 없지만, 졸리와 마찬가지로 천왕성과 명왕성이 역행이다.

역행 행성이 없는 천궁도의 또 다른 예로 빌 클린턴을 들 수 있다. 그의 아내 힐러리는 두 개의 역행 행성을 가지고 있는데, 그중 하나인 ♏21° 수성은 빌의 ☉20° 달과 어퍼지션, ♌26° 태양과 스퀘어한다. 스캔들의 주인공 모니카 르윈스키에게는 세 개의 역행 행성이 있다. 그중 ♒8° 목성은 빌의 사자자리 토성, 수성, 명왕성 스텔리움과 어퍼지션한다. 역행 행성이 없는 빌은 자기 천궁도의 중요한 부분에 어스펙트하는 두 여성의 역행 행성에 취약해질 수밖에 없었을 것이다.

인터셉션 및 듀플리케이션

인터셉트 사인은 의식적으로 접근하기 어려운 에너지다. 그러므로 관계에서 더욱 취약해지면서 타인을 통해 표현될 가능성이 크다. 인터셉트 사인이 있으면 자연스럽게 다른 하우스 커스프에 듀플리케이트 사인이 생긴다. 두 하우스에 걸쳐 극성을 이룬 듀플리케이트 사인은 커스프가 아예 없는 인터셉트 사인보다 훨씬 더 발달할 것이다. 찰스와 다이애나의 관계가 대표적인 예다.

두 사람의 예는 이미 앞서 설명한 바 있다. 한 사람의 인터셉션이 상대방의 듀플리케이션이 되는 경우다. 흥미로운 점은 서로의 인터셉션이 상대방의 차트에서 관계 주제의 가장 중요한 축인 어센던트-디센던트 축이 된다는 점이다.

다음의 워크시트 표에는 브래드와 안젤리나의 천궁도를 예시로 점성학적 결핍과 자원이 정리되어 있다. 부록에 수록된 이 워크시트는 네이탈 차트를 비교할 때 유용하게 사용할 수 있다.

차트 A: 안젤리나 졸리   차트 B: 브래드 피트

차트 내 결핍/강조 요소	차트 A 안젤리나	차트 B 브래드	코멘트
원소: 불	☽♂♃⚷♆MC	☉♃ASC	브래드의 태양은 안젤리나의 풍부한 불 원소와 동질감을 느낀다.
원소: 흙	흙 원소 결핍	☽☿♀♂♅♇MC	안젤리나의 흙 원소 결핍은 브래드의 풍부한 흙 원소로 보완된다.
원소: 공기	☉♀♅♇	♄	브래드의 결핍된 공기 원소는 안젤리나의 공기 행성으로 충족된다.
원소: 물	♀♄ASC	⚷♆	브래드의 게자리 버텍스는 안젤리나의 어센던트와 컨정션한다.
모드: 카디널	☽♀♂♃♄⚷♅♇ ASC MC	☽☿♀♂♃	두 사람 모두 열의와 열정이 가득한 카디널 행성이 많다. 그러나 그 열정적인 에너지를 뿌리내리고 안정시키는 고정성은 거의 없다.
모드: 픽스드	픽스드 결핍	♄♆	
모드: 뮤터블	☉♀♆	☉⚷♅♇ ASC MC	안젤리나의 태양은 브래드의 천왕성-명왕성 컨정션에 스퀘어한다.
취약한 행성			
앵글에 걸린 행성	♀ 라이징; ☽♂♃ 미드헤븐		안젤리나의 강력한 앵귤러 행성들은 브래드의 행성들과 역동적으로 어스펙트한다.
어스펙트 패턴	☽♂♃ 양자리 스텔리움♂MC; ♀⚷♅ 카디널 티스퀘어	☽☿♀♂ 염소자리 스텔리움	두 사람 모두 카디널에 달과 화성을 포함한 스텔리움이 있다. 안젤리나의 화성과 브래드의 화성은 정확히 스퀘어한다. 이는 서로 다른 방향성을 시사한다.

강조된 하우스	1, 2, 6, 7, 8 하우스 비어 있음; 9 하우스 스텔리움	태양 화성 1 하우스; 2 하우스 스텔리움	브래드의 차트는 2 하우스가 강조되어 있지만, 안젤리나는 그곳에 행성이 없다.
강조된 반구	지평선 위 제3,4분면 강조	지평선 아래 제1분면 강조	안젤리나와 달리 브래드 차트에서는 자기를 상징하는 제1분면이 매우 강조되어 있다.
역행 행성	♀ ♅ ♃ ♀	♅ ♀	안젤리나만 유일하게 역행하는 개인 행성을 가지고 있다.
달 주기	하현달	신월	숙고 vs 투사
인터셉션, 듀플 리케이션	없음	없음	
기타 고려 사항	안젤리나의 모든 개인 행성은 지평선 위에 위치한다. 세 외행성만 아래에 있다.	브래드의 모든 개인 행성은 지평선 아래에 위치한다. 세 외행성만 위에 있다.	각 파트너가 서로를 보완하는 흥미로운 대칭 구조다. 안젤리나가 브래드보다 좀 더 외부의 '낮 세계'를 의식할 가능성이 크다.

부록

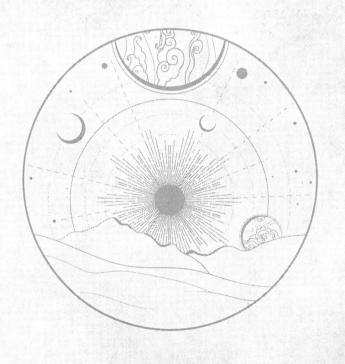

부록 1. 금성 및 화성에 대한 어스펙트(4장)

	금성 (별자리와 하우스)	금성에 대한 어스펙트	비고
휘트니 휴스턴	♌11°12' 6 하우스	☌☉ △☽ ✶♂ ☍♄ □♆	휘트니의 금성-태양은 토성과 어퍼지션, 해왕성과 스퀘어로서 서로 T-스퀘어를 이룬 다. 이는 그녀의 개인적인 꿈과 현실적인 자존 감 사이의 팽팽한 줄다리기를 시사한다. 휘트니의 금성-태양은 토성과 어퍼지션인데, 바비의 태양이 그녀의 토성에 컨정션한다. 따라서 비판적인 내면의 목소리가 메아리처럼 되풀이될 수 있다.
바비 브라운	♈3°04' 2 하우스	✶☿ ☍♃ ☌⚷ ☍♅ △♆ ☍♀ ☌☊	바비의 금성은 노스 노드와 카이런과 컨정션이다. 그리고 목성과 천왕성에 어퍼지션인데, 이 두 행성은 휘트니의 화성과 컨정션하면서 두 사람 사이에 강렬한 끌림을 자극한다. 동시에 바비의 상충하는 자존감 이슈를 표면으로 가져온다. 관계 점성학 측면에서 각 개인의 자존감 콤플렉스가 상대방에 의해 강조되고 있다.
브래드 피트	♑23°28' 2 하우스	☌☽ ☌☿	안젤리나의 금성은 카이런, 천왕성과 T-스퀘어를 이룬다. 그녀는 권리를 박탈당한 사람들과 여성 인권 을 강력하게 지지하고 나섰다. 이는 그녀의 자 기 가치에 대한 힘든 도전을 반영하기도 한다.
안젤리나 졸리	♋28°09' 12 하우스 ASC 컨정션	□⚷ □♅ △☊	브래드의 염소자리 스텔리움 금성은 그녀의 어센던트 및 금성과 어퍼지션하는데, 어쩌면 안젤리나의 변덕스러운 금성 어스펙트에 안정감을 제공해 줄 수 있을 것이다.

	화성 (별자리와 하우스)	화성에 대한 어스펙트	비고
휘트니 휴스턴	♎8°29' 7 하우스	☍☽ ⚹♀	컴퍼짓 차트의 금성은 IC에 컨정션하긴 하지만, 정의된 오브를 사용할 때 언어스펙트가 된다. 컴퍼짓 화성은 디트리먼트인 천칭자리에 위치하며 맺고 있는 어스펙트가 거의 없다. 휘트니의 차트에서 화성 역시 천칭자리로서 7 하우스 안에 있다. 한편, 바비의 전갈자리 화성은 룰러십을 얻으면서 휘트니의 태양☌금성☍토성에 스퀘어한다.
바비 브라운	♏20°24' 10 하우스	□☉ ⚹☽ ☌♆ ⚹♀	
브래드 피트	♑10°01' 1 하우스	☌☿ □♃ △♅ △♀ ☌☋	브래드와 안젤리나의 화성은 서로 스퀘어이기 때문에 각자의 차트에서 화성이 어스펙트하는 행성들까지 합치면 제4의 하모닉을 반복하게 될 것이다. 흥미롭게도 그들의 금성 또한 서로 어퍼지션인데, 컴퍼짓 차트에서 금성과 화성은 트라인이다. 각 파트너의 화성은 네이탈 차트에서 강한 어스펙트를 맺고 있다. 그러므로 두 사람 모두 독립적이고 단도직입적이며 집중력이 강한 성격일 것이다. 브래드의 화성은 수성, 목성과 어스펙트가 있어서 아이디어와 비전에 도전을 받을 것이다. 한편 두 루미나리 행성과 어스펙트를 맺는 안젤리나의 화성은 가족 및 개인 영역에서 경쟁을 벌일 것이다.
안젤리나 졸리	♈10°42' 9 하우스	⚹☉ ☌☽ ☌♃ □♄ △♆ ☍♀	

부록 2. 기질과 관련된 요소(13장)

원소	특질	기질		계절	달 주기
불	뜨겁고 건조한	황담즙	담즙질	여름	상현달에서 보름달까지
흙	차갑고 건조한	흑담즙	우울질	가을	보름달에서 하현달까지
공기	뜨겁고 습한	혈액	다혈질	봄	신월에서 상현달까지
물	차갑고 습한	점액	점액질	겨울	하현달에서 그믐까지

원소	플라토닉 유형	연금술의 단계	타로 수트	심리적 유형
불	상상력	연소	완드	직관
흙	실증	응고	펜타클	감각
공기	지성	상승	소드	사고
물	의견	용해	컵	감정

원소에 대한 고찰

원소에 비중을 두면 다양한 요인을 고려해 볼 수 있다. 예를 들어 행성 불균형을 결정하는 데 원소 가중치를 사용할 수 있다. 그뿐만 아니라 우리의 인생 경험이 어떻게 형성되고 태생적인 기질이 어떻게 변화했는지 고찰해 볼 수도 있다. 또한 행성과 하우스를 기질적 측면에서 고려해 볼 수도 있다.

행성 역시 원소와 연관될 수 있다. 예를 들어 모든 행성은 다음과 같이 원소의 시각으로 바라볼 수 있다.

태양	불
달	물
수성	공기(부차적으로 흙)
금성	공기, 흙
화성	불
목성	불
토성	흙
천왕성	공기
해왕성	물
명왕성	물

화성은 불과 같다. 화성이 불 원소 별자리에 놓이면 그 불은 더욱 커진다. 천왕성은 공기와 같다. 수성 등 다른 공기 행성과 어스펙트를 맺으면 차트에 공기 원소가 가중될 것이다. 행성 조합은 천궁도에 원소의 영향을 추가한다. 점성학적 요소들은 다양한 조합이 가능하다. 따라서 각 천궁도 내 원소의 강약을 확고하게 진단하기에 앞서 숙련된 점성가의 평가가 필요하다.

천궁도의 하우스 또한 원소로 분류될 수 있다. 또한 원소 삼조의 관점에서 하우스를 고려해 볼 수 있다. 예를 들어 1, 5, 9 하우스는 불, 2, 6, 10 하우스는 흙, 3, 7, 11 하우스는 공기, 4, 8, 12 하우스는 물이다.

점성학 전통을 통틀어 기질에 대한 다양한 견해와 교류가 존재해 왔다. 점성학에서 기질이란 고정된 규칙이 아닌 사유 방식이라 할 수 있다.

기질 워크시트

이름 _____

행성 및 영급	별자리	점수	원소				모드		
			불 (양)	흙 (음)	공기 (양)	물 (음)	카디널	픽스드	뮤터블
어센던트		4							
어센던트 룰러		4							
달		8							
달 별자리의 룰러		2							
태양		8							
수성		5							
금성		5							
화성		5							
목성		3							
토성		3							
천왕성		1							
해왕성		1							
명왕성		1							
		50							

총합: 불 + 흙 + 공기 + 물 + 카디널 + 픽스드 + 뮤터블 = 100

기질 워크시트

이름: 브래드 피트

행성 및 앵글	별자리	점수	원소				모드		
			불 (양)	흙 (음)	공기 (양)	물 (음)	카디널	픽스드	부터블
어센던트	♐	4	4				4		4
어센던트 룰러	♈	4	4				4		
달	♑	8		8			8		
달 별자리의 룰러	♒	2			2			2	
태양	♐	8	8						8
수성	♑	5		5			5		
금성	♑	5		5			5		
화성	♑	5		5			5		
목성	♈	3	3				3		
토성	♒	3			3			3	
천왕성	♍	1		1					1
해왕성	♏	1				1		1	
명왕성	♍	1		1					1
		50	19	25	5	1	30	6	14

기질 워크시트

이름: 안젤리나 졸리

행성 및 영향	별자리	점수	원소				모드		
			흙 (양)	흙 (음)	공기 (양)	물 (음)	카디널	픽스드	부동적
어센던트	⊙	4				4	4		
어센던트 룰러	♈	4	4				4		
달	♈	8	8				8		
달 별자리의 룰러	♈	2	2				2		
태양	Ⅱ	8			8				8
수성	Ⅱ	5			5				5
금성	⊙	5				5	5		
화성	♈	5	5				5		
목성	♈	3	3				3		
토성	⊙	3				3	3		
천왕성	♌	1	1				1		
해왕성	♐	1			1				1
명왕성	♎	1			1		1		
		50	23		15	12	36		14

기질 워크시트

이름: 버지니아 울프

행성 및 행각	별자리	점수	원소				모드		
			불(양)	흙(음)	공기(양)	물(음)	카디널	픽스드	뮤터블
어센던트	♊	4			4				4
어센던트 룰러	♒	4			4			4	
달	♈	8	8				8		
달 별자리의 룰러	♊	2			2				2
태양	♒	8			8			8	
수성	♒	5			5			5	
금성	♑	5		5			5		
화성	♊	5			5				5
목성	♉	3		3				3	
토성	♉	3		3				3	
천왕성	♍	1		1					1
해왕성	♉	1		1				1	
명왕성	♉	1		1				1	
		50	8	14	28		13	25	12

기질 워크시트

이름: 비타 색빌-웨스트

행성 및 각 유형	행성표기	수용	불(양)	흙(음)	흙(양)	공기(음)	물(양)	카디널	픽스드	뮤터블	합계
어센던트 행성	♌	4		4				4			
어센던트 행성 주인	♍	4		4						4	4
달	♋	8					8	8			
달 지배자의 별자리	♋	2				2		2			
태양	♏	8					8			8	8
수성	♏	5	5							5	5
금성	♐	5	5					5			
화성	♑	5					5			5	5
목성	♏	3					3			3	3
토성	♏	3					3			3	3
천왕성	♈	1		1					1		
해왕성	♉	1		1						1	1
명왕성	♉	1		1						1	1
		50	10	11		2	27	19	1	30	30

	불	흙	공기	물	카디널	픽스드	뮤터블
브래드	19	25	5	1	30	6	14
안젤리나	23	0	15	12	36	0	14
특징	브래드는 카디널 흙 = 염소자리 안젤리나는 카디널 불 = 양자리						

	불	흙	공기	물	카디널	픽스드	뮤터블
버지니아	8	14	28	0	13	25	12
비타	10	11	2	27	19	1	30
특징	버지니아는 픽스드 공기 = 물병자리 비타는 뮤터블 물 = 물고기자리						

부록 5. 시너스트리 워크시트: 네이탈 차트 평가표-
점성학적 결핍과 자원(14장)

차트 A: _____ 차트 B: _____

천궁도 결핍/강조	차트 A	차트 B	비고
원소: 불			
원소: 흙			
원소: 공기			
원소: 물			
모드: 카디널			
모드: 픽스드			
모드: 뮤터블			
취약한 행성			
앵귤러 행성			
어스펙트 패턴			
강조된 하우스			
강조된 반구			
역행 행성			
달 주기			
인터셉션/ 듀플리케이션			
기타 고려 사항			

부록 6. 본서에서 사용한 생일 정보

휘트니 휴스턴	1963년 8월 9일 오후 8시 55분 EDT 미국 뉴저지주 뉴어크	출생증명서 4장
바비 브라운	1969년 2월 5일 오전 5시 21분 EST 미국 매사추세츠주 보스턴	출생증명서 4장
안젤리나 졸리	1975년 6월 4일 오전 9시 9분 PDT 미국 캘리포니아주 로스앤젤레스	출생증명서 4장
브래드 피트	1963년 12월 18일 오전 6시 31분 CST 미국 오클라호마주 쇼니	기억 4장
재닛 (내담자)	1944년 10월 25일 오후 4시 45분 AWST 호주 웨스턴오스트레일리아주 퍼스	병원 기록 9장
엘라 피츠제럴드	1917년 4월 25일 오후 12시 30분 EST 미국 버지니아주 뉴포트뉴스	출생증명서 11장
마릴린 먼로	1926년 6월 1일 오전 9시 30분 PST 미국 캘리포니아주 로스앤젤레스	출생증명서 11장
프레드 아스테어	1899년 5월 10일 오후 9시 16분 CST 미국 네브래스카주 오마하	출생증명서 11장
진저 로저스	1911년 7월 16일 오전 2시 18분 CST 미국 미주리주 인디펜던스	출생증명서 11장
지그문트 프로이트	1856년 5월 6일 오후 6시 30분 -0.57.44 모라비아 프라이베르크 (체코 공화국/현재의 프리보르)	가족용 성경 11장
칼 융	1875년 7월 26일 오후 7시 32분 LST -0.29.44 스위스 케스빌	자녀 그레트 바우만의 진술 11장
다이애나 왕세자비	1961년 7월 1일 오후 7시 45분 GDT 영국 샌드링엄	여왕의 언론 담당 비서 찰스 하비의 진술 12장
찰스 왕세자	1948년 11월 14일 오후 9시 14분 GMT 영국 버킹엄 궁전	뉴스 보도

아키히토 일본 황제	1933년 12월 23일 오전 6시 39분 JST 일본 도쿄	점성가 Sy Scholfield의 신문 기사 중 12장
미치코 일본 황후	1934년 10월 20일 오전 7시 43분 JST 일본 도쿄	일본 점성학 협회 12장
버지니아 울프	1882년 1월 25일 오후 12시 15분 GMT 영국 런던	프란시스 맥어보이(친구) 13장
비타 색빌-웨스트	1892년 3월 9일 오전 4시 15분 GMT 영국 놀	어머니의 일기 13장
커트 코베인	1967년 2월 20일 오후 7시 38분 PST 미국 워싱턴주 애버딘	출생증명서 14장
커트니 러브	1964년 7월 9일 오후 2시 8분 PDT 미국 캘리포니아주 샌프란시스코	출생증명서 14장

Arroyo, Stephen. *Relationship and Life Cycles*, CRCS Publications, Vancouver, WA: 1979

Blaschke, Robert P. *Astrology A Language of Life Volume IV: Relationship Analysis*, Earthwalk School of Astrology, Port Townsend, WA: 2007

Clark, Brian. *The Family Legacy*, Astro*Synthesis, Stanley, Tasmania: 2016

Davison, Ronald. *Synastry: Understanding Human Relations through Astrology*, ASI Publishing, New York, NY: 1977

Forrest, Jodie & Steven. *Skymates*, Seven Paws Press, Chapel Hill, NC: 2002

Greene, Liz. *Astrology for Lovers*, Red Wheel/ Weiser, San Francisco, CA: 2008

- *Relationships & How to Survive Them*, CPA Press, London: 1999

- *Relating: An Astrological Guide to Living*, Samuel Weiser, New York, NY: 1977

Greene, Liz and Sasportas, Howard. *The Development of the Personality*, Samuel Weiser, York Beach, ME: 1987

- *The Inner Planets*, Samuel Weiser, York Beach, ME: 1993

- *The Luminaries*, Samuel Weiser, York Beach, ME: 1992

Hand, Robert. *Planets in Composite: Analyzing Human Relationships*, Para Research, Gloucester, MA: 1975

Idemon, Richard. *Through the Looking Glass*, Samuel Weiser, York Beach, ME: 1992

Jung, C. G. *The Collected Works of C. G. Jung*, trans. R. F. C. Hull et al. (20 volumes), Routledge & Kegan Paul, London and Princeton University Press, Princeton, NJ: 1953-79

McEvers, Joan(Ed.). *Intimate Relationships*, Llewellyn Publications, St. Paul, Minnesota, MN: 1991

Moore, Thomas. *Care of the Soul*, Harper Perennial, New York: 1992

- *Soul Mates Honoring the Mysteries of Love and Relationship*, Harper Collins, New York: 1994

- *The Planets Within*, Lindisfarne Press, Great Barrington, MA: 1990

Sargent, Lois Haines. *How to Handle your Human Relations*, A.F.A., Phoenix, AZ: 1958

Thornton, Penny. *Synastry*, The Aquarian Press, London: 1982

Townley, John. *The Composite Chart: The Horoscope of a Relationship*, Samuel Weiser, New York, NY: 1974